入門
経済

井堀 利

第4版

新世社

第4版へのはしがき

　2020年のコロナ・パンデミックは世界経済に大きな影響を与えた。人流を抑制することが政策目標となり，経済活動それ自体が望ましくないという雰囲気も生まれ，多くの人が職場を失う事態となった。他方で，リモートワークの普及でIT関連業界は未曾有の活況を呈した。コロナ感染のような大きなネガティブショックは，我々の経済社会生活を直撃した。

　経済学では，こうした問題にも大きな関心を払っている。コロナ・パンデミックに対する経済政策のあり方は盛んに研究が進められている。ポストコロナ社会でも，市場メカニズムをうまく活用すれば，豊かな生活が実現できるはずである。経済学で重要なバランス感覚（需要と供給，公平と効率，便益と費用など）は，コロナ対策のみならず，少子高齢化が進むポストコロナ社会における我が国の実生活でますます重要になるだろう。

　本書の再改訂のポイントは，以下の通りである。第1に，経済学の考え方，論理展開についてより丁寧な解説を補い，経済学部以外の読者にもわかりやすいテキストになるように配慮した。第2に，第3版刊行後の制度変更に対応し，可能な範囲で最新の統計データを利用した。第3に，最近のわが国の経済における変化，たとえば，少子高齢化・グローバル化・デジタル化・年金問題・財政赤字の累増・金融市場の変化・労働市場の問題・コロナ・パンデミックなど，今日的な経済問題を考える上で重要と思われる諸現象について，本文中やコラムで取り上げて解説した。その結果，経済理論の基本概念をきちんと説明するとともに，現実の経済問題を考える際の判断材料を提供するという本書の特徴が，第3版にもまして，明快になったことを著者は期待している。

　最後に，改訂作業における新世社編集部の御園生晴彦，菅野翔太氏の暖かいご尽力に，厚くお礼の言葉を述べたい。

　　2021年10月

井堀　利宏

初版へのはしがき

　本書は，経済学をはじめて学ぶ人を対象として，経済学の基礎的な概念を説明する入門用のテキストである。経済学を最初に学ぶ際に身につけるべき必要最小限の「経済学的な発想」を，やさしく，わかりやすく解説している。また，経済学の抽象的な論理の展開だけではなくて，私たちが身近に感じている現実の経済問題から地球規模での経済問題まで，具体的な経済現象についても紹介している。

　経済学の優れた入門書は，最近たくさん出版されているが，本書の特徴は以下の3点である。

　第1に，文字通りの入門書として，初歩的なところから説明をしている。出版されている入門書のなかには，「初級」レベルを超えて「中級」レベルの内容に多くのページを割いているものもみられる。本書では，数式による説明はなく，図と表を用いて，直観的に経済的な発想を解説している。さらに，少しやっかいな箇所は活字を小さくすることで，区別している。最初は小さな活字の箇所をとばして全体の流れを理解し，そのあとで小さな活字の箇所を読むと，容易に全体の内容を頭に入れることができるだろう。

　第2に，家計，企業，政府という主要な経済主体別に各章をまとめることで，マクロとミクロの経済現象を同時に説明している。経済理論は，大きく「マクロ経済学」と「ミクロ経済学」に分かれるが，基本的な発想は同じである。入門書としては，2つのアプローチをあまり区別しないで，全体として経済学の道具がどのような特徴を持っているのかを理解することが，大切である。

　第3に，日本経済，国際経済，経済学の諸問題などの各章で，最近の私たちの直面しているさまざまな経済現象を取り上げて，経済的な発想や道具立てがどの程度有益であるかを紹介している。ボランティア活動など，一見すると経済学とはあまり関係なさそうな現象にも，経済的な発想を有益に適用できる。こうした点を学習することで，経済学に対する興味がより強くなるであろう。

また，各章末には練習問題をつけており，巻末には重要語の解説もまとめて
ある。読者は，練習問題を解いたり，重要語を参照することで，本書の内容を
より容易に理解することができるだろう。また，息抜きとして，各章にコラム
をつけている。

　著者としては，以上のような特徴を本書に盛り込んだことで，広い範囲の読
者にとって興味のあるテキストになったことを期待している。不十分な点は，
今後とも改善を加えていきたい。なお，初稿を準備する段階で，東京大学経済
学部3年生の田村史子さんをはじめとする学生諸君に内容をチェックしてもら
い，いくつかの点で改善することができた。

　最後に，このテキストの企画から校正に至るまで多大の努力を惜しまれなか
った新世社編集部の小関清，本宮稔氏に厚く御礼申し上げたい。

　　1997 年 10 月

井堀　利宏

目　次

1 経済学とは何か

　本章では，本書全体のイントロダクションとして，経済学とはどのような学問であるのかを，わかりやすく説明している。

1. 経済活動とはどのような活動かを説明する。
2. 重要な経済用語である財や経済主体などの概念を説明する。
3. 経済活動の場である市場と，その市場における取引を中心とする市場経済の意味について解説する。
4. 経済分析の基本的な考え方を説明する。
5. 経済学の諸分野としてどのような分野があるのかを説明する。
6. 経済学の歴史的展開について説明する。

1.1　経済主体と財・サービス

■ 経済活動

　経済活動として，読者が最も一般的に思い浮かべるものは，フルタイムやパートタイムで働いてお金＝所得を稼ぐことや，そうしたお金を使ってさまざまな財やサービスを消費する行動であろう。私たちの経済活動とお金とは切っても切れない関係にある。しかし，現金というお金がなくてもクレジットカードなど信用を利用して経済活動をすることも可能であるし，場合によっては，お金とは無縁の世界で物々交換を利用して，経済活動を行うこともできる。

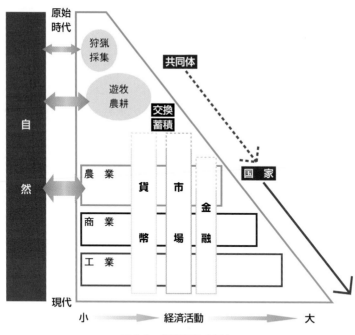

図1.1　経済活動の歴史

表 1.1　経済活動

自然に対して	効率的な時間，仕事の配分を考えて，行動する
他人に対して	お互いの経済成果を交換する

　ここで，経済活動の歴史を簡単に振り返ってみると，大昔，人類が文化的な経済生活を始めるようになったときには，最初はお金＝貨幣は存在しなかった。それでも人間が生活するためには，動物の狩猟や植物の採集などにより，自然に働きかけて，財（もの）を生産し，それを消費する経済活動が必要であった。人類の経済活動は原始的な狩猟・採集経済に始まり，やがて遊牧や農耕が中心の自然を相手にする活動を経て，人工的に多くの財を作り出すようになり，貨幣や手形や小切手に代表される信用取引なども利用しながら，今日の経済活動の基盤である農工商業や金融を発達させてきた。

　私たち人類は生産して得た利益のすべてを消費せず，その一部を貯蓄して，

将来の生産の拡大に役立てることを学んだ。そして，貨幣が交換・蓄積や共通の価値尺度の手段として使用され，いろいろな経済活動の成果物を交換する市場が発達した。このようにして経済活動の規模が拡大し，1つの政府のもとで国家が機能するようになるとともに，国民経済が形成されるようになった（**図 1.1**）。

表 1.1 にまとめているように，経済活動には，1人でも可能な活動と複数の人間からなる活動の2つの種類がある。前者の経済活動は自然に対する働きかけを効率的に行うことであり，これは孤島に漂流したロビンソン・クルーソーの生活に象徴される。1日24時間を，食べ物の採集や家の補修，構築などの生産活動と，食事や遊びなどの消費，余暇活動にどのように効率的に配分するのが望ましいか，また，食糧をその日のうちにすべて消費しないで，将来に蓄えることができるとすれば，どのくらいの貯蓄，備蓄が望ましいかなど，こうした意思決定は経済活動のなかでも重要なものである。ここでは，貨幣は重要な役割を持っていない。

後者の経済活動は，互いの利益のために複数の人間が経済活動の成果を持ち寄って交換することである。交換の場は市場と呼ばれ，そこに多様な人々が多様なものを持ち寄ってくるほど，活発な交換が行われ，経済活動が刺激される。このような複数の人間からなる経済活動において，交換・蓄積手段としての貨幣の役割は重要である。

■ 経済用語

ここで，経済学をマスターする上で重要な経済用語を説明しておこう。1人でもできる経済活動の成果でもあり，また，複数の人々の経済活動の対象でもある財とは，人間の欲望を満たす有形のものをいう。**図 1.2** に示すように，財は希少性がなく市場で取引されない空気などの自由財と通常の経済的な財（経済財）に分かれる。経済的な財は商品とも呼ばれ，市場で取引される生産物（もの）である。これは，消費される消費財と生産活動に投入される資本財からなる。また，サービスとは，医療・教育・理髪などのように人による無形の経済活動である。

図1.2　財，サービス

　一国全体での複数の人々の経済活動の大きなまとまりを，国民経済と呼んでいる。国民経済では，産業，企業間や企業内部での分業が前提となる。農業に従事する人や工業製品をつくる人，サービスを提供する人，生産物の流通に携わる人，資金の融通にかかわる人など，さまざまな経済活動をする人々が集まって，財・サービスや貨幣が人々の間を循環することにより，人々の経済的な生活が成り立っている。

■　経済主体

　経済学で想定する個人，グループや組織などは，家計，企業などの形をつくって消費や貯蓄，生産や投資を行っている。このような経済活動に携わって意思決定をする主体を，経済主体という。経済学で登場する主要な経済主体は，表1.2に示すように，家計，企業，政府の3つである。以下の第2〜4章で，それぞれの経済主体の経済活動について順次説明していくが，ここで簡単に，各経済主体の特徴をまとめておこう。

　家計は，読者にとって最もイメージを持ちやすい経済主体であろう。家計は夫婦，子どもなどからなる家族の集合であり，それぞれの家族の経済行動をまとめて表現している。人間は小さいときから何らかの経済活動をしている。小さな子どもが小遣いでおやつを買うのも，立派な経済行為である。家計は主に労働と消費する主体であり，ほとんどの人間がこうした経済活動を

表 1.2 経済主体

家　　計	労働などの生産要素を供給して，所得を稼ぎ，消費する主体
企　　業	生産要素を用いて，生産活動をする主体
政　　府	経済活動を円滑に進めるために，補助的な役割をする公的な主体

日常的に行っている。

　経済学では，家計の行動を次のように考えている。すなわち，家計は，自らの消費活動から得られる経済的な満足度＝効用を最大にするように，さまざまな財・サービスの消費計画を実行するとともに，労働などの生産要素を供給することで所得を稼いでいる。すなわち，家計は，企業に労働や資本，土地という生産要素（本源的生産要素）を供給し，対価として，賃金や利子，配当，地代などを得る。そして，所得を原資として消費生活を営み，さらに将来のために貯蓄し，また租税を政府に納入する。

　企業は今日の経済社会において，生産活動の中心的な主体として，大きな役割を果たしている。企業は，労働，資本，土地の３つの生産要素を用いて生産活動を行っている。市場経済（資本主義経済）における企業の目的は，利潤の追求である。企業利潤の一部は利子や配当として家計に分配されるが，他は企業内部に蓄えられ（これを内部留保という），投資に使われる。投資とは資本を増加させることである。企業は生産した財・サービスを市場で販売するが，採算がとれない（適正な利潤が確保できない）場合には，その市場から撤退する。また最近では，公害対策，環境保全，社会的なボランティア活動など，企業の社会的責任への要求も高くなっている。

　企業のなかでも，金融機関は別個に扱う方が有益であろう。銀行などの金融機関は，家計の余剰資金＝貯蓄を企業の投資資金に回す役割を果たしている。資金が余剰部門から不足部門に円滑に流れることで，国民経済において資源が適切に配分されて，経済活動が活発になる。

　最後に，現在の経済社会において無視できない存在が，政府である。旧ソ連や東ヨーロッパ諸国，中国などの社会主義社会のもとでは，政府が国民経済全体の運営に大きな役割を果たしてきた。しかし，わが国やアメリカなど

5

の自由主義経済のもとでは，民間市場での自由な経済活動が基本であり，政府の役割は限定的なものである。それでも，民間の経済活動は政府の存在や政策によって大きく影響されている。

政府は教育などの公的なサービスを供給したり，経済活動を円滑に進めるための法的な整備，秩序の維持などの活動を行っているが，反面，そうした公的活動の財源として多くの資源を，租税の形で民間部門から徴収している。たとえば，わが国では1989年に消費税が導入されて以来，小さな子どもがお菓子を買う場合でも，（最初は3％，1997年から5％，2014年から8％，2019年から10％の）消費税を負担している。

■ 各経済主体間の関係

国民経済は，消費活動を行う家計，生産活動を行う企業，政策的な介入を行う政府の3つの経済主体から成り立っている。そして，これらの経済主体はお互いに結びつき，財やサービスを円滑に循環させている（図1.3）。

市場は，複数の経済主体がそれぞれの成果物を持ち寄って，財・サービスを交換し，取引する場所である（図1.4）。歴史的には，物々交換が市場の始まりであった。しかし，今日では貨幣が交換の手段として用いられており，貨幣との取引が普通である。そこでは，財・サービスの売り手（供給者）と買い手（需要者＝貨幣を持っているもの）が出会い，価格を仲立ちにして売買が行われる。

市場には，証券市場（株式市場）のように特定の場所で集中的に取引が行われるものと，消費者に対する日常の財の販売などのように，小売店やコンビニ，スーパーマーケットなどで，社会全体に分散して取引されるものがある。また，市場での取引には，商品市場での物の取引，労働市場での労働者の雇用，金融市場（為替市場）での通貨の取引などがある。

■ 市場経済の原則

今日のわが国や多くの諸外国で営まれているのは，市場経済（資本主義経済）である。市場経済の大きな特徴は，私有財産制度と利益追求の自由であ

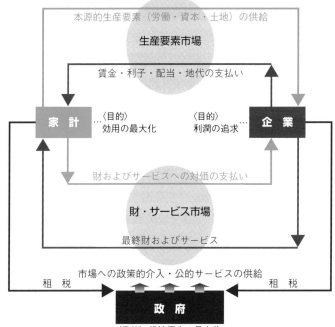

図1.3　経済主体間の関係

（出所）　シム/シーゲル・井堀/粟沢訳『新経済学用語辞典』新世社より引用。一部改変。

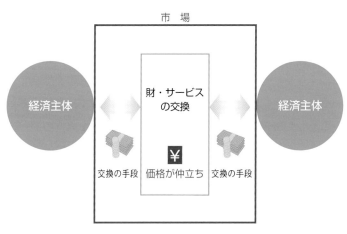

図1.4　市　場

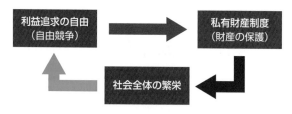

図1.5　市場経済の原則

表 1.3　市場経済と統制経済

	市場経済（資本主義経済）	統制経済（共産主義）
私有財産制度	あ　り	な　し
利益追求の自由	あ　り	な　し
自己責任	あ　り	な　し
結果の平等	な　し	あ　り

る。人は個人的な利益の追求を目的として経済活動を行う。経済活動によって得た成果は，その人固有の財産として法的に保護される。このような個人の利己心に基づく自由競争が活力となって，社会全体の繁栄がもたらされる（図 1.5）。

　表 1.3 にまとめているように，市場経済の原則は，自己責任である。市場で評価されるものを多く生産すれば，利潤もそれだけ多くなり，それを生産する人の所得も拡大する。経済的に成功すれば，その人の経済的な地位はそれだけ高くなる。逆に，市場であまり評価されないものを生産しても，得られる報酬は小さい。場合によっては，企業が倒産して，失業するケースも生じる。こうした経済活動の結果について本人が責任を負うのが，市場経済の原則である。経済的な意味での弱肉・強食の世界があってはじめて，経済活動全体が活発になる。

　共産主義は，いわばそうした市場経済の冷酷な面を批判して，能力に応じて働き，必要に応じて受け取るという理想を実現しようとした。しかし，旧ソ連や東欧が破綻した経験が物語るように，経済的な意欲と成果とが分離さ

れた世界では，人々にとって積極的な経済活動の動機が損なわれ，他人の努力に頼る傾向が支配的となる。結果として誰も真剣に努力しなくなり，すべての人々の経済状態が等しく悪化するという悪平等の弊害が生まれてしまう。このような経済では，貧富の差はあまりなくても，すべての国民の経済状態が改善されないまま停滞することになる。

それに対して市場経済では，ある程度の貧富の差は避けられないが，国民経済全体が活発になることで，貧しい人の経済状態も長期的には改善される。もちろん，現実の世界では市場経済においても，政府による何らかの所得再分配政策が実施されており，完全な自己責任の世界ではない。しかし，基本原則は自己責任である。

1.2　経済学の考え方

■ 合理的な行動

経済学は，このような市場経済での経済活動の仕組みを分析する学問である。そこでは，さまざまな人々による経済活動がどのようなメカニズム・原理で行われているのかを，簡単な理論的仮説を用いて説明する。単純な原理で複雑な経済現象が解明できれば，そのような原理はきわめて有効といえる。

経済学は，経済主体が経済的に合理的な行動をすると想定する。人間は必ずしも，経済的な動機のみでは行動しないかもしれない。また，経済的な意思決定をする場合にでも，必ずしも合理的に行動しないかもしれない。しかし，大多数の標準的な経済主体の長期間に及ぶ経済活動を分析しようとすれば，経済的な意味で合理的な行動を前提とするのが最も有益なアプローチであろう。

そのためには，第1に経済活動の目的が明示されること，第2にその目的が1つの基準で順序をつけられることが重要である。複数の目的を持っている場合には，それぞれの目的の重要性に関して経済主体が整合的な序列をつけていると想定する。

合理的な行動とは，ある経済的な目的を達成するために，与えられた制約のなかで最も望ましい行為を選択する行動（＝最適化行動）である。したがって，経済学は「制約付きの最大化問題を用いて分析する学問である」といわれている。以下の各章で説明するように，家計であれば予算制約のもとで効用を最大にするように行動し，企業であれば生産制約のもとで利潤を最大にするように行動すると考える。

■ インセンティブ

経済学の考え方の基本は，それぞれの経済主体が自分の意思で自分にとって望ましいと思う経済行動をするというものである。政府あるいは他人から強制されて，ある財・サービスを消費したり，ある職業に従事することはないと考える。そのような意思決定では，自分がそうした選択をする意欲があるのかどうかが，重要である。そこでの基本的な概念はインセンティブ（誘因）である。

たとえば，賃金が高くなれば，より働く意欲を刺激するだろう。その場合の働く意欲がインセンティブ（誘因）である。ある企業が残業代金を高くしないで，いままでよりも多くの残業を従業員に求めても，これは働く際のインセンティブ（誘因）を無視した要求であるから，実現しない。

■ 機会費用

経済学では費用（コスト）の概念も重要である。どんな経済活動にも費用はかかってくる。費用とは，何らかの経済行為をする際にかかる損失である。たとえば，家計が消費をする際には，市場価格で消費する財を購入する必要があるが，その購入金額は，家計にとっては消費行為にかかる損失＝費用である。また，企業が生産活動で労働，資本などの生産要素に支払う金額（賃金や利子費用）も，企業にとっては生産における費用である。

これらの費用は直接みえる費用であるから，直観的にも分かりやすいだろう。これに対して，機会費用とは，実際にみえないけれども，実質的にかかる損失を意味する。たとえば，企業が自分で準備した資金で投資をするとし

【経済学のなかの人間の特徴】

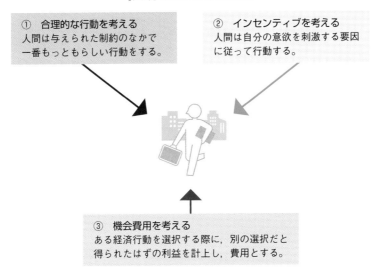

① 合理的な行動を考える
人間は与えられた制約のなかで
一番もっともらしい行動をする。

② インセンティブを考える
人間は自分の意欲を刺激する要因
に従って行動する。

③ 機会費用を考える
ある経済行動を選択する際に，別の選択だと
得られたはずの利益を計上し，費用とする。

図1.6　経済学の考え方①

よう。自前ですでに用意してある資金だから，投資をする際に新たな金銭的な費用は発生していないようにみえる。しかし，もし企業がその投資をする代わりに，その投資資金を他人に貸せば，何らかの収益を得たはずである。そうした収入の機会があるにもかかわらず，それを利用しないで，自分で投資資金に回す場合には，実質的にはそれだけの収入をあきらめたことになる。これは収入の低下＝損失を意味するから，経済的には費用として計上すべきである。これが，機会費用の考え方である。

　したがって，機会費用は経済主体によって異なる。たとえば，A，B両者が病気のために仕事を1日犠牲にしたとしよう。A君の日当が1万円，B君の日当が2万円とすると，病気になって仕事を休んだ際の機会費用は，A君が1万円，B君が2万円になる。

■ 仮定の設定

　そもそも現実の経済現象を全面的に解明しようとしても，あまりに複雑な

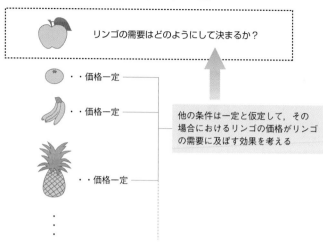

図1.7　経済学の考え方②

状況が多い。たとえば，ある家計のある財（＝リンゴ）の需要がどのように
して決まるかという問題を考えてみよう。もちろん，リンゴの価格はリンゴ
の需要を決める大きな要因であろう。しかし，ミカンの価格，バナナの価格，
パイナップルの価格など他のあらゆる果物の価格も，リンゴの需要に影響す
るだろう。また，果物以外の食料や衣料品，車の価格もリンゴの需要に影
響するかもしれない。さらに，世の中すべての人々の所得や天気などありと
あらゆる要因が，リンゴの需要に影響するだろう。

　経済分析をする上で，それらをすべて考慮することは不可能であるし，あ
まり意味のあることでもない。こうした理論的な分析でよく用いられる仮定
が，「他の条件が変わらなければ」という考え方である。さしあたって重要
と思われる要因のみを抽出し，他の要因は変化しないものと考えて，それら
の効果を無視する方がより有益であろう。これが「他の条件が変わらなけれ
ば」という仮定の意味である（図1.7）。

　経済学の大きな特徴は，思考実験としてこうした仮定の設定が比較的自由
に行われることにある。たとえば，ミカンの価格は現実の世界では一定では

ない。しかし，リンゴの市場の分析をする際に，ミカンの価格を一定と仮定するという設定がとられる。これは，現実の経済現象をそのまま説明するのが複雑であるので，ある状況（この場合であればミカンの価格一定）に限定して，そうした場合におけるリンゴの価格がリンゴの需要に及ぼす効果について考えるものである。

　現実が複雑であるだけに，議論を単純化させるための仮定はさまざまである。どの仮定がもっともらしくて，どの仮定がそうでないのかを，先験的に判断することは難しい。それゆえ，他の学問と比較すると，経済学はあまりにも安易に何でも仮定する学問と批判されることもある。

■　経済分析の方法

　経済分析の方法としては，次の2つのアプローチがある（**表1.4**）。最もよく用いられるアプローチは，部分均衡分析である。部分均衡分析とは，ある特定の対象に限定して分析を行うものであり，通常は，1つの市場のみに分析の焦点を合わせている。したがって，その市場で取引される財の価格と数量は分析の関心事であるが，それ以外の財の価格などは「他の条件として一定」とみなされる。たとえば，リンゴの市場に分析を限定して，リンゴの市場価格がどのようにして形成されるのかを分析するケースである。

　これに対してもう一つのアプローチである，一般均衡分析とは，あるモデルを用いてすべての経済変数の動きをまとめて説明するものである。たとえば，ある財の需要に影響すると思われるすべての財の価格を説明する。もちろん，すべてを考察することは複雑であるから，一般均衡分析は高度に数学的なモデルを必要としている。ただし，経済分析の対象を限定すれば，簡単

表1.4　経済分析の分類

部分均衡分析	1つの市場のみに限定する
一般均衡分析	モデルのなかですべての経済変数を説明する
事実解明的分析	現状の経済活動を解明する
規範的分析	経済政策のあるべき姿を求める

な図で一般均衡分析を行うことは可能である。たとえば，2人の個人が2種類の財を物々交換する際の効率的な配分の条件などという，より限定されたケースである。

　また，経済分析の目的としては，次の2つのアプローチがある（**表1.4**）。事実解明的分析（あるいは実証的分析）とは，経済の現状や動きがどのようになっているのかを解明する分析であり，客観的な事実の理解を主要な目的としている。これに対して，規範的分析とは，どのような経済政策が望ましいかをある一定の主観的な価値判断のもとに展開する。たとえば，家計がどのように所得を消費と貯蓄に配分するのかを分析したり，カルテル行為（第6章参照）がなぜ生じるのか，それによってどの経済主体が得をし，どの経済主体が損をするのかを分析したりするのは，事実解明的分析である。それに対して，家計がどのくらい消費するのが望ましいのかを議論したり，カルテル行為を禁止すべきかどうかを議論したりするのが，規範的分析である。

■ 学問としての経済学の特徴

　経済学は，社会科学の他の分野（たとえば，政治学，法学，社会学）と異なり，制度化されている。すなわち，経済学は，数学などの自然科学に似た学問体系になっており，世界中のどこの大学においても，ほとんど共通の理論的な枠組みで講義内容が確立されている。どのようなアプローチで分析をするのかについて，共通の理解があり，これが体系化されている。こうした学問体系は自然科学では標準的であるが，社会科学，人文科学のなかでは特異なものであろう。

　その結果，経済学は社会科学のなかで唯一ノーベル賞の対象になっている。これは，学問の成果がある程度客観的に評価できるからである。事実，経済学における業績の評価は，自然科学と同様に，国際的な審査基準を満たす学術論文の数や内容で行われ，他の社会科学のように出版された単行本で評価されることはない。逆にいえば，それだけ共通の理論的な枠組みに大多数の経済学者が同意していることを意味する。本書でも，そうした世界共通の経済分析の手法をわかりやすく説明していきたい。

1.3 経済学の分野

■ ミクロ経済学とマクロ経済学 ────────────────

　経済学の大きな専門分野は，ミクロ経済学とマクロ経済学である。ミクロとマクロの相違は，個別の経済主体を分析の対象とするのか，巨視的な国民経済を分析の対象とするのかの相違である。

　個々の家計や企業などという個別の経済主体の行動から，市場全体の需要と供給へと分析を積み上げていくのが，ミクロ経済学の特徴である。ミクロ経済学は個々の経済主体の主体的な最適化行動を前提として，ある市場での経済活動を分析したり，産業間での関連を考察したりする。したがって，国民経済全体がどんな動きをするのかよりも，それぞれの経済主体間での活動の相違点や類似点の方に，より関心がある。

　これに対してマクロ経済学は，インフレーションや国内総生産などの国民経済全体の経済変数の動きに関心を持ち，個々の経済主体のミクロ的な行動にはあまり注意を払わない。最近ではマクロ的な分析用具を用いる場合であっても，ある程度のミクロ的な基礎（個々の経済主体のレベルでの最適化行動を前提とした分析）が重要視されている。

　2つのアプローチは対立するものではなく，お互いを補完するものである。本書では，ミクロ・マクロのそれぞれの基本的な考え方を順次説明する。

■ 経済学の諸分野 ────────────────

　図 1.8 に示すように，ミクロ経済学，マクロ経済学以外の経済学の諸分野は，おおむね応用経済学と呼ばれている。財政，金融，国際経済，産業組織，労働，医療，環境などいろいろな分野でミクロ・マクロ経済学の分析用具を応用して，それぞれの関心対象に即した議論が展開されている。分野の内容によって，マクロ経済学の分析用具がより有益となるケースと，ミクロ経済学の分析用具がより有益となるケースがある。

図1.8　経済学の分野

■ 経済分析と経済政策の目標 ─────────────────

　経済政策の目標は，効率性と公平性の実現である。効率性とは，ある限られた資源を最も適切に活用することで，すべての経済主体の経済的な満足度を高くするものであり，経済活動の成果＝パイの最大化を意味している。このためにはマクロ的な政策も有効であるが，ミクロ的な政策の果たす役割も大きい。

　公平性は，経済全体の成果を個人間でどのように再配分すべきか（＝パイの分け方）を問題としている。通常，市場メカニズムのもとで実現する所得や資産の分配の状況では，社会的な価値判断のもとで望ましくない経済的格差が生じている場合が多い。そのようなときに，公的な再分配政策が必要とされる。再分配政策の持っているメリットやデメリットを分析することは重要である。

1.4　経済学の流れ

■ 古典的な経済学 ─────────────────

　経済学の最も古い（しかし，最も明快で，普遍的でもある）理論は，「経済学の父」と呼ばれるアダム・スミス（Smith, Adam; 1723–1790）に求める

ことができる。なかでも、『国富論（諸国民の富）』（1776年）でスミスが用いた用語である「見えざる手」は、自らの利益を追求する個人の試みが、見えざる手によって、すべての人々（つまり社会全体）にとっても最善の状態を達成させるように導かれることを意味しており、市場のメリットを象徴的に示す用語として、経済学の基本概念を見事に表現している。彼の主張の要点は、自由競争において政府の干渉が危険であるという点である。

その後、経済学は多くの学者によって理論的にも精緻になり、実際の経済政策にも適用されるようになった。なかでも、マーシャル（Marshall, A.; 1842-1924）は主著である『経済学原理』（1890年）において、「他の事情にして一定ならば」という仮定のもとで、価格理論を部分均衡理論として展開して、実際の経済政策に役立つ経済学の発展に貢献した。彼の名前は、現在の経済学でもいくつかの重要な経済用語として残っている。経済学が、「暖かい心とともに冷静な頭脳も持たねばならない」として、社会的な正義感と科学としての厳密性の両方を重視すべきことを説いたのも、彼の特徴である。

同時に、19世紀後半以降経済学は一般均衡理論としても発展していった。特に、ワルラス（Walras, M. E. L.; 1834-1910）は、一般均衡理論の数学的な構築に大きな業績を上げた。彼の主著である『純粋経済学要論』（1874年）では、交換の理論、生産の理論、資本と信用の理論、流通と貨幣の理論のそれぞれが相互依存関係にあることを示して、一般均衡理論を構築している。このように、彼はミクロ経済学の理論モデルとして重要な一般均衡理論の基礎を築いた。

■ 近代的なミクロ経済学

その後、20世紀に入ると、ミクロ経済学は経済学の基本として、多くの経済学者の研究対象となり、さまざまな分野で理論的に発展していった。パレート（Pareto, V. F. D.; 1848-1923）は、主著『経済学提要』（1906年）で、現在のミクロ経済学においてきわめて重要な用具である無差別曲線を用いた分析や、彼の名前に由来するパレート最適の概念を提示した。その後、ワルラスによって定式化され、ヒックス（Hicks, J. R.; 1904-1989）によって現代的

アダム・スミス　　　　　　マーシャル

ワルラス　　　　　　　ケインズ

図 1.9　経済学を築いた人々

に体系化された一般均衡モデルでの均衡解の厳密な存在証明が，アロー（Arrow, K. J.; 1921–2017）とデブリュー（Debreu, G.; 1921–2004）を中心として行われた。こうしてミクロ経済学は，経済学の分野のなかでも最も高度の数学的な手法を用いる精緻な分析の行われる分野として，発展していった。

■ マクロ経済学の流れ

　これに対して，マクロ経済学は，1930 年代の大不況を背景として公刊されたケインズ（Keynes, J. M.; 1883–1946）の『一般理論』（『雇用，利子および貨幣の一般理論』，1936 年）から出発している。この本のなかでケインズは市場メカニズムが完全ではなく，総需要が不足するために非自発的失業が生じることを指摘し，有効需要の原理や乗数などマクロ経済学の基本的な概念を導入した。政府が適切に財政政策を発動することで，失業を減少させることができるという政策的な含意も強調した。

　その後，国民経済全体の経済活動を表すマクロ指標である国民総生産（GNP）や国内総生産（GDP）の概念が整備され，実際にも国民経済計算

（SNA）として計量的に使用されるようになって，マクロ経済活動の定量的な指標は格段に整備されてきた。それとともに，一国全体の経済活動水準がどのように決まるのか，一国全体としての失業率やインフレ率，経済成長率はどのように決まるのか，また，それらを政策的に操作することは可能かどうかについて，活発な研究が行われて，マクロ経済学は経済学の主要な学問分野として発展してきた。今日では，ミクロ経済学とマクロ経済学は経済学を学習する際の不可欠な基礎分野である。

■ 新しい経済学

　ところで，現実の経済問題に対して経済学が政策的にも有効であることを説得的に示した点では，シカゴ学派の存在が大きい。これは，アメリカのシカゴ大学の経済学者グループを指す。フリードマン（Friedman, M.; 1912–2006）やスティグラー（Stigler, G. J.; 1911–1991），ベッカー（Becker, G. S.; 1930–2014）などノーベル経済学賞を受賞した彼らは，自由市場と完全競争が経済の最も効率的な資源配分と運営をもたらすという経済学の基本理念を現実の経済問題に有効な形で応用した。さらに，人々は経済合理的に行動するという立場で，従来は経済学の分析対象とみなされていなかった，家族内での人間関係や結婚，離婚，出産，育児という行動まで，経済学が有効な分析用具として適用可能であることを示した。また，犯罪や革命といった社会問題にも経済学を適用して，現実の経済政策や社会政策にも大きな影響を与えた。

　このような経済学の学際的な領域への進出は，経済学帝国主義として，既存の関係分野から警戒されている。逆にいえば，それだけ経済学の分析手法が強力であることを示している。

　一方，1970 年代後半のスタグフレーション（インフレーションと不況の同時進行）に対して，それまでのケインズ的なマクロ経済学は有効な解決策を提示できなかった。フリードマンやルーカス（Lucas, R. E. Jr.; 1937–）などによって，インフレ期待の変化に注目した，合理的期待形成をマクロモデルに取り入れる試みが行われ，新古典派的なマクロ経済学が発展した。裁量的な財政金融政策よりも，ルールとしての政策にコミットすることの重要性が

強調された。

　1980年代以降，経済学はゲーム理論の発展とともに，大きく変貌していった。相手の行動を合理的に想定して，それへの反応として自らの最適な行動を戦略的に決定するというゲーム理論の考え方は，少数の企業が相手の行動を読み合う寡占市場での分析に適している。また，政府の経済政策に対する企業や家計の反応を分析する際にも，こうした手法は有効である。経済主体間，あるいは，政府と民間との相互依存関係を考慮しつつ，経済行動を分析することが標準的な経済学の分析手法となるなかで，ゲーム理論は経済学の不可欠な分析手法として定着していった。

　その後は，ミクロ的な最適化行動を前提とした経済学がさまざまな形で研究され，また，定量的モデルによるシミュレーション分析も活発に行われている。最近では，ゲーム理論や政治経済学の発展を背景に，政策当局の利己的行動を明示することで，政治的要因で経済活動がどのように影響されるのかも，活発に研究されている。

Column――1	行動経済学・実験経済学

　経済学は自然科学と異なり実験ができない学問であると従来考えられてきた。しかし，IT技術やインターネットの普及により，経済学でも仮想的な経済環境でデータ収集が可能となって，実験経済学と呼ばれる新しい研究分野が注目されている。

　これには心理学や医学の研究成果も取り入れて，人々の経済行動を意思決定の内面（脳機能など）から分析する行動経済学の発展も寄与している。たとえば，利己的に経済合理的行動をすると想定される環境でも，人々は他人からの暗黙の見返りを期待したり，近隣とのネットワークを意識して利他的行動をするかもしれない。いやなことを先送りしたり，現状の環境に引きずられたりするのも，直近のことと遠い先のことを区別して認識する心理的状況では，最適な行動かもしれない。

　このように新しい経済学では，さまざまなIT手法で経済行動に関する仮想的な実験を用いて興味あるデータを収集する実験経済学，一見非合理的と思える経済行動を公平や羨望といった心理的な要因を取り入れて説明する行動経済学の2つが大きな関心を集めている。

Point —— 1	経済学の学び方

経済学は社会科学のなかでも最も標準化された学問である。したがって，その学習方法は，数学や自然科学の学習方法とよく似ている。すなわち，まず議論の前提を明確にして，そのなかで，家計や企業など経済主体の経済行動の目的を明示する。そして，さまざまな経済環境，経済制約がそうした経済主体の行動にどう影響するのかを論理的に考える。こうした論理展開を一つ一つの段階を踏んで理解すれば，経済分析の全体を把握することは，それほど困難ではない。

ただし，経済学は自然科学と異なり，現実の複雑な経済現象を取り扱う。そこでは自然科学でよく用いられる実験による検証が利用しづらい。また，データ面での制約もあり，ある経済問題を考察する際に，正しい答えが必ず1つだけ用意されているわけではない。場合によっては複数の回答が正解になることもある。そこが経済学のつかみ所のない部分であるが，同時に，おもしろい面でもある。

1.5 本書の構成

本書は，経済学の標準的な内容を簡潔に紹介するとともに，日本経済が直面する経済面での課題に対応するための政策上の議論も整理して解説する。本書の構成は以下の通りである。第2，3章ではそれぞれ代表的な経済主体である家計，企業を取り上げて，その経済行動を解説している。これら2つの章は本書の基礎となる章であり，経済学を学ぶ上で最も重要な諸概念を説明している。ついで，第4，5章では，一国全体の経済活動を制度面から支える政府と金融を取り上げる。政府による財政金融面での経済活動や金融市場，金融制度の機能を理解することは，経済現象，経済問題を考える上で不可欠である。

第6，7章ではミクロ経済学の基本をミクロの市場とその政策に焦点を当てながら解説する。同様に，第8，9章ではマクロ経済学の基本をマクロの市場とその政策に焦点を当てながら解説する。これら4つの章を学ぶことで，ミクロ経済学，マクロ経済学のエッセンスを理解することができるだろう。

　ついで，第 10, 11 章では日本経済，世界経済を取り上げる。わが国の経済問題，経済現象を具体的な事例を念頭に考えるとともに，最近ますます重要な国際経済問題も解説する。最後に，第 12 章で今後重要となるであろういくつかの課題を取り上げて，経済学でどのように分析できるのかを考える。

まとめ

●一国全体での複数の人々による経済活動の大きなまとまりを，国民経済と呼んでいる。国民経済では，産業，企業間や企業内部での分業が前提となる。経済学で想定する個人，グループや組織は，家計，企業などのように，消費や貯蓄，生産や投資を行っている。このような経済活動に携わって合理的な意思決定をする主体を，経済主体という。

●経済学は，私有財産制度と利益追求の自由を原則とする市場経済での経済活動の仕組みを分析する学問である。そこでは，さまざまな経済活動がどのようなメカニズムで行われているのかを，簡単な理論的な仮説で説明する。

●本書は，ミクロ・マクロ経済学のそれぞれの基本的な考え方を順次説明するとともに，日本経済，世界経済が直面する課題について，経済分析を使って考える。経済政策の目標は，効率性と公平性の達成である。

重要語

□経済活動	□財・サービス	□国民経済
□経済主体	□市場	□私有財産制度
□利益追求の自由	□自己責任	□インセンティブ
□機会費用	□他の条件一定	□部分均衡分析
□一般均衡分析	□事実解明的分析	□規範的分析
□ミクロ経済学	□マクロ経済学	□効率性
□公平性		

問　題

■1　次の文章のなかで正しいのはどれか。

（ア）　人間の目的にはさまざまなものがあるから，経済学は必ずしも合理的な行動を想定していない。

（イ）　経済学は，法学と同様に，制度化された学問になっている。

（ウ）　経済学はミクロ経済学とマクロ経済学に大きく分けられる。

（エ）　経済政策の目標としては，公平な社会の実現が最も重要である。

（オ）　現実の経済現象が複雑であるから，単純化のための仮定はもうけるべきではない。

■2　次の文章の（　）に適当な用語を入れよ。

経済活動の成果である（　）は，空気などの（　）と通常の経済的な（　）に分けられる。後者は（　）とも呼ばれ，（　）で取引されている。

■3　以下の行為は，合理的行動，インセンティブ，機会費用のどれに最も関係するといえるか。

（ア）　賃金への税金が重くなれば，働く意欲が抑制される。

（イ）　家計が予算制約のもとで効用を最大にするように行動する。

（ウ）　家計が銀行から預金をおろして旅行する楽しみと，旅行しないでそのまま預金した場合の金利を比較検討する。

■4　次の経済学者を時代の古い順に並べよ。

（ア）　フリードマン

（イ）　ケインズ

（ウ）　スミス

（エ）　マーシャル

（オ）　ワルラス

2 家 計

本章では，家計の経済活動について説明する。家計は経済主体のなかでも最も重要な位置にあるとともに，私たち一人一人の経済行動を代表している。

1. 家計の消費行動について，所得のうちどれだけを消費に回して，残りを貯蓄に回すかという消費・貯蓄行動を説明する。
2. 消費の中身がどのような財やサービスに配分されるのかという消費行動の理論を説明する。
3. いずれの分析でも，消費からの限界的なメリットとデメリットがどの程度あるのかを考えることが有益であることを示す。
4. 家計の労働供給と余暇との最適配分について考える。
5. 家族内の意思決定についても，経済学の分析が適用できるケースがあることを示す。

2.1 消費と貯蓄

■ 家 計

　家計は，いろいろな財やサービスを消費して，経済的な満足度を高める消費活動を行う。消費するためには所得が必要である。そこで，家計は自分の保有している労働可能時間（1日であれば24時間）のうち，何時間かを企業に提供（労働）することで，生産活動に貢献し，その見返りに労働所得を得る。また，何らかの金銭的あるいは物理的な資産を持っている場合には，それを企業に提供することで利子所得や配当所得などを得る。このように家

計は消費財・サービスの需要主体であるとともに，生産要素（労働，資本，土地）の供給主体にもなっている。

　経済学では家計は1つの共通の目的を持って，共通の予算制約のもとで消費行動をすると想定している。たとえば，夫婦に子どもが2人いる家族でも，1つの家計としてまとまって消費行動をすると考える。現実の世界では，それぞれの個人がバラバラに所得を得て，食事や買い物なども別々に消費計画をしている場合もあるだろう。そのような行動が支配的な家族は，形式的には1つの家族であっても，経済分析においてはそれぞれを単身の家計として扱うことになる。

■　家計の消費行動 ————————————————————————

　家計の消費行動を，所得のうちどれだけを消費に回して，残りを貯蓄に回すかという消費と貯蓄に関する決定と，消費の配分をどうするか，すなわち，さまざまな消費財・サービスにどれだけの資金を配分するかという消費配分の決定の2つに分けて考えてみよう。まず，この節では消費と貯蓄の問題を取り上げる。

　図2.1に示すように，家計はある与えられた所得を消費と貯蓄に配分する。たとえば，「花子」という家計は月給50万円を稼ぐとしよう。そのうち，何万円をその月の消費の資金に配分し，何万円を貯蓄に回すだろうか。この消費と貯蓄の最適な配分問題が，この節での分析課題である。

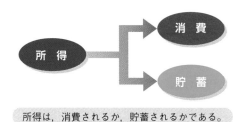

図2.1　所得と消費

■ 消費関数 ────────────────────────────────

　たとえば，花子は月給が 20 万円のときに（2 万円だけそれまでの貯蓄残高を取り崩して）22 万円を消費に回し，月給が 30 万円になれば 28 万円だけ消費して，残りの 2 万円を新しく貯蓄し，月給が 50 万円のときには 40 万円の消費をして，10 万円の貯蓄をしたとする。このような所得と消費の関係を定式化したのが消費関数である。

　家計＝「花子」の所得の大きさを Y で表すと，花子の消費 C は次のように決まる。

> 所得(Y)→消費(C)

消費関数は，所得が消費を決めると考えるものである。

　この消費関数の性質を調べてみよう。まず，消費は所得とともに増加する。つまり，所得が多ければ消費額も多くなる。ただし，所得 Y が 1 万円増加しても，消費 C は 1 万円以下しか増加しないだろう。消費の増加分が 1 万円より小さいのは，所得の増加ほどには消費は増加しないからである。この差額は貯蓄の方に回される。すなわち，所得が増加すると，消費と貯蓄の両方が増加する。また，所得がないときにも消費される量はプラスであろう。所得がなくても，生存のためには何らかの消費が必要である。それは，所得以外の外生的な（消費関数の外にある，という意味）財布，たとえばそれまで蓄積してきた資産（貯蓄残高）に依存しているだろう。

限界消費性向と限界貯蓄性向

　このような現象を経済学では，**表 2.1** のように消費関数としてまとめている。所得がいままでよりも追加的に 1 万円増加したとき，それによって増加した消費の大きさΔCを所得の増加分ΔY（いまの場合は 1 万円）で割った比率＝$(\Delta C/\Delta Y)$を限界消費性向と呼び，また，貯蓄の追加的な増加分$\Delta(Y-C)$を所得の増加分ΔYで割った比率＝$(\Delta(Y-C)/\Delta Y)$を限界貯蓄性向と呼んでいる。cを限界消費性向と表すと，$1-c$ が限界貯蓄性向となる。つまり，両者の合計は常に 1 に等しい。これは，たとえば 1 万円という所得の増加分が，消費の増加か貯蓄の増加かいずれかにすべて投入されるからである。なお，消費と所得との比率であるC/Yは，平均消費性向と呼ばれる（**図 2.2** に実際の平均消費性向の推移を示した）。

図による説明

　たとえば，消費関数が，

表2.1 消費関数

意 味	所得→消費：消費を所得の増加関数と考える		
平均消費性向	$\dfrac{消\ 費}{所\ 得}$	限界消費性向	$\dfrac{消費の増加分}{所得の増加分}$

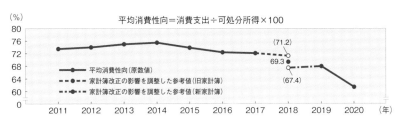

図2.2 平均消費性向の推移（二人以上の世帯のうち勤労者世帯）

（注）2018年1月に行った調査で使用する家計簿の改正の影響による変動を含むため，時系列比較をする
　　　際には注意が必要。（家計簿改正の影響を調整した参考値を併せて示している。）

（出所）総務省統計局「家計調査報告〔家計収支編〕 2020年平均結果の概要」

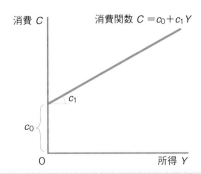

消費関数は，所得が多くなれば消費も多くなるという関係
を示している。消費関数の傾きは，限界消費性向である。

図2.3 消費関数

$$C = 10 + 0.6Y$$

と表されるとしよう。このとき，花子の限界消費性向は $c = 0.6$ であり，$Y = 0$ のと
きに10の消費をする。この消費関数に従って，花子は消費・貯蓄の決定をしている。

　図2.3は，縦軸に消費 C を，横軸に所得 Y を表している。上の消費関数は，こ
の図に示すと，切片 $c_0 = 10$，傾き $c_1 = 0.6$ の直線となる。限界消費性向は直線の傾
き c_1 で一定であるが，平均消費性向は原点 O からの傾きであるから，c_0 がプラス
であれば Y の増加とともに次第に逓減する。

Point——2 平均と限界

　経済学で最初に登場する最も重要な概念が、「限界」と「平均」との区別である。限界とはある経済行為の追加的な効果であり、平均とはある経済行為の平均的な効果である。そして、経済主体の意思決定においては限界的な効果がどうであるのかが、重要な役割を演じる。何かの経済的な決定をする場合、たとえば、花子がどれだけリンゴを購入するかを決定する場合、もう1単位だけ追加する場合の限界的なメリットとデメリットがどのくらいかが、重要な判定基準となる。

　すなわち、限界メリットの方が限界デメリットよりも大きければ、その追加的な変化（＝もう1個リンゴを購入すること）によって、花子の経済的な満足度は上昇し、逆に限界的なデメリットの方がメリットよりも大きければ、花子の経済的な満足度は減少する。限界メリットと限界デメリットの一致する点が最適点になる。経済問題を分析する際には、その問題の限界的なメリットとデメリットが何であり、その大きさがどの程度かを考えればよい。

■ 消費・貯蓄の決定メカニズム ─────────────────

　では、消費関数の形状、あるいは、消費関数の定数項や傾きのパラメーター（係数）の値 c_0, c_1 は、どのように決定されるだろうか。

　花子の貯蓄・消費の決定メカニズムを考えてみよう。貯蓄動機にはさまざまなものがあるが、最も有力な仮説は、将来に対する備えであろう。将来の所得だけでは将来の望ましい消費水準の達成が困難であれば、現在の消費を一部抑えて、貯蓄して、将来の資産を増やすことで、将来の消費に振り替えるだろう。

　しかし、花子はすべての所得を貯蓄には回さない。全額を貯蓄に振り向けないで、一部を現在の消費に回すのは、現在消費することで何らかの経済的な満足が得られるからである。経済学では消費から得られる家計の満足度を、消費からの効用という概念でまとめている。消費量が拡大すれば、花子の満足度＝効用も増加するだろう。

　いま20万円だけ消費に回しているとして、それを21万円に1万円増加させたとき、花子の満足度＝効用がどれだけ増加するかを考えてみよう。1単

位の消費量の追加的な拡大がもたらす効用の増加分を，限界効用と呼んでいる。消費関数での限界消費性向に対応する限界的な概念である。この限界効用が，消費を拡大させる追加的なメリットである。

ところで，消費量が拡大するにつれて，限界効用は小さくなっていく。これは非常に重要な性質である。

たとえば，花子はケーキが大好きだとしよう。ケーキを食べれば食べるほど彼女の経済的な満足度＝効用は増加する。しかし，ケーキを最初に1個食べるときの満足度の増加幅（＝限界効用）と比較すると，ケーキをすでに100個食べた後で，さらに追加のケーキを1個食べるときの満足度の増加幅（＝限界効用）は小さい。

■ 家計の消費行動と限界効用 ──────────────

ここで，表2.2に示す限界効用の性質を，家計の消費行動に即して説明しておこう。ある時点の消費量が増加すれば，その時点での効用水準も増加する。ただし，その増加の程度（＝限界効用）は次第に小さくなる。すなわち，ある月に消費水準を増大すると，その月の満足度は高くなるが，最初の1万円を消費したときの満足度の増加（＝限界効用）と次の1万円を消費したときの満足度の増加（＝限界効用）を比較すると，最初のときの方が大きい。そして，限界効用は財をたくさん消費するほど，小さくなっていく。

限界効用逓減の法則

限界効用とは，その財の消費量の増加分とその財の消費から得られる効用の増加分との比率である。

$$限界効用＝\frac{効用の増加分}{消費の増加分}$$

いい換えると，1単位だけ財の消費が増加したとき，効用がどの程度追加的に増加

表2.2　限界効用の性質

意　味	消費が1単位追加的に増加したときの効用の増加分
プラス	消費が拡大すると，効用も増加する
逓　減	消費が拡大すると，限界効用は減少する

するかを示している。

(1) 限界効用はプラスである。

(2) 限界効用は逓減する（＝次第に小さくなる）。

これら2つの性質は，次のように解釈できよう。消費をすると，必ず満足が得られる。最初に少しだけ消費したときには，その財が新鮮に感じられるから，満足度の増加も大きいだろう。すなわち，限界効用は大きい。しかし，同じ財をたくさん消費した後では，その財の追加的な消費はあまり新鮮には感じられない。その財の消費にかなり飽きがきた状態では，追加的な消費の増加から得られる効用の増加分も，それほど大きくはないだろう。したがって，限界効用はプラスであり，その財の消費とともに次第に減少していく（限界効用逓減の法則）と考えられる。

なお，限界効用が低下しても，その財を消費することから得られる満足度の水準自体は増加している。すなわち，消費量の増加とともに効用水準自体は増大している。限界効用はその増加のスピードに関する概念であり，限界効用が小さくなると，効用の拡大のテンポが小さくなるが，効用自体が低下することは必ずしも意味していない。

こうした性質は，ある財を消費する場合に当てはまるばかりでなく，消費量全体についても当てはまる。すなわち，今月にたくさん消費すると，そこから満足を得る以上，確かに効用は大きくなるが，たくさん消費した後で，さらに追加的に消費を拡大しても，それほど満足度は増加しないだろう。その結果，消費からの限界メリットも減少する。

■ 貯蓄の決定

貯蓄は，現在と将来という異時点間の消費の最適な配分を実現するために行われる。したがって，貯蓄の追加的な便益（メリット）と追加的な費用（デメリット）とが等しくなるまで，貯蓄は行われるだろう。

図2.4 は，今月の消費水準を増加させていくことの追加的な（限界）メリットと追加的な（限界）デメリットを示したものである。縦軸に追加的なメリットとデメリットを，また，横軸に今月の消費量 C を示している。右下がりの AA 曲線は，今月の消費の限界メリット曲線であり，右上がりの BB 曲線は今月の消費の限界デメリット曲線である。

まず限界メリット曲線 AA から説明しよう。今月の消費の限界メリットと

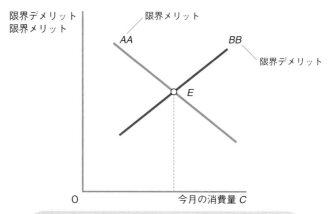

図2.4 消費・貯蓄の決定

は，今月の消費を1万円余計に拡大したときに，どれだけメリット＝効用の大きさが増加するのかを示している。消費水準 C が増加するとともに C からの限界メリット＝限界効用は減少するから，**図2.4** では AA 曲線が右下がりとなる。

では，消費からの限界的なデメリット曲線の方は，どうであろうか。今月の消費量を拡大すると，貯蓄量が減少する。「花子」の今月の月給＝50万円は消費するか，貯蓄するか，どちらかに配分されるから，消費量が増加すれば同額だけ貯蓄量は減少する。貯蓄量の減少は，将来の備えに回せる資金の減少を意味する。これは，家計にとってはマイナスであるから，デメリットになる。すなわち，今月の消費量を拡大するデメリットは，貯蓄の減少による将来の備えの減少である。それを示したのが，**図2.4** の BB 曲線である。

では，なぜ BB 曲線は右上がりと考えられるのか。今月の消費量が大きいほど，貯蓄量が小さいから，将来への備えの資金の大きさも小さくなる。ここで，さらに今月の消費が拡大すると，さらに将来の備えの資金が小さくなる。将来の備えがある程度豊富にある場合には，少し追加的にその資金が減少しても，それほど困ることはない。すなわち，貯蓄の減少の限界的なデメ

表 2.3　消費・貯蓄の決定要因

限界メリット	現在の消費をもう 1 単位だけ拡大することで得られる満足度（＝効用）の増加
限界デメリット	現在の消費の拡大の結果，貯蓄が減少することで失われる将来の消費の減少による満足度（＝効用）の低下
最適条件	限界メリット＝限界デメリット

　リットは小さい。しかし，今月の消費量が大きく，貯蓄量が小さいほど，貯蓄の減少の限界的なデメリットは大きくなる。現在の消費水準の上昇とともに，消費からの限界デメリットも上昇していく。したがって，消費からの限界デメリット曲線は，右上がりとなる。

　一般的に最適な消費・貯蓄の組み合わせは，限界メリット曲線 AA と限界デメリット曲線 BB の交点 E で与えられる。表 2.3 に示すように，消費行動の上の条件式のみならず，一般的に，経済学で経済主体の最適な均衡点（主体的均衡点）を求める際には，その選択の結果得られる限界的なメリットと限界的なデメリットが一致する点を求めればよい。なぜなら，限界的なメリットの方がデメリットよりも大きければ，その選択をさらに拡大することで，より望ましい状況が実現できるし，逆に，限界的なデメリットの方がメリットよりも大きければ，その選択を縮小することで，満足度は高くなるからである。

[数値例]
　表 2.4 は，現在の消費量が 10，20，30，40，50 と変化し，それに対応して将来の消費量が 50，40，30，20，10 と変化していくときに，現在と将来の効用および限界効用の大きさを表したものである。追加的な限界メリットは現在消費の効用からの限界的な変化＝限界効用の大きさを表し，追加的な限界デメリットは将来消費の効用からの限界的な変化＝限界効用の大きさを表している。
　この数値例では，現在消費が 20 のときにさらに現在消費を拡大することの限界メリット（45－30＝15）が限界デメリット（55－45＝10）よりも大きく，さらに現在消費を拡大するのが望ましい。しかし，現在消費が 40 になると限界メリット（60－55＝5）が限界デメリット（30－10＝20）よりも小さくなり，

消費を減少するのが望ましい。したがって，最適な現在消費の水準は総効用が最大となる 30 となる。

表 2.4　数値例

現在消費	10	20	30	40	50
現在効用	10	30	45	55	60
限界メリット		20	15	10	5
将来消費	50	40	30	20	10
将来効用	60	55	45	30	10
限界デメリット		5	10	15	20
総効用	70	85	90	85	70

■ 所得拡大の効果 ─────────────────────

　ここで，花子の所得＝今月の月給 50 万円が 60 万円に増加したとき，**図2.5** の最適点 E がどのように変化するか検討してみよう。所得が拡大しても，今月の消費が同じであれば，その拡大からの限界的なメリットは直接の影響を受けない。しかし，限界的なデメリットには直接影響する。なぜなら，月給が増えると，消費量が同じであるとすれば，その分だけ貯蓄が増加するからである。

　月給が 50 万円のときに 25 万円消費していたとすれば，25 万円の貯蓄になるが，月給が 60 万円になれば，25 万円の消費は 35 万円の貯蓄を意味する。したがって，将来の備えの資金（貯蓄）が大きく増加するから，そこまで大きく貯蓄を増やさなくてもそれほど困らない。いい換えると，消費の拡大＝貯蓄の減少の限界的なデメリットは，同じ消費水準ではいままでよりも小さくなる。

　このような関係は，すべての消費水準について当てはまるから，限界デメリット曲線 BB が **図2.5** に示したように，下方にシフトする。主体的均衡点（花子にとっての最適点）は，E から E' へと移動する。その結果，今月の消費水準は増加する。したがって所得が増加すると，そのときの消費量も増加

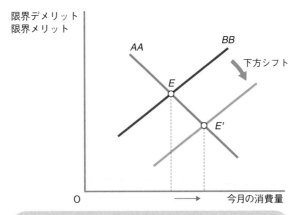

所得が増加すると，限界デメリット曲線 *BB* が下方にシフトして，最適点は *E* から *E'* へと移動する。

図2.5 所得の増加

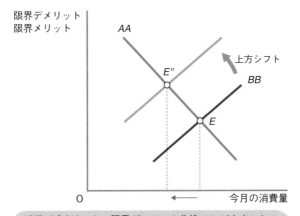

所得が減少すると，限界デメリット曲線 *BB* が上方にシフトして，最適点は *E* から *E"* へと移動する。

図2.6 所得の減少

する。この関係は，**図2.3** のような消費関数における限界消費性向に対応している。逆に，所得が減少すると，限界デメリット曲線は**図2.6**のように上方にシフトするから，均衡点は E から E'' へと移動する。この場合は，

今月の消費量は減少する。

このようにして，所得とともに増加する消費関数が導出される。

Point——3	曲線のシフトと曲線上の動き

経済分析は，図を用いて行われるケースが多い。その場合，有益な区別が曲線のシフトと曲線上の動きの区別である。たとえば，リンゴの需要量とリンゴの価格との関係を図で表すとしよう。リンゴの価格が変化したとき，リンゴの需要量がどのように変化するかを図でみるには，リンゴの需要曲線上でリンゴの価格が変化したときの需要量の変化を調べればよい。これは，曲線上での動きである。

しかし，ミカンの価格が変化したときにリンゴの需要量がどう変化するかを調べるには，ミカンの価格の変化によってリンゴの需要曲線がどのようにシフトするかを調べる必要がある。図は縦軸と横軸の2つの軸で表されているので，縦軸と横軸に表れる変数（リンゴの価格とリンゴの需要量）以外の変数は，一定で変化しないという前提で，その曲線が描かれている。したがって，縦軸と横軸に対応する変数以外の変数が変化すると，その曲線自体が動く。これを，曲線自体のシフトと呼んでいる。

2.2　消費行動の理論

■ 消費行動の例 ─────

次に，消費の配分に関する選択について考えてみよう。消費総額が前節のようなメカニズムで決定されるとして，さまざまな消費財・サービスへの配分は，どのようにして決定されるだろうか。

消費行動はいろいろな形をとる。生活必需品のようにスーパーなどの店頭で購入する場合もあれば，カタログなどの通信販売やインターネットを利用して購入する場合もある。また，耐久消費財のように，その財を購入することとその財を消費することが必ずしも結びつかない例もある。

生鮮食料品やケーキなど保存の効かない消費財の場合は，購入することと

消費することはほとんど同値であるから，購入すればするほど，そのときに たくさん消費している。サービスを購入する場合も同様である。理髪店に行 って散髪してもらう場合には，そのサービスを購入していると同時にそのサ ービスのメリットを享受している。

しかし，トイレット・ペーパー，缶ビールなどのように保存の効く消費財 の場合は，買いだめが可能である。1973 年の第 1 次石油ショックの際には， トイレット・ペーパーがなくなるというデマ・噂が全国を駆けめぐり，多く の主婦が 1 年分以上のトイレット・ペーパーを一度に購入しようとした。

2020 年春にコロナ感染が拡大し，緊急事態宣言が発出された際には，リ モートワークが推奨されたため，ノートパソコンや Web 会議用のカメラ， マイクの需要が急増した。また，買い物などの外出を避けて，ネットで様々 な物を購入することが一般的となり，料理の出前サービスも増加した。他方 で，外食や旅行などの需要は大きく減退した。このようにコロナ・ショック は家計の消費行動にも大きな影響を与えた。

車などの耐久消費財の場合には，その財を購入する時点から長期にわたっ て少しずつその財を消費している。新車に買い換えるまで 5 年かかるとすれ ば，5 年間でその車を消費しているといえる。しかし，購入するのは 1 つの 時点であるから，購入量と消費量とは購入時点では対応していない。

さらに，価格が変動する財を，高い価格のときに売却することを目的に安 い価格のときに購入するなら，それは消費行動ではなく，投機的な財の購入 と考えられる。

以下の節では，基本的に，消費行動は購入行動と同じであるとみなしている。

■ 家計の行動基準 ────────────────────────

家計の消費計画の理論を定式化してみよう。家計はどのような目的で複数 の財・サービスに対する消費活動を行っているだろうか。私たちの通常の消 費行動を思い出してみよう。まず，大方の納得する消費行動のルールとして は，**表 2.5** にまとめた次の 2 つがある。

第 1 のルール（＝価格基準）は，同じ財やサービスであれば，価格の低い

表 2.5 消費配分の行動

価格基準	同じ財であれば，価格の低い財を購入
バランス基準	似たような財をバランスよく購入
主体的均衡	その財の購入の限界的なメリット＝限界的なデメリット

企業や店から購入することである。価格はその財を購入する場合のコストであるから，通常は，価格の高い財やサービスに対する需要は，あまり大きくならない。わざわざ，高い価格を提供する企業や店を選んで財を購入するのは，非合理的な行動である。もっとも，価格以外の要因を考慮すると，そのような一見非合理的な行動を説明することは可能である。

　たとえば，価格は安いけれども店員の対応が悪いか雰囲気の悪い店であれば，消費者はそこの商品を購入するのをためらう。あるいは，宝石などの贅沢品やブランド品の場合には，価格が高いことが一つの価値を持っており，消費者は価格が高いと満足度もより高くなると感じているかもしれない。また，財やサービスに対する品質に情報の非対称性，不確実性があり，購入する前にその財・サービスの品質がよくわからない場合には，高価格＝高品質であると考えて，あえて高額の財・サービスを購入しようとする場合もある。

　第 2 のルール（＝バランス基準）は，複数の似たような財がある場合に，1 つの財に集中して消費を絞り込むよりは，バランスよく消費をすることである。たとえば，果物の購入を考えてみよう。果物といっても，リンゴ，ミカン，バナナ，モモ，スイカ，パイナップル，パパイヤなどいろいろな種類がある。普通は，家計はそのなかで 1 つの果物のみを集中して消費する行動はとらないだろう。季節によって多少の変動はあるにせよ，1 年を通してみれば，多くの果物をバランスよく購入して，消費している。もちろん，バナナしか食べないという極端な人もいるだろう。イギリスには，生まれて 10 年間ジャムサンドパンしか食べたことのない男の子がいたそうである。しかし，一般的に多くの家計の消費行動は，多数の財やサービスをバランスよく購入している。これが，家計行動のもう一つの特徴である。

　この節では，こうした家計の消費行動を合理的な経済活動の結果として説

表2.6 数値例

消費量	1	2	3	4	5
効 用	1	4	6	7.5	8.5
限界効用		3	2	1.5	1

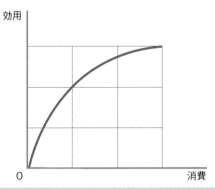

効用関数は右上がりであるが，その傾き（＝限界効用）は
次第に小さくなっていく。

図2.7 効用関数

明する。

図表による数値例

　家計の効用最大化行動を，ある予算制約の範囲内でリンゴとミカンという2つの
財に対する最適な消費の配分計画として考えてみよう。花子はある一定の消費に回
せる所得を，リンゴとミカンの購入に充てるとしよう。このうち，特にリンゴの購
入計画について考える。前節での消費と貯蓄との最適な配分計画と同様に，花子の
リンゴという財の購入量と花子の経済的な満足度である効用水準との関係を，表に
まとめたものが**表2.6**である。リンゴの消費量が増加すれば，効用水準も増加する。
さらに，効用の増加のスピード（＝限界効用）はプラスであるが，消費量が大きい
ほど小さくなっている。

　このような財・サービスの消費量とその消費から得られる満足度（＝効用）との
関係を示す関数を，効用関数という。リンゴの消費における効用関数を図で表した
のが**図2.7**である。リンゴの消費から得られる効用を表す曲線（効用曲線）は右
上がりであるが，その傾き（＝限界効用）は次第に小さくなっている。すなわち，
限界効用は逓減する（限界効用逓減の法則）。通常は限界効用は逓減してもマイナ
スにはならない。

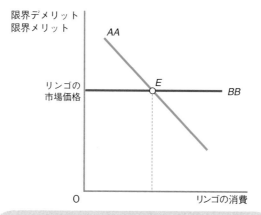

限界デメリット
限界メリット

AA

リンゴの
市場価格

E

BB

0

リンゴの消費

> リンゴの消費の限界メリット曲線は *AA* 線であり，限界デ
> メリット曲線は *BB* 線である。最適なリンゴの消費量は，
> 2つの曲線の交点 *E* で与えられる。

図2.8　リンゴの消費の決定

主体的均衡点

　では，花子はいくつリンゴを購入するのが，最適だろうか。前節でも説明したように，主体的な均衡点は，選択対象となっているものを追加的に拡大したときの追加的なメリットと追加的なデメリットが一致する点で，求められる。リンゴの消費を1単位拡大することの追加的なメリットは，リンゴの消費から得られる限界効用である。上で説明したように，限界効用は逓減するから，追加的なメリットもリンゴの消費とともに減少する。したがって，図2.8に示すように，限界メリット曲線 *AA* は右下がりの曲線となる。

　リンゴの消費の限界的なデメリットは，リンゴの消費を拡大することで他の財・サービスの購入に回される資金量が減少することである。では，1単位の追加的なリンゴの購入で，どれだけの資金量が減少するだろうか。これは，リンゴの価格に他ならない。リンゴの価格が1個100円とすれば，もう1個追加的にリンゴを購入すれば，100円余計にお金が必要になる。その分だけ，他の財・サービスの購入に向けられる資金量が減少する。したがって，限界デメリット曲線 *BB* は，リンゴの市場価格で与えられ，水平となる。

　主体的均衡点は，限界メリット曲線 *AA* と限界デメリット曲線 *BB* との交点 *E* で求められる。この点でのリンゴの消費量が，花子にとって最も望ましい消費量である。*E* 点よりも左側では，リンゴを追加的に購入するメリットの方がデメリットよ

りも大きいから，リンゴの購入を拡大することが望ましい。逆に，E 点の右側では，リンゴの購入の追加的拡大のデメリットの方がメリットよりも大きいから，リンゴの購入を減らす方が望ましい。

■ 所得効果

まず，所得の拡大がある財の消費に与える効果（所得効果）を考えてみよう。いま，花子の所得が増加し，消費全体に回せる資金量も増加したとしよう。このとき，最適なリンゴの購入量はどう変化するだろうか。直観的に考えると，消費全体の資金量＝所得が増加すれば，リンゴの消費量も拡大する。これは，所得効果がリンゴの消費を刺激するケースである。**表 2.7** にまとめたように，通常の消費財は所得効果がプラスであり，正常財あるいは上級財と呼ばれている。リンゴもミカンも正常財であれば，所得が増加するとその財に対する需要も拡大する。いい換えると，価格が変化しないで，所得のみが拡大すれば，リンゴやミカンの需要は刺激されるだろう。

図による説明

所得効果を，**図 2.9** で説明してみよう。所得が増加すると，リンゴの限界メリット曲線 AA が上方にシフトすると考えられる。なぜだろうか。いま，リンゴの消費量がもとのまま，所得が拡大したとしよう。これは，リンゴ以外の財・サービスの消費量が増加することを意味する。つまり，ミカンの消費量が拡大する。これは，リンゴの限界効用にも影響を与える。いままでよりもミカンの消費量が多くなれば，リンゴを消費する際にリンゴがより新鮮に感じられ，ミカンの消費量が拡大する前よりは，同じリンゴの消費から得られる限界効用は増加する。その結果，リンゴの限界メリット曲線は，上方にシフトする。

表 2.7　所得効果

正常財	所得効果プラス：所得が増加すると，需要も増加（ミカン，リンゴ）
劣等財	所得効果マイナス：所得が増加すると，需要が減少（主食としての麦，乗り合いバス）
ギッフェン財	所得効果が代替効果を打ち消すほど大きくマイナス：価格が上昇すると，需要が増加（主食としてのじゃがいも）

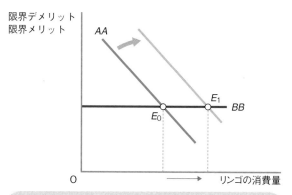

所得が増加すると，限界メリット曲線 *AA* が上方にシフト
して，最適点は E_0 から E_1 へ移動する。

図2.9　所得効果：プラス

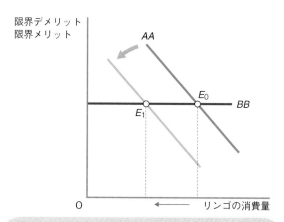

所得効果がマイナスの場合，所得の増加で限界メリット曲
線 *AA* が下方にシフトするので，最適点は E_0 から E_1 へ
移動する。

図2.10　所得効果：マイナス

　所得の変化による限界メリット曲線のシフトが，所得効果である。限界メリット
曲線が上方にシフトするケースは，所得効果がプラスであり，正常財あるいは上級
財のケースである。財・サービスによっては，所得効果がマイナスになり，限界メ
リット曲線が下方にシフトする可能性もある。そのような財は，劣等財あるいは下
級財である。上の例でいえば，ミカンの消費量が拡大したとき，リンゴの限界的な

41

評価が低下すれば，リンゴは劣等財である。

　正常財であれば，限界メリット曲線は所得とともに上方にシフトするから，主体的な均衡点 E_0 は**図 2.9** に示すように，E_1 へと移動し，リンゴの消費量は拡大する。**図 2.10** では，リンゴは所得効果がマイナスに働く劣等財と想定している。新しい主体的均衡点 E_1 は当初の均衡点 E_0 の左方に位置している。

■ 劣等財

　所得効果がマイナスの財は，劣等財（下級財）と呼ばれる。たとえば，所得が低いうちは麦を主食として消費しているとしよう。所得水準の上昇にともない，麦の消費は減少し，コメの消費が拡大する。このようなケースでの麦は劣等財である。あるいは，乗り合いバスも最近では劣等財になってきている。自動車の乗り心地や機能が充実するにつれて，乗り合いバスからマイカーへ需要がシフトする傾向がみられる。所得が低いとき乗り合いバスを利用していた家計が，所得の拡大とともに乗り合いバスからマイカーへ乗り換えるとすれば，乗り合いバスに対する需要は，所得の拡大とともに減少してしまう。

　なお，所得が増大すれば，総購入金額は拡大する。ここでは価格は一定と想定しているので，これは総消費量の拡大を意味する。したがって，すべての財が正常財のケースは大いにあり得るが，逆のケース，つまり，すべての財が劣等財のケースは考えられない。たとえば，選択対象となる財の数が 2 財のケースでは，1 つの財が劣等財であれば，もう 1 つの財は必ず正常財となる。しかし，逆は必ずしも成立しない。

■ 所得消費曲線

　所得が拡大したときに，花子にとって最適なリンゴとミカンの消費量の組み合わせは，どのように変化するだろうか。所得の拡大によるリンゴの最適な消費量の変化の軌跡を，縦軸にこの財（＝リンゴ）の消費量，横軸に所得をとった図で曲線として表したものを，所得消費曲線と呼んでいる。**図 2.11** に示すように，この財が正常財であれば，所得消費曲線は右上がりで

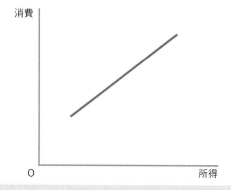

正常財の場合，所得の増加とともにその財の消費も拡大する。

図2.11　所得消費曲線：正常財

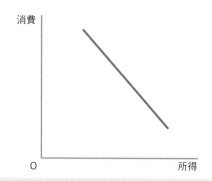

劣等財の場合，所得の増加とともにその財の消費は減少する。

図2.12　所得消費曲線：劣等財

ある。また，この財が劣等財であれば，所得消費曲線は**図2.12**のような右下がりの曲線になる。

　前節で想定した家計の消費関数は，この所得消費曲線に対応するとも考えられる。その場合は，総消費と貯蓄との配分が問題となっていたから，現在の総消費量（リンゴとミカンの消費の合計）が図の縦軸であり，現在の所得が横軸ということになる。

■ 価格変化

　では，価格が変化したときに，その財の消費需要はどのように影響される
だろうか。ここで，リンゴの価格が変化したときの，リンゴの消費量に与え
る効果を考えてみよう。直観的には，価格が下落すれば購入量は増加し，逆
に，価格が上昇すれば購入量は減少するだろう。リンゴの価格が低下すれば，
ミカンよりもリンゴを購入することが相対的に有利になるから，リンゴの消
費が増加する。このように，効用水準が一定に維持されるときの，価格変化
が需要に与える効果を，代替効果と呼んでいる。

図による説明

　図2.13でリンゴの価格が低下すると，限界デメリット曲線は下方にシフトする。
なぜなら，BB 曲線は価格そのものだからである。したがって，均衡点は E から E'
へと移動し，リンゴの購入量は増加する。リンゴの購入の限界的なデメリットが減
少したのであるから，当初の均衡点 E では限界的なメリットがデメリットよりも大
きくなる。したがって，もっとリンゴを購入することが望ましい。

■ 所得効果と代替効果の相互関係

図による説明

　図2.13の議論は価格変化によって，限界メリット曲線 AA がシフトしないこと
を前提としていた。この想定はもっともらしいだろうか。リンゴの価格が低下すれ
ば，リンゴの購入量を元のままに維持したときに，他の財に回せる資金量は増加し
ている。この点では，リンゴの価格の低下は所得の拡大と同じ効果を持っている。
すなわち，価格の低下は所得が実質的に増加したのと同じ経済的な効果を持ってい
る。

　したがって，所得効果がプラスであれば，限界メリット曲線 AA は上方にシフト
し，逆に，所得効果がマイナスであれば，AA は下方にシフトする。図2.13のよ
うに限界メリット曲線がシフトしないケースは，所得効果がゼロの場合に対応する。

　一般的に所得効果はプラスだろう（正常財）。このとき，価格の低下がもたらす
効果をまとめてみよう。図2.14 に示すように，リンゴの価格が低下すると，限界
デメリット曲線は下方にシフトし，限界メリット曲線は上方にシフトする。均衡点
は E_0 から E_1 へと移動する。リンゴの消費量は増加する。これを，E_0 から E_2 への
動きと E_2 から E_1 への動きに分解してみよう。

　前者の動きは，当初の限界メリット曲線上での移動であり，価格が減少したこと

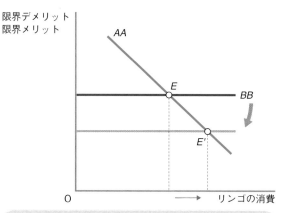

リンゴの価格が低下すると，限界デメリット曲線 *BB* が下方にシフトして，最適点は *E* から *E'* へ移動する。

図2.13　価格の低下：代替効果

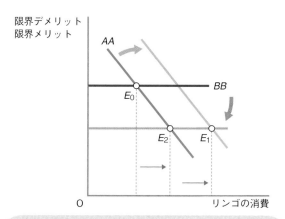

リンゴの価格が低下すると，限界メリット曲線 *AA* は上方にシフトし，限界デメリット曲線 *BB* は下方にシフトする。E_0 から E_2 への動きは代替効果であり，E_2 から E_1 への動きは所得効果である。

図2.14　所得効果と代替効果

の純粋の効果を示している。これが代替効果である。後者の動きは，限界メリット曲線のシフトに対応する動きであり，所得効果である。したがって，価格変化は代替効果と所得効果に分解される。代替効果と所得効果を合わせて，価格効果という。

　代替効果は，実質的な所得が変化しないように調整されたときの価格変化
の動きであり，必ずプラスに働く。すなわち，その財の価格が低下すれば，
その財の需要量は増加する。これに対して，所得効果は正常財であればプラ
スであるが，劣等財の場合にはマイナスである。

　したがって，正常財であれば，その財の価格が低下すると，必ずその財の
購入量は増加する。逆にいうと，価格が上昇すると，需要量は必ず減少する。
しかし，所得効果がマイナスの場合には，価格が減少したときに，代替効果
を所得効果が相殺する方向に働くので，総合した効果がどちらになるのかは，
理論的には確定しない。

■ ギッフェン財 ─────────────────────────────

　所得効果がマイナスの劣等財では，その財の価格の低下により，その財の
需要が減少することもあり得る。こうした財は，ギッフェン財と呼ばれる
（ギッフェン（Giffen, R.; 1837-1910）はイギリスの経済学者，統計学者）。図
2.15 に示すように，これは，劣等財において所得効果の大きさが代替効果

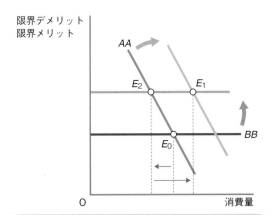

マイナスの所得効果が大きいギッフェン財の場合，価格の
上昇で限界メリット曲線 *AA* が大きく上方にシフトし，限
界デメリット曲線 *BB* も上方にシフトする。E_0 から E_2
への代替効果よりも E_2 から E_1 への所得効果の方が大き
く，需要が増加する。

図2.15　ギッフェン財

の大きさを大きく上回っているケースである。その財の価格が上昇すると，実質的な所得が減少するから，劣等財であれば，所得効果からはその財の需要は増加する。これに対して，代替効果からは，価格の上昇によってその財に対する需要は減少する。このとき代替効果よりも所得効果が大きければ，価格の上昇によって需要は増加する。

　これは，1845年のアイルランドでの飢饉のときに，じゃがいもの需要について実際にみられた現象である。じゃがいもの価格が上昇したとき，経済的余裕がない家計状況で，より品質の高い他の財に対する支出が抑制され，代わりにじゃがいもの支出が増大したのである。

■　クロスの代替効果
　リンゴの需要は，花子の所得やリンゴの価格のみならず他の財，特に果物の価格に大きく依存するだろう。たとえば，ミカンの価格が上昇すると，リンゴの需要は刺激される。これはリンゴのミカンに対する相対的な価格（＝ミカン1つを購入するのに何単位のリンゴをあきらめなければならないかを示す2つの財の価格の比率）が低下し，ミカンと比べて相対的にリンゴが安くなったからである。

　他財の価格の変化で相対価格が変化することによる需要の変化を，クロスの代替効果という。ミカンの価格の上昇は，ミカンからリンゴへの需要の代替を引き起こす。このような関係にある2つの財は，代替財と呼ばれる。

　しかし，紅茶とレモン，パンとバター，野球用具のボールとミットなどセットで需要されることの多い財については，そのうちの1つの財の価格が上昇すると，両方の財の需要が減少するだろう。たとえば，紅茶の価格の上昇

表2.8　代替効果

意　味	実質的に所得が維持されるときの価格変化の効果
代替財	クロスの代替効果プラス（ミカンとリンゴ）
補完財	クロスの代替効果マイナス（パンとバター）
価格効果	代替効果＋所得効果

によって，紅茶の需要が減少するのみならず，レモンの需要も減少する。このような2つの財は補完財と呼ばれる。

■ 需要曲線

　家計は，消費財・サービスを需要する主体である。以上みてきたように，家計は，その財の価格を与えられたものとして，自らの予算の範囲内で，効用水準が最も高くなるように，各財の消費量を決定する。所得が増加すると通常は，その財に対する需要は増大するが，劣等財の場合にはむしろ需要が減少する。価格が変化すると，所得効果と代替効果の2つの効果が生じる。

　以上の説明から，ある財（＝リンゴ）の需要は，通常は所得水準の増加関数，その財の価格の減少関数，そして，他財の価格の減少あるいは増加関数として定式化できる。このような関数を需要関数と呼んでいる。この関係を，縦軸にリンゴの価格 p，横軸にリンゴの需要量 x の**図 2.16** で示したものがリンゴの需要曲線である。

　需要量 x とその財の価格 p との関係は，通常はマイナスであるから，**図 2.16** に示すように，右下がりの曲線が描かれる。**図 2.16** では，所得やミカンの価格は需要曲線それ自体のシフトを起こさせる外生的要因として考えられる。こうした変数は，シフト・パラメーターと呼ばれている。

　表 2.9 にまとめているように，所得の増加により，正常財であれば需要曲線は右上方にシフトする。これに対して，他の財の価格との関係では，ミカンの価格の上昇でリンゴの需要曲線がどちらの方向にシフトするかは，クロスの代替効果の大きさと所得効果の大きさに依存している。**図 2.17** に示すように，正常財であり代替財である通常のケースでは，ミカンの価格の上昇の所得効果によってリンゴの需要は減少し，クロスの代替効果によってリンゴの需要が増大する。したがって，クロスの代替効果の方が所得効果よりも大きければ，ミカンの価格の上昇により需要曲線は右上方へシフトする。

社会の需要曲線の導出

　社会（＝家計全体）の需要曲線は，その財を需要するすべての家計の需要曲線から，導出される。たとえば，個人1と個人2の2人からなる社会を考えよう。図

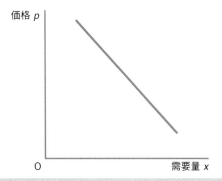

消費者の主体的均衡点での需要量とその財の価格との関係を，縦軸に価格，横軸に需要量の図に示したのが，需要曲線である。

図2.16　需要曲線

表2.9　需要曲線と需要量

その財の価格	減少関数：図では右下がり
所　　　得	増加関数：図では右上方のシフト（正常財のケース）
他の財の価格	代替財でクロスの代替効果が所得効果よりも大きければ，増加関数：図では右上方のシフト 補完財であれば，減少関数：図では左下方のシフト

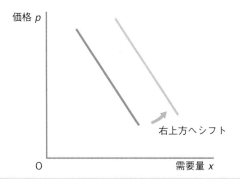

右上方へシフト

代替財の価格が上昇すれば，需要曲線は右上方にシフトする。

図2.17　代替財の価格上昇

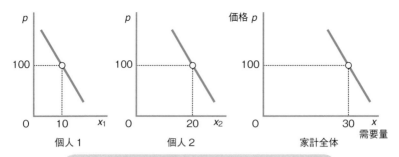

図2.18　家計全体の需要曲線

2.18 に示すように，それぞれの個人の需要曲線をまず描いてみよう。これから，家計全体の需要曲線は，それぞれの需要曲線を横軸方向に合計して，求めることができる。

　たとえば，価格＝100 を所与としたときに個人 1 が 10，個人 2 が 20 を需要すれば，家計全体での需要量は 10＋20＝30 となる。これは，その財の需要量を同じ価格水準ですべての個人について合計したものである。したがって，個人の需要曲線を横軸方向に合計したものが，家計全体の需要曲線である。

2.3　弾力性

■ 価格弾力性

　次に，価格と消費量＝需要量との関係をみよう。ある財の価格が上昇すると，通常はその財の需要量は減少する。需要の価格弾力性は，需要量がその財の価格に対してどの程度反応するかを示す指標である。

　需要が価格に対して大きく反応する弾力的な財は，贅沢品に多くみられる。たとえば，宝石の需要を考えてみよう。宝石は日常の生活で特に必要なものではない。価格がある程度下がれば買いたいと思う家計は多いだろうが，高い値段ではあえて無理をして買うほどの需要はあまりないだろう。したがって，価格が低下すれば需要は大きく増加し，価格が上昇すれば需要は大きく

落ち込む。このように宝石の価格弾力性は大きい。

　また，趣味などの嗜好品で，しかも他にも似たような代替品が多くあり得るようなもの，たとえば，ゴルフ，テニスなどのスポーツ用品も，価格弾力性は大きいだろう。競争的な財が他にたくさんあれば，ある財の価格が少しでも下がれば，その財に対する需要は大きく増加し，逆に，その財の価格が上昇すれば，他の財へ需要が逃げやすいので，価格弾力性はかなり大きい。

　需要がその財の価格にあまり反応しない非弾力的な財の代表は，生活必需品であり，かつあまり代替の効かないものである。たとえば，塩の需要はそれほど価格に依存していない。料理に塩は必要であるが，一方で塩ばかり消費するメリットはあまりない。価格が変動しても，料理に使われる塩の消費量はほとんど変化しない。とすれば，塩の価格弾力性はかなり小さい。

　また，特殊な用途に限定されている財も，価格弾力性は小さい。たとえば，学術書は専門の研究者や図書館しか需要がない。価格が安いからといって，一般の読者はそうした本を購入しない。逆に価格が高くても，専門の研究者や図書館にとっては必要と判断すれば買わざるを得ない。こうした代替性のあまり効かない財は，弾力性がかなり小さい。表2.10は需要の弾力性についてまとめている。

弾力性の定義

　すなわち，価格弾力性をより正確に定義すると

$$需要の価格弾力性 = \frac{需要の減少率(\%)}{価格の上昇率(\%)}$$

で定式化できる。

　ここで，弾力性が1であれば，価格が変化しても購入金額＝価格×需要量は一定になる。この場合価格の上昇と購入量の減少とはちょうど等しいので，購入金額は変化しない。これは弾力性という概念の有益な特徴であり，経済学の分野できわめて重要な性質の一つである。

　弾力性が1よりも大きな場合は，価格が変化したときに需要量がそれ以上に変化するので，弾力的な需要と呼ばれている。このとき購入金額は減少する。逆に，弾力性が1よりも小さい場合は，価格が変化したときに需要量がそれほど変化しないので，非弾力的な需要と呼ばれている。このとき購入金額は増加する。

表 2.10　需要の弾力性

所得弾力性	$\dfrac{需要の増加率（\%）}{所得の拡大率（\%）}$
価格弾力性	$\dfrac{需要の減少率（\%）}{価格の上昇率（\%）}$
弾力性 1	$\dfrac{需要額}{所得}$ 一定（所得弾力性 1） 支出額一定（価格弾力性 1）
弾力的な財	贅沢品，競合財の多い財：高級乗用車，台所洗剤
非弾力的な財	必需品，競合財の少ない財：牛乳，パソコンの OS

■ 所得弾力性

　所得が拡大したとき，その財の消費がどの程度拡大するかを示す指標が，需要の所得弾力性である。所得弾力性の大きい財は，贅沢品であろう。生活に余裕ができてはじめて，宝石などの贅沢品の需要は拡大する。逆に，所得弾力性の小さい財は，生活必需品である。塩などの必需品は所得が拡大しても，たいして需要が刺激されるわけではない。

需要の所得弾力性の定義

　より正確に定義すると，所得弾力性は，所得が 1％拡大するときにその財の需要が何％拡大するかを示す。

$$需要の所得弾力性 = \frac{その財の需要の増加率（\%）}{所得の増加率（\%）}$$

　所得弾力性の大きな財は，その財の消費を縦軸にとったときの所得消費曲線の傾きが大きくなる。逆に，所得弾力性の小さな財は，所得消費曲線の傾きが小さくなる。

■ エンゲル係数

　消費支出の中で食費に投入される割合を，エンゲル係数と呼んでいる。食費の多くの部分は，生活必需品関連の支出であろう。とすれば，所得水準が拡大するにつれて，エンゲル係数は低下することが予想される。事実，わが国のデータでもエンゲル係数は低下傾向にある。図 2.19 に示すように，エンゲル係数は，食費を縦軸に，支出総額を横軸にとった場合の所得消費曲線

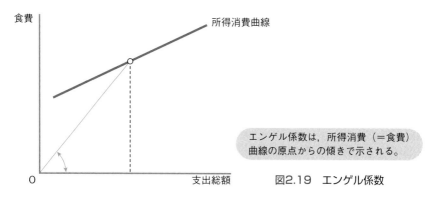

食費

所得消費曲線

エンゲル係数は，所得消費（＝食費）
曲線の原点からの傾きで示される。

0　　　　　　　　　　　　　支出総額　　　　図2.19　エンゲル係数

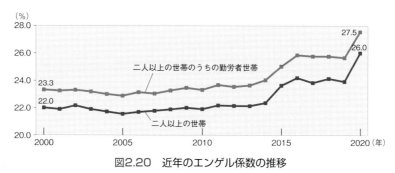

図2.20　近年のエンゲル係数の推移

（出所）　総務省統計局「家計調査（家計収支編）調査結果」

の原点からの平均的な傾きに対応している。この数字は，生活水準の程度を
簡便に表す指標である。

　ところで2000年代に入ると，「エンゲル係数」は微増の傾向を示している。
なかでも，2014年度平均では24.0％に達し，1993年度以来，21年ぶりの高
水準になった（図2.20）。食料には所得の増加ほどには増加しない必需品
が多いから，家計の生活水準が向上すれば，エンゲル係数は低下するはず
である。最近，この数字が微増しているのは，可処分所得の減少から消費者
の節約志向が強まり，相対的に生活必需品である食料品の支出を減らしてい
ないことがその理由である。また，一方で2020年になってエンゲル係数が
急増したのは，コロナ感染の影響である。自営業やフリーランスの人々の所
得が減少した一方で，巣ごもり需要で食料品の購入が増加したことで，エン

ゲル係数は上昇した。

2.4　労働と余暇

■ 労働供給の理由

　家計は財やサービスを需要するだけではない。労働を供給して労働所得を稼いでいる。この節では，家計の労働供給を考えてみよう。

　人はなぜ働くのだろうか。もちろん，働くこと自体にも何らかの満足感があるだろう。特に会社人間と呼ばれるサラリーマンにとっては，給料を稼ぐという意識以上に，働くこと自体が目的となっているかもしれない。しかし，所得がなければ働く意欲はなくなる。それでもなお働く場合は，ボランティア活動をしているのと同じである。

　ただし，人が所得を求めて働く場合でも，労働時間を自ら最適に決定できるかどうかには，疑問もある。アルバイトなどのパートタイムで働いている人の場合は，何時間働くか自らの意思で決定できるだろう。しかし，多くのフルタイム労働者の場合は，どこの会社で働くか（＝就職する企業）は選択できても，1日何時間働くか，1年に何日働くかはあまり選択できないかもしれない。なお，労働供給時間はどのくらい熱心に働くかの指標と解釈することもできる。熱心に働くほど収入も増加するが，疲れもよりたまる。出来高払いのセールスマンやタクシーの運転手などはこうした例に当てはまるだろう。

　この節では，労働者は自らの働く時間を最適に選択できるという想定で，議論を進めていく。これは，フルタイムの労働者であっても，残業などの仕事についてはある程度自ら調整可能であるし，また，働く時間が決まっている場合でも，どのくらい熱心に働くかは自ら選択できるからである。

■ 主体的な均衡点

　総時間のうち働いていない時間は，余暇（＝レジャー）の時間である。家計は，通常の財の消費と同じく，余暇の時間が多ければ多いほど，満足度が

高くなり，またその満足度の増加＝限界効用は余暇時間と共に逓減すると考えよう。花子はどこまで労働供給するのが最適だろうか。労働供給をたくさんするほど，所得を多く稼げるから，消費からの満足度＝効用は増加する。しかし，労働供給の増加は余暇の時間の減少を意味するから，レジャーを楽しむことからの効用は減少する。表2.11にまとめるように，最適な労働供給は，所得の増加からの限界（追加的）メリットとレジャーの減少からの限界（追加的）デメリットを総合的に判断して，決定される。

図による説明

家計の主体的均衡点の経済的な意味を考えてみよう。図2.21には，労働供給の限界メリット曲線AAと限界デメリット曲線BBを示している。主体的な均衡点E

表2.11 労働供給の決定

限界メリット	1単位の労働の増加による所得の増加で，消費が拡大することで可能となる満足度（＝効用）の上昇
限界デメリット	1単位の労働の増加で，犠牲になる余暇の減少による満足度（＝効用）の低下
最適条件	限界メリット＝限界デメリット

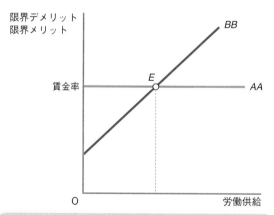

労働供給の限界デメリット曲線 BB と限界メリット曲線 AA との交点 E で，最適な労働供給が決定される。

図2.21 労働供給の決定

点では，限界メリットと限界デメリットが一致している。

　AA 線の高さは消費財で測った実質的な賃金率であり，労働を 1 時間拡大することでどれだけ所得が増加して，どれだけ追加的に消費財が購入可能かを表している。これは，消費財で評価して労働供給を拡大することのメリットである。

　BB 曲線は，労働供給を 1 時間追加的に拡大する際の限界デメリット（＝余暇を 1 時間追加的に縮小する限界デメリット）を表している。すなわち，労働時間が 1 時間増加すれば，余暇も 1 時間縮小するが，それが消費財で測ってどのくらいのコストとして評価されるかを示している。当初の余暇が小さいほど，労働供給を 1 時間追加的に拡大して，余暇を追加的に犠牲にすることのデメリットは大きい。逆に当初の余暇が大きいほど，労働を拡大して余暇を犠牲にすることのデメリットは小さい。

　主体的均衡点 E では，労働供給を拡大するメリットとデメリットが等しく，これ以上労働供給を調整する必要はない。図 2.21 の E 点よりも右上方の点では，限界デメリットが限界メリットよりも大きい。この点では労働を拡大するデメリットの方がメリットよりも大きいので，労働供給を縮小させて，余暇を拡大することが望ましい。逆に，E 点よりも左下方の点では，労働を拡大させるメリットがデメリットよりも大きい。したがって，この点では労働供給を拡大させて，余暇を縮小させることが望ましい。

■ 賃金率の変化 ─────────────────────────

　賃金率（1 時間当たりの所得）が上昇すると，レジャーに時間を配分するよりも労働供給する場合の相対的な有利さが，いままでよりも上昇し，労働供給が刺激される。これは代替効果である。しかし，賃金率の上昇により花子の所得が増加するので，無理して働かなくても，ある程度の消費水準を確保できる。むしろ，実質的に所得水準が増加した分だけ，レジャーの消費も

表 2.12　賃金上昇と労働供給

代替効果	賃金の上昇で，労働供給が余暇を楽しむよりも相対的に有利になる
所得効果	賃金の上昇で，実質的な所得が増加したので，余暇を楽しむ
総合的効果	所得効果＜代替効果なら，労働供給は増加：パートタイムの労働

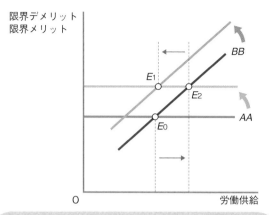

限界デメリット
限界メリット

E_1

E_2

BB

AA

E_0

0　　　　　　　　　　　　　労働供給

> 賃金率の上昇により，限界メリット曲線 AA と限界デメリッ
> ト曲線 BB がともに上方にシフトする。E_0 から E_2 への動き
> が代替効果であり，E_2 から E_1 への動きが所得効果である。

図2.22　賃金率の上昇：代替効果と所得効果

増加させたいと花子が考えると，労働供給は減少する。これが所得効果である。表2.12 に示すように，代替効果が労働供給に与える効果は，所得効果が労働供給に与える効果とは反対方向になる。

図による説明

　この点を図 2.22 を用いて説明しよう。賃金率の上昇で AA 曲線が上方にシフトして，労働供給が刺激される。これは，代替効果である。しかし，賃金率の上昇は BB 曲線も上方にシフトさせる。これは，賃金の上昇により家計の実質的な所得が増大したことで，余暇に対する評価が高くなり，その分だけ余暇を犠牲にして労働をすることの限界的なデメリットが上昇するためである。これは，所得効果である。

　図 2.22 に示すように，代替効果は E_0 から E_2 への動きであり，必ず労働供給を刺激するが，所得効果は E_2 から E_1 への動きであり，逆に，労働供給を抑制する。したがって，代替効果が所得効果を上回れば，労働供給は刺激されるが，逆に所得効果が代替効果を上回れば，労働供給は抑制される。

■ 労働供給関数

　労働供給関数は図 2.23 に示されている。賃金率と労働供給との関係は，一般的に確定しない。賃金率の水準が低い場合には，通常は代替効果の方が

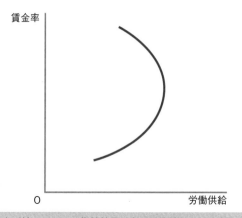

賃金率

0 労働供給

賃金が低いときには代替効果の方が所得効果よりも大きくて，労働供給曲線は右上がりであり，賃金が高くなると，所得効果が代替効果を上回り，労働供給曲線は右下がりになる。

図2.23　労働供給曲線

　所得効果よりも大きくて，労働供給曲線は右上がりである。また，賃金率がかなり高くなると，賃金率がさらに上昇しても，それ以上稼ぐよりは余暇の消費の方を選好する傾向が生じて（所得効果の方が代替効果よりも大きくなって），労働供給曲線は右下がりになると考えられている。

　では，実際の家計の労働供給のデータでは，代替効果と所得効果のどちらが大きいと計測されているだろうか。フルタイムの労働者とパートタイムの労働者では，労働供給は異なるだろう。男性の労働者はフルタイムで働くケースが多く，女性の労働者はパートタイムで働くケースが多い。したがって，女性と男性で区別した実証研究が多くなされている。

　その結果によると，女性については，実質賃金と労働供給とはプラスの相関が有意に検出されている。これは，女性の労働供給において，代替効果の方が所得効果よりも大きいことを示唆している。また，男性については労働時間と実質賃金率とのプラスの相関は，それほど明確ではない。これは，男性のフルタイム労働の場合，労働時間の調整よりは，働く熱心さの調整が行われている可能性が高く，働く熱心さを観察可能なデータでうまく抽出しに

くいためとも考えられる。

2.5　家族の経済学

■ 結婚の利益

　結婚を経済学の観点から分析すると，その大きなメリットは，家庭内の分業が可能となる点である。すなわち，住居などの固定的な費用をシェアすることで，1人で生活するよりも2人で生活する方が一人当たりの生活費を節約でき，規模のメリットを享受できる。買い物のコストを考えても，1回買い物に出かけるには時間をはじめとしてそれなりのコストがかかるが，1回の買い物でどの程度の量を購入するかには，それほどのコストはかからない。したがって，1人1人がバラバラに買い物するよりは，1回に2人分の買い物をする方が同じく規模のメリットを享受できる。

　ただし，2人で同じ消費行動をするためには，好みが似る必要がある。バラバラの好みであると，お互いに妥協しなくてはならない。この協調するコストよりも規模のメリットが大きいときに，結婚の利益が実感できる。

■ 家庭内の分業

　表2.13のような家庭内の分業の最も極端なケースが，専業配偶者の存在である。夫婦のうちどちらかが仕事をして，所得の獲得に特化（＝専念）し，もう一人が仕事をしないで，家事などの家庭内の経済行動に特化するケースである。これは，2人間で仕事と家事の生産性が異なる場合，それぞれ相対的に得意な活動のみを集中して行う形で分業することが，お互いの利益になるからである。通常は，男性が働き，女性が家事に特化するケースがみられ

表2.13　家庭内の分業

完全特化	一人が働いて，もう一人が家事を担当する
不完全特化	共に働いて，家事を分担する

る。現実の世界で，専業主婦が多いのに専業主夫が少ないのは，生活習慣上の規範で強制されている面もあり得るが，そうした分業が経済的に有利ではないために生じていることも多い。

しかし，専業主婦は歴史的にみるとそれほど一般的ではない。わが国でも第2次世界大戦以前には専業主婦は希であったし，また最近でも女性の社会進出が一般化している。専業主婦は高度成長期に特有の現象といえなくもない。その理由としては，戦前では，お手伝いさんなどの家事労働が比較的安いコストで調達可能であったために，女性が家事を分担することに比較優位がなかったと考えられる。また，最近では，コンビニエンス・ストアの定着により調理済み食品が手軽に買えるなどして，家事の市場化が進展しており，家事労働に女性が特化するメリットが小さくなってきたためである。

■ 世代間のつながり

異なる複数の家計を時間を通して歴史的に考えてみると，親の世代と子どもの世代との経済的なつながりが重要なポイントになる。親が消費・貯蓄の意思決定をする場合に，自らの一生の範囲内のことしか頭にないのであれば，子育てが終われば，それで親と子どもとのつながりはなくなる。そうした考え方に立てば，親が子どもに遺産を残す動機はないし，親の老後の面倒を子どもがみる必要もない。

逆に，親と子どもとは経済的に切っても切れない連鎖でつながっていると考えれば，親は子どもの経済状態にも最大限の考慮を払いながら，消費・貯蓄計画を立てる。そうした場合には，親は子どもが自分よりも恵まれていないときには遺産や贈与で対応するだろうし，逆に，子どもの方が親よりも恵まれている場合には，子どもが親の老後の面倒をみるだろう。

前者の考え方は，世代ごとに自立した家計とみなすものであり，ライフサイクル・モデルと呼ばれる。また，後者の考え方は，世代間でのリンクが無限につながっている世界を想定しており，王朝モデルと呼ばれる。これら2つの見方のどちらが妥当しているかは，第9章で説明するマクロ的な経済政策の有効性を考える上でも大きなポイントである。

まとめ

●家計は，いろいろな財やサービスを消費して，経済的な満足度を高める消費活動を行う。家計は消費財・サービスを需要する主体であるとともに，生産要素の供給主体でもある。家計の消費行動は，消費と貯蓄に関する決定とさまざまな財の消費配分の決定の2つに分られる。消費全体の大きさは，所得の増加関数である。

●ある財の消費の主体的均衡点は，その財の消費からの限界メリットと限界デメリットとの一致する点で与えられる。所得の増加による所得効果は，通常はプラスであるが（正常財），マイナスの場合（劣等財）もある。価格が需要に及ぼす効果は，代替効果と所得効果に分解できる。ある財の需要水準は，通常は所得水準の増加関数，その財の価格の減少関数，そして，他の財の価格の減少あるいは増加関数として定式化できる。このような関数を需要関数と呼んでいる。

●家計の労働供給の決定も，通常の消費の決定の理論的な枠組みを適用して考えることができる。賃金率が変化すると，代替効果と所得効果が生じる。2つの効果は相殺する方向に働き，賃金率と労働供給との関係は不確定になる。

●家庭内の意思決定にも経済学の分析を適用できるケースがある。また，複数の家計を時間を通して歴史的に考えてみると，親の世代と子どもの世代との経済的なつながりが重要なポイントになる。

重要語

□所得	□消費	□貯蓄
□消費関数	□限界消費性向	□平均消費性向
□限界効用	□価格	□主体的均衡
□効用関数	□所得効果	□正常財
□劣等財	□所得消費曲線	□代替効果
□ギッフェン財	□代替財	□補完財
□需要曲線	□価格弾力性	□所得弾力性
□エンゲル係数	□労働供給	□ライフサイクル・モデル
□王朝モデル		

問　題

■1　次のような消費関数を想定しよう。

$C=30+0.6Y$　　$C=$消費　　$Y=$所得

$Y=100$ のときの，消費水準，限界消費性向，平均消費性向はそれぞれいくらか。

■2　次の文章のなかで正しいものはどれか。

（ア）　消費者が X, Y の2財だけを消費するとき，X財が正常財ならY財も正常財である。

（イ）　消費者が X, Y の2財だけを消費するとき，X財が劣等財ならY財は正常財である。

（ウ）　消費者が X, Y の2財だけを消費するとき，X財が劣等財ならY財も劣等財である。

（エ）　クロスの代替効果がプラスである2つの財は，補完財である。

（オ）　所得が増加するとき，その財の需要量が減少するなら，そうした財はギッフェン財である。

■3　次のうちで正しいものはどれか。

（ア）　限界効用はプラスであり，その財の消費とともに次第に増加していく。

（イ）　限界効用が低下しても，その財を消費することから得られる効用水準自体は増加している。

（ウ）　限界効用は，1単位だけ効用が増加したとき財の消費がどの程度追加的に増加するかを示している。

（エ）　消費量が増加すれば，効用水準は低下するが，限界効用は増加する。

（オ）　限界効用はプラスであっても，効用が減少することはある。

■4　価格弾力性の大きな財，小さな財をそれぞれ挙げて，その理由を説明せよ。

3 企 業

　本章では，企業の経済活動について説明する。企業は
生産活動を行う経済主体であり，企業活動が活発になる
と，国民経済全体も活性化する。

1. 投入と産出の関係を表す生産関数という概念を
   用いて，企業の生産活動を説明する。
2. 企業の利潤最大化行動を，費用関数という概念
   を用いて説明する。
3. 代表的な市場であり，価格メカニズムが有効に
   働く市場が完全競争市場である。完全競争市場で
   の企業の行動を解説する。
4. 独占市場での企業の行動を解説する。

3.1 企業と生産活動

■ 企 業

　企業は生産という最も根幹となる経済活動を行っている。町工場の小さな
企業から世界中に展開している多国籍企業まで，企業の規模や形態には大き
な違いがある。歴史的にみると，資本主義の初期の企業は小規模であり，資
本の所有者が企業の経営者であった。企業規模の急速な拡大で膨大な資本が
必要になると，企業は株式会社として，広く資本を提供する株主を募った。
株式会社では，株主は資本金を提供するだけであり，会社が倒産しても，債
権者に対して各人の出資分以上の法的責任を負わない。これを株主の有限責
任という。

　現代でも，小規模な企業が時間とともに大企業に成長する例が多くみられ

る。今日の大企業である松下電器（現 パナソニック）やソニー，ホンダなどは，戦後の高度成長期に大きく成長した企業である。また，最近のコンピューターやIT関連の企業（ソフトバンクやDeNA，楽天など）は，ここ10年くらいのうちに大きく成長している。その一方で，大企業であっても業績の悪化により倒産する例も多くみられる。

また，企業の形態についても，メーカーなど工場で製品を作り出す企業もあれば，流通に携わる商社，ネット上で情報を仲介するIT企業や資金の仲介をする金融機関もある。この章で想定する企業は，主としてメーカーなど財（もの）を生産する小さな企業である。しかし，基本的な分析は，それ以外の多くの企業についても当てはまる。まず最初に，このような小さな企業の生産活動について分析してみよう。

■ 企業と生産要素 ──────────────────────

企業の生産活動は，実際には複雑なプロセスを経ている。資本設備や労働など生産要素を投入し，他の企業から原材料を購入して，それを加工し，新しい財・サービスを生み出していく。その際には経営上の管理システムなどの企業組織がどのように円滑に機能するかも重要であろう。

経済学の基本的な分析は，生産活動を非常に抽象化されたモデルで考えている。図3.1に示すように，まず生産要素がある生産水準を満たす所与の生産工程に投入され，生産物に生まれ変わる。企業内での生産プロセス自体は分析の対象とせず，生産要素の投入と生産物の産出の関係が主要な関心となる。

ここで，生産要素とは，生産に投入される人や物，より具体的には労働や

図3.1　生産プロセス

資本である。また，農業のような自然を対象とする産業では，土地も重要な
生産要素である。

■　短期と長期

　現実には資本と労働それぞれの生産要素を必要とされる量だけ生産過程に
投入する際には，調整にある程度の時間がかかるだろう。資本を増加させる
行動は投資であり，どの程度投資を行うかは企業が長期的に生産を拡大し，
成長するために重要な意思決定である。資本設備の増加にはかなりの時間を
要するから，短期的には資本は一定であり，長期になって初めて資本が調整
可能であると想定するのも，それほどおかしくない。

　これに対して労働の場合は，労働市場から比較的時間をかけないで人を雇
用できる。アルバイトなどパートタイムの雇用を調整するには，それほど時
間はかからないだろう。もちろん，フルタイムの労働者の調整には，それな
りの時間がかかる。雇用が過剰であるからといって，すぐ解雇できるわけで
はない。近年，雇用形態としての（フルタイムの）正規社員と（パートの）
非正規社員の格差が話題になっている。企業は正規社員の雇用を控えて，非
正規社員の雇用を拡大しているが，同じ仕事をしているのに，非正規社員の
待遇が正規社員の待遇よりもよくないという批判である。

　もちろん，すべての面で同じ雇用形態であれば，両者で待遇に差をつける
のは，好ましくない差別である。しかし，残業や転勤などさまざまな雇用条
件まで全く同じでない場合，両者で待遇に差が出るのはやむを得ない面もあ
る。企業が異なる雇用形態の労働者を抱える背景には，労働における雇用調
整の困難さがある。とはいえ，資本設備と比べると，ある程度短期間で調整
が可能である。

■　利潤の極大とその他の目的

　生産活動の中心的な経済主体である企業は，何を目的として行動している
だろうか。表3.1 に示すように，企業の最大の目的は利潤の追求である。
しかし，現実には利潤の追求のみならず，社会的な責任を果たし，従業員の

表 3.1　企業の目的

利潤の最大化	利潤を最大化するように生産活動を決定：標準的な仮定
規模の拡大	市場でのシェアの拡大を最優先：経営者が自らの能力を評価する指標と考える
雇用の確保	労働者に働く場所を提供する
社会的貢献	社会がより住みやすくなるように，貢献する

経済的な満足度を満たし，かつ株主の利益も確保する必要がある。これらの一見両立しそうにないさまざまな目標も，結局は長期的な利潤の追求という概念でまとめることができよう。利潤が獲得できるから，従業員の経済的な要求にも対応できるし，社会的な貢献も可能になり，もちろん，株主の配当にも応えていくことができる。

　企業の社会的貢献も，採算を度外視して行われているのではない。社会的な貢献をすることで，その企業に対する消費者のイメージがよくなれば，有利な立場で製品を販売できるし，また，労働雇用においても優秀な人材を確保しやすくなるだろう。したがって，企業の社会的な貢献は長期的な利潤の追求と矛盾するものではない。

　ところで，株式会社が巨大化し，企業の資本が多くの株主によって提供されると，一人一人の個人株主が企業の経営に直接かかわることがなくなってきた。個人株主は資産の運用益のみに関心を持つため，大企業の経営は，経営者という経営の専門家に委ねられるようになった。これが，所有と経営の分離と呼ばれる現象である。最近では金融機関や関連企業などの法人株主が大株主になる傾向が強まり，個人株主の持ち株比率は低下している。

　所有と経営が分離すると，企業行動にとって利潤の追求ではなく，他の目的が重要になるという考え方もある。たとえば，ある程度の利潤を確保するという制約を満たした上で，企業の規模を最大化する方が経営者の能力として評価されるという考え方である。その結果，企業は，市場でのシェアの拡大を最優先する行動をとるというのである。

　しかし，こうした見方がどの程度説得的かは，議論の余地がある。長期的

なシェアの拡大も，長期的な利潤追求の一つの手段であると解釈することもできよう。以下では，単純にして明快な目的である利潤の追求という基準で，企業の行動原理を説明していきたい。

Column ——2	コーポレート・ガバナンスと企業の社会的責任

　コーポレートガバナンスとは，企業統治，あるいは，企業の意思決定の仕組みである。戦後の日本企業では法人の株式持ち合いと所有と経営の分離によって，経営者は独立した権力を持つようになり，経営の責任の所在が曖昧であった。しかし，バブル崩壊後に企業の経営姿勢が疑問視されるとともに，コーポレートガバナンスの重要性に対する認識が高まった。

　最近では，企業の社会的責任（CSR）という視点で，社会の一員として社会貢献活動や環境問題に取り組むなど，企業が社会へ貢献していることも注目されるようになった。企業は，労働者，経営者と株主という直接の関係者だけでなく，消費者や取引先，地域住民など，世の中のさまざまな人々と利害関係にある。企業はこうした利害関係者（＝ステークホルダー）と信頼関係を築くことで，長期的な視点で社会と共存し，持続的に成長できる。公的年金基金などの機関投資家も，「CSR に熱心に取り組んでいること」が，1 つの重要な投資基準となっている。

■ 生産関数

　企業の生産活動を理論的に定式化する際に重要な概念が，生産関数である。生産関数は，生産要素と生産物との技術的な関係を表したものである。その背後には，複雑な生産プロセスが一定の効率的な管理のもとで運営されているという想定がある。いかに品質を管理しながら，生産プロセスを効率的に運営していくのか，そのためにどのような組織が望ましいのか，こういう問題は経営学では重要な問題であるが，さしあたって経済学の入門のレベルでは考えない。ある一定の効率的な運営が行われ，生産要素と生産水準との間に安定的な技術的関係（＝図 3.1 での生産工程）が導出されていると考える。

　ある企業にとって表 3.2 のような関係があるとしよう。表 3.2 は労働（x）という 1 つの生産要素を投入して，ある生産物（y）をつくる数値例である。表 3.2 では，労働投入量 x が 1 のとき生産量 y は 10 であり，労働投入量の

表3.2 数値例

生産量	10	15	18	20
労働投入量	1	2	3	4
限界生産		5	3	2

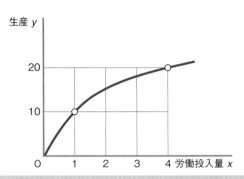

生産関数は右上がりであるが，その傾き（＝限界生産）は
次第に小さくなっていく。

図3.2　生産関数

みを追加的に１単位増加させて，$x=2$としたとき，生産量は15に拡大する。
このときの労働の限界生産は$15-10=5$である。さらに$x=2$から労働投入
量のみ追加的に１単位増加させたとき，生産量は18に拡大する。このとき
の労働の限界生産は$18-15=3$である。

　図3.2でxを変化させたときのxとyとの関係（生産関数）を描いている。
xを増加させると，yも増加するが，その増加の大きさである曲線の傾き（＝
限界生産）は次第に小さくなっていく。

限界生産逓減の法則

　この数値例にみられるように，生産関数は，家計における効用関数と似た性質を
持っている。すなわち，ある生産要素の投入量xが増大すると，生産量yも増加す
るが，ある１つの生産要素のみを投入し続けていくと，生産の増加の大きさ（＝限
界生産）は次第に低下する。これを限界生産逓減の法則という。これは消費におけ
る限界効用逓減の法則とよく似ている。生産関数を効用関数と比較したのが**表3.3**
である。

表 3.3　生産関数と効用関数

	生 産 関 数	効 用 関 数
意　味	生産要素の投入量と生産量との関係	消費量と効用水準との関係
特　徴	限界生産が逓減	限界効用が逓減
注意点	大きさの定量的な数字に意味がある	大きさの比較が重要であり，大きさ自体の定量的な意味はない

　生産量は市場で販売され，販売収入や利潤の大きさのもとになる数字である。これが変化すれば，企業の行動にも大きな影響を与える。したがって，限界生産がどの程度の大きさで逓減するかは，企業の最適行動を分析する上で不可欠な情報である。

3.2　費用と利潤

■ 利　潤

　企業の利潤は，収入から費用を差し引いたもので定義される。したがって，企業が利潤を最大化するためには，費用を最小化しなければならない。企業が最大の利潤を獲得するように行動しているとすれば，その前提として生産にかかる費用を最小にして，より効率的に生産しなければならない。どこまで生産量を拡大するかは利潤最大化行動の結果として決まるが，どの水準の生産量であっても，それを生産するのにかかる費用をできるだけ小さくすることは，企業の利益に合致している。したがって，まず最初にある生産量を生産するときに，費用を最小化する企業の最適化行動を分析しよう。

■ 費用曲線

　2つ以上の生産要素（たとえば，労働と資本）を投入して生産している場合には，複数の生産要素を最適に組み合わせて，総費用を最小にする必要がある。いまある一定の生産水準を維持しながら労働の投入量を増加させたと

しよう。それによって生産も増加するから，一定の生産水準を維持するには，資本の投入量を減少させることができる。こうした生産要素間の組み合わせの変化で，かりに総費用が縮小されるなら，それは望ましい変化といえる。逆に，総費用が増加するのであれば，そうした資本から労働への代替は望ましくなく，むしろ，逆に労働から資本への代替の方が望ましいといえよう。

生産要素に関する代替の法則

どちらの方向への代替が望ましいかは，それぞれの生産要素の限界生産の大きさ（限界的なメリット）と，それぞれの生産要素を投入する際の要素価格の大きさ（限界的なデメリット）に依存する。たとえば，労働の限界生産の方が労働の要素価格＝賃金率よりも高くて，また，資本の限界生産が資本の要素価格＝資本のレンタル価格よりも安ければ，生産投入には相対的に資本よりも労働をたくさん雇用した方が費用を節約できる。これが，表3.4 にまとめている生産要素に関する代替の法則である。

このような各生産水準で費用を最小化する行動を前提とすると，生産量と最小化された費用との間には，ある一定の関係がある。通常は，生産量が増加すると，それを生産するために要する（最小化された）総費用も増加するだろう。この関係を図示したのが，（総）費用曲線である。

図3.3 に示すように，総費用曲線は右上がりであり，しかも，その傾きは次第に大きくなると考えられる。つまり，生産量が小さいうちは，追加的な生産に必要な費用はそれほど大きくはないが，生産量が拡大するにつれて，追加的な生産に要する費用も大きくなる。ここで，限界費用という概念を導入しよう。

限界費用とは，生産物（たとえばリンゴ）を1単位追加的に生産する際に要する追加的な費用のことである。図3.3 で限界費用は，総費用曲線の傾きである。図3.4 に示すように，限界費用曲線は右上がりと考えられる。これは，限界生産が逓減するためである。

表3.4 代替の法則

意 味	その生産要素の価格が上昇すれば，その生産要素の需要は減少し，他の生産要素の需要が増加する

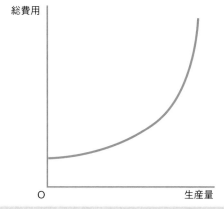

生産量が増加すると，それに要する総費用も逓増する。

図3.3　総費用曲線

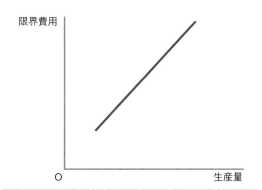

限界生産が逓減する生産関数を前提とすると，限界費用曲線は右上がりとなる。

図3.4　限界費用曲線

　すなわち，生産を拡大するには，いままでよりも生産要素の投入量を増加させることになるが，たとえば，花子の労働者としての生産性（＝限界生産）は働く時間が増大するにつれて，減少していく。したがって，たくさん生産しているときに，さらにもう1単位生産量を拡大するには，花子の労働時間をより多く投入させなければならない。時間当たりでの賃金支払いが一定であるから，仕事の時間が増える分だけ，花子への総支払額は増加し，企

業にとって費用がより増大する。

平均費用と限界費用

すでに何度か説明しているように，経済学では平均概念と限界概念を区別することが，大切である。費用の概念でも，限界費用と平均費用を区別してみよう。平均費用は総費用を生産量で割ったものであり，単位費用を示す。平均費用は必ずしも増加するとは限らない。なぜなら，生産量とは独立に生産に要する費用＝固定費用が存在するからである。

生産を開始するには，工場などの資本設備も必要だろうし，土地などの用地も必要だろう。それらは短期的には変化できない固定的な生産要素であり，それを生産に投入する費用は固定費用である。固定費用は，生産水準とは無関係に生じる費用である。生産量に応じて変化する費用は，可変費用と呼ばれる。したがって，総費用は固定費用と可変費用の合計になる。

総費用＝固定費用＋可変費用

また，平均費用は

$$平均費用＝\frac{総費用}{生産量}＝\frac{固定費用}{生産量}＋\frac{可変費用}{生産量}$$

となる。

平均費用のうちで，最初の項目である固定費用相当分（固定費用／生産量）は，生産量が大きくなれば，減少する。なぜなら，1単位当たりでシェアする固定費用は，分子（＝固定費用）一定のもとで分母（＝生産量）が大きくなれば，減少するからである。これに対して，上式の第2の項目である可変費用分は，生産量とともに可変費用も増加するから，通常は上昇するだろう。したがって，両方の効果の相対的な大きさで，平均費用が生産量とともに増加するか減少するかが決まる。

限界費用と平均費用には，重要な関係がある。すなわち，限界費用よりも平均費用の方が大きければ，追加的な生産の拡大で平均費用は減少し，逆に，限界費用の方が平均費用よりも大きければ，追加的な生産の拡大で平均費用は増加する。

なぜなら，限界費用は追加的に生産を拡大したときの費用の増加分であり，これが平均費用よりも小さければ，いままでよりも1単位当たりで安い費用で，生産量が1単位分だけ増加するので，それを計算に入れて平均費用を求めてみると，平均費用が低下するからである。逆に，限界費用が平均費用よりも大きければ，いままでよりも1単位当たり高い費用の生産が追加されるので，平均費用を計算し直すと，いままでよりも上昇することになる。以上の関係は，**図3.5** と **表3.5** に示されている。

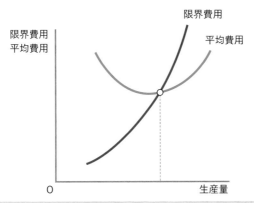

平均費用曲線は，限界費用曲線の上方では右下がりであり，
下方では右上がりとなる。

図3.5　限界費用と平均費用

表3.5　費用のまとめ

総費用	費用の総額＝可変費用＋固定費用
限界費用	生産量を追加的に1単位拡大するときに要する費用 $\left(\dfrac{費用の増加}{生産量の増加}\right)$
平均費用	生産量1単位当たりの費用 $\left(\dfrac{費用}{生産量}\right)$
可変費用	総費用のうち，生産量に応じて変化する費用
固定費用	総費用のうち，生産量とは独立に要する費用

表3.6　数値例

y：生産量	1	2	3	4	5	6	7
c：総費用	10	11	13	16	20	25	31
MC：限界費用		1	2	3	4	5	6
AC：平均費用	10	5.5	4.3	4	4	4.2	4.4

[数値例]

　表3.6のような数値例で考えてみよう。ここで，MCは限界費用，ACは平均費用を表す。この場合，$y=4$までは限界費用よりも平均費用の方が大きい。

この領域では，平均費用は減少している。逆に，$y=5$ 以上の領域では，限界費用の方が平均費用よりも大きくなり，平均費用は逓増している。

■ 企業の労働需要

　企業の労働需要は，労働の限界生産が労働の限界費用である賃金率 ω に等しいところで決まる。なぜなら，労働をもう1単位追加的に投入すると，生産は労働の限界生産分だけ増加し，これが収入の増加に対応する。これは労働需要を増加させる追加的なメリットである。これに対して，費用の方は賃金率分だけ増加し，これがコストの増加＝追加的なデメリットに対応しているからである。**表3.7** に示すように，最適な労働需要は追加的なメリット

表3.7　企業の労働需要

限界メリット	1単位の労働投入の増加による生産の拡大で増加する利潤の大きさ：労働の限界生産×財の価格
限界デメリット	1単位の労働投入の増加に必要な賃金費用の大きさ：賃金率
最適条件	限界メリット＝限界デメリット

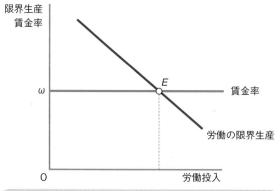

労働の限界生産と賃金率の一致する点で，企業の労働需要が決まる。

図3.6　労働需要

とデメリットが一致する点で求められる。

図による説明

　ところで，生産関数の仮定（限界生産逓減）により，労働の限界生産は労働投入の減少関数であり，他方で，労働の限界費用は賃金率ωで与えられるから，**図3.6**に示すように，追加的なメリット曲線は右下がりの労働の限界生産曲線であり，追加的なデメリット曲線は水平な実質賃金率である。この2つの曲線の交点Eで追加的なメリットとデメリットは一致している。ここで企業の労働需要が決められる。

　賃金率が上昇すれば，労働コストが割高になるから，労働需要は減少する。したがって，労働需要は賃金率の減少関数となる。

■　投資の理論 ────────

　投資の理論では，生産に投入される資本が最適水準にあるかどうかが問題となる。これは，資本の最適水準を求めて，それへの調整過程として投資行動をとらえるものである。ここで，資本ストックの最適水準は，**図3.7**と**表3.8**が示すように，資本の限界生産と資本の限界費用が一致する点で求められる。

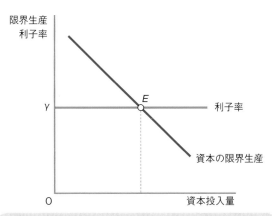

資本の限界生産と利子率の一致する点で，企業の資本需要が決まる。

図3.7　資本需要

表3.8　企業の資本需要

限界メリット	1単位の資本投入の増加による生産の拡大で増加する利潤の大きさ：資本の限界生産×財の価格
限界デメリット	1単位の資本投入の増加に必要な資本費用の大きさ：利子率
最適条件	限界メリット＝限界デメリット

最適な資本の需要水準

　資本の限界生産は，資本ストックを1単位増加させたときの生産（および収入）の増加分を市場価格で評価したものであり，追加的なメリットを示す。また，資本の限界費用は資本ストックを1単位市場でレンタルしたときの借り入れコスト＝利子率rであり，追加的なデメリットを意味する。企業家は，資本ストックの中古市場でいくらでも資本ストックを借り入れることができるから，資本の限界生産が限界費用を上回る限りは，市場からの資本の借り入れを増加させ，均衡では常に最適な資本ストックを保有する。したがって，労働需要と同じく，生産要素である資本を追加投入するメリットとデメリットが一致する点が，最適な資本の需要水準となる。

　ただし，この理論では，最適な資本ストックと現実の資本ストックのギャップが存在することは説明できても，どのようなスピードでそれを埋めるように企業が投資行動するかは，説明できない。中古の資本市場で資本のレンタルが可能であれば，企業は最適な資本をいつも保持している。しかし，現実には，資本の調整には時間がかかり，企業はいつも最適な資本を保持しているわけではない。最適な資本を時間をかけて実現するような投資行動が重要となる。

　このような投資行動を説明する一つの便法は，投資水準が最適資本ストックと現実資本ストックのギャップの大きさと正に相関すると考えるものである。すなわち，最適資本ストックが現実の資本ストックを上回る程度が大きいほど，投資水準も高くなると考える。

3.3 完全競争市場

■ 完全競争市場の構造

　企業は，価格が市場で決定されており，それをコントロールする力はないもの（プライス・テイカー（価格与件者））として行動する（完全競争企業）。個々の企業にとってはいくらでも生産した量だけ，一定の市場価格で販売できる。また，市場価格を企業の行動で変更することもできない。家計も同様にプライス・テイカーとして行動する。これが経済学で想定する完全競争市場の特徴である。

　現実の企業を考えると，特に大企業の生産している財・サービスでは，企業自体がある程度の価格支配力を持っているだろう。また，市場価格のもとでいくらでも販売できるという想定も，非現実的と思われるかもしれない。完全競争市場での市場価格に関する仮定が現実に成立しないのは，多くの市場が独占や寡占などの不完全競争市場になっているからである。そうした市場での企業の生産，供給・価格設定行動は，次節や第6章で分析する。

　この節では，価格支配力のない小さな企業の生産と供給の意思決定問題を分析したい。そうすることで，完全競争市場での供給サイドの分析ができるし，価格メカニズム・市場メカニズムの持っている規範的な意味についても，分析できるからである。

■ 利潤の最大化

　さて，完全競争市場における企業の利潤最大化行動を考察しよう。利潤は売上から生産費を差し引いた残りである。いま，ある財の生産量を y，その市場価格を p とすると，売上額（＝販売収入）は py となる。市場での規模に比較して個々の企業の規模は小さく，市場価格 p のもとでいくらでも生産物を販売できると想定しよう。これは，自分の生産物の販売数量が市場価格 p に影響を与えないことを意味する。このとき，生産量 y に比例して売上額 py は増加する。では，企業はどこまで生産を拡大するだろうか。これは，

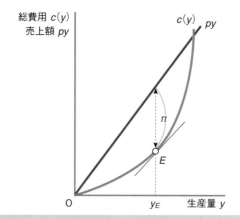

売上額曲線 *py* と総費用曲線 *c*(*y*) の差額が利潤 *π* であり，
これは，両曲線の傾きが一致する *E* 点で最大となる。

図3.8 利潤の最大化

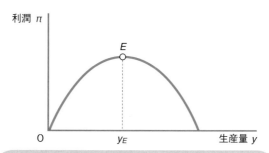

利潤 *π* は生産量 *y* とともに変化し，*y* が小さいときは増加す
るが，*y* が大きくなると減少に転じる。*E* 点で利潤が最大に
なる。

図3.9 利潤曲線

利潤が最大となる生産水準を求める問題である。

図3.8 には，売上額曲線 *py* と総費用曲線 *c*(*y*) をそれぞれ示している。
売上額は傾き *p* の直線であり，費用 *c* は *y* の逓増的な増加関数である。前節
でも説明したように，限界費用は逓増するので，総費用曲線の傾きは次第に
大きくなっていく。この2つの線の垂直距離の差が利潤 *π* に相当する。企業
は *π* が最も大きくなる *y* = *yE* を選択する。

図3.9 は，図3.8 の2つの曲線の垂直方向の距離である利潤を縦軸に，

また，生産量を横軸にとって，両者の関係を描いたものである。この図に示すように，利潤 π は y とともに変化し，y が小さいときには増加するが，y が大きくなると減少に転じる。この利潤曲線の頂点 E で利潤が最大になる。それに対応する生産量 y_E が企業の最適点である。

■ 主体的均衡点の意味 ────────────────────

図 3.10 では，縦軸に売上曲線の傾きである価格と総費用曲線の傾きである限界費用をとり，横軸に生産量をとっている。利潤が最大となる主体的均衡点 E 点では，売上額曲線の傾き＝価格 p と総費用曲線の傾き＝限界費用 $c'(y)$ が等しい。これが企業の利潤最大条件である。

限界収入と限界費用

この条件の直観的な意味を考えてみよう。価格 p は y を1単位拡大したときの限界的な収入の増加（＝限界収入）を意味する。ある企業にとって，市場価格が一定のもとでいくらでも販売できる完全競争の世界では，限界収入は常に一定の市場価格に等しい。限界収入は生産量とは独立に与えられるから，y が拡大しても一定値 p のままである。

これに対して，総費用曲線の傾き $c'(y)$ は y を1単位拡大するときにどれだけ費用が増加するか（＝限界費用 MC）を示す。c' は y とともに次第に大きくなる。限

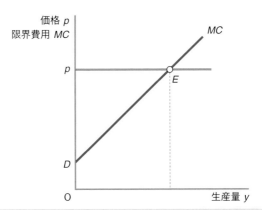

企業の主体的均衡点は，限界費用と価格が一致する点 E となる。利潤の額は，固定費用がなければ面積 pED に等しい。

図3.10 利潤最大化点

界収入が限界費用よりも大きければ，すなわち，$p > c'(y) = MC$であれば，もう1単位追加的に生産を拡大することで，利潤をさらに増大させることができる。したがって，生産を拡大することが企業の利益になる。

逆に，限界収入よりも限界費用が大きければ，追加的に生産を拡大することで，利潤は減少する。この場合は，生産を拡大するよりは生産を縮小する方が，企業の利益になる。限界収入と限界費用が一致している点では，これ以上生産を拡大することも縮小することも，企業の利益にならない。したがって，そうした点が企業の主体的均衡点（＝利潤最大化点）となる。

企業は，価格と限界費用が一致する点まで生産することで利潤を最大化する。なお，固定費用も含めた総利潤がゼロになる点が採算上の損得を判断する損益分岐点であり，固定費用を含まない可変費用のみで利潤がゼロになる点が，企業が生産を継続するか停止するかを決める際の分岐点＝操業停止点である。

企業の供給曲線

市場価格が高くなれば，企業はより生産量を増やすことで利潤を増加させることができる。よって，企業の供給関数は販売する財価格の増加関数として導出される。市場の供給関数は企業の供給関数の合計として求められる。いま，2つの企業がある同じ財を供給しているとしよう。企業1，2それぞれの供給曲線が，図3.11のように描かれているとき，2つの企業の供給を足し合わせた企業全体の供給曲線は，どのようにして求められるだろうか。

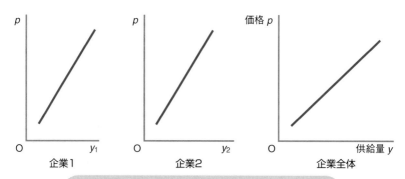

それぞれの企業の供給曲線を横軸の方向に合計して，企業全体の供給曲線を導出できる。

図3.11　供給曲線

　個々の家計の需要曲線から家計全体の需要曲線を導出した方法と同じ方法を用いればよい。すなわち，生産量である横軸の方向にそれぞれの企業の供給量を合計して，新しい曲線を描くと，それが市場のあるいは企業全体の供給曲線になる。

■ 産業の長期均衡

　個別企業の供給曲線と市場の供給曲線と比較すると，異なる点もある。それは，長期的に企業の数が決定できるかどうかという問題である。短期的には，その産業に存在している企業の数は一定であるから，上で述べたようにして，市場の供給曲線を導出すればよい。しかし，長期的には，企業はその産業から退出するかもしれないし，あるいは，他の産業から新しく企業が参入するかもしれない。長期的には，企業の数は一定とは考えられない。この場合，企業全体としての供給曲線をどのように考えればよいだろうか。

　企業はどのような要因で，その産業から退出したりその産業に参入したりするのか，考えてみよう。正常な利潤（これは通常はゼロ）を上回る超過利潤があれば，他の産業から企業が参入する。逆に，正常利潤を確保できなければその産業を退出し，正常利潤が確保できるような他の産業に企業は移っていく。

　超過利潤は，価格 p が長期的に実現する平均費用 LAC よりも高い場合に生じる。なぜなら，その場合に長期的な利潤がプラスになるからである。このとき，他の産業から企業がどんどん参入してくる。その結果，企業全体の総供給量は増加する。総供給量が増加すれば，価格は低下する。その結果，$p - LAC$ の大きさは縮小する。最終的には $p = LAC$ が成立する。あるいは，$p = LAC$ が成立するまで，新規の参入が刺激されるといってもよい。

　逆に，$p < LAC$ であれば，その企業は正常利潤が確保できないので，退出する。退出する企業が増えれば，企業全体での供給量は減少する。その結果，市場価格は上昇して，最終的には $p = LAC$ が実現する。あるいは，$p = LAC$ が実現するまで，退出が行われるといってもよい。

　完全競争市場が長期的に機能するためには，参入と退出の自由が保障されねばならない。人為的な規制や技術的な条件などにより，超過利潤があって

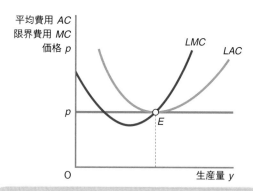

図3.12　産業の長期均衡

表3.9　産業の長期均衡

参　　入	正常利潤がプラスであれば，他の企業が進出する
退　　出	正常利潤がマイナスになれば，既存の企業が退出する
長期均衡	正常利潤がゼロ：価格＝長期的な平均費用

も新規企業の参入ができない場合や，利潤がマイナスとなって採算がとれないときでも退出の自由が規制されている場合には，完全競争市場とはいえなくなる。

　したがって，長期的には**図3.12**と**表3.9**に示すように，その産業で生産しているすべての企業について，$LMC=LAC=p$（長期の限界費用＝長期の平均費用＝価格）という条件を満たす点が長期的な均衡点 E として実現している。このとき，すべての企業で長期平均費用が最小となる最適規模が実現する。長期均衡では採算は確保されるが，正常利潤を上回る利潤は期待できない。

Column──3	企業の誕生と倒産

　企業は家計と異なり無限の期間存在すると考えられている。しかし，現実には企業にも終わりがある。それが倒産である。現実の世界では需要も変化し，

生産技術も進歩している。新しい経済の流れにうまく適応できない企業は，生産物が思うように販売できず，負債を抱えて行き詰まる。最終的には負債超過に陥り，借金の返済のためにすべての資産を処分して，倒産する。

　他方で，新しい企業が新しい市場での利潤を求めて，誕生している。多くの企業は誕生してからまもなく事業に失敗して，姿を消していく。大企業まで成長していく企業はまれである。しかし，そうした成功の夢を求めて多くの企業が挑戦することで，市場が活性化し，国民経済全体が活発になっていく。失敗は成功の母である。

3.4 独占市場

■ 独占とは

　市場である財を供給している企業が1つしかない状態が（売り手）独占である。なぜその市場に1つの企業しか存在していないのかには，いくつかの理由が考えられる。政策的，人為的な規制があって，他の産業から企業が参入できないこともあるだろう。また，特許や希少な経営資源を独占的に使用していて，他の企業では代替品が供給できないことも考えられる。あるいは，第7章で説明するように規模の経済が働いて，規模が大きくなるほど生産上の効率が高くなり，結果として1つの企業しかその財を供給できない場合（＝自然独占）も考えられる。

　独占市場は完全競争市場とは正反対の市場状態であり，独占企業は自らの利潤を最大にするように価格と生産量を決定する。完全競争市場ではすべての経済主体が市場価格をコントロールできないプライス・テイカーとして行動したが，独占企業は自ら価格を決定することができる。以下，完全競争と対比させる形で，独占企業の利潤最大化行動を定式化する。

　なお，市場に1つの企業ではないが，少数の企業しか存在しない寡占のケースも不完全競争市場として重要である。第6章では，そうした不完全競争市場（寡占市場）における市場の機能とその問題点を考える。

■ 独占企業の特徴

独占企業の利潤 π は完全競争企業と同様に，販売収入と費用との差額で定義される。独占企業の特徴は，プライス・テイカー（価格与件者）ではなく，また，競争相手も存在しないので，販売価格 p を自由に操作することができる点にある。すなわち，生産量 y を抑制すれば，価格 p を上昇させることが可能になり，逆に大量の生産物を市場で販売しようとすれば，価格 p を引き下げなければならない。独占企業は価格支配力を持っているプライス・メイカー（価格設定者）である。

図による説明

y をすべて販売するにはどの程度の水準で p を設定すればよいのかを，逆需要曲線として定式化しよう。図 3.13 には，独占企業が直面する右下がりの逆需要曲線を描いている。逆需要関数は，家計の需要曲線でもある。通常の需要曲線では，価格から需要量が決定されるが，ここでは，需要量からその需要量がちょうど販売され尽くすだけの価格が決定されるという逆の関係がある。独占企業は逆需要曲線に示される家計の需要行動を理解しており，価格を引き下げればどれだけの需要が生まれるのか，あるいは，価格を引き上げるにはどれだけ生産を抑制すればいいのか考慮した上で，価格付けと生産水準の決定を行う。

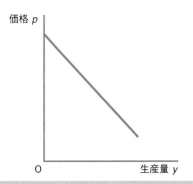

独占企業が直面する需要曲線は右下がりであり，価格を操作することで販売量も操作することができる。

図3.13　逆需要曲線

完全競争市場でも需要曲線は右下がりである。企業が全体としてより多くの財を販売するためには，市場価格が下落して需要を拡大させる必要がある。これが需要の制約である。しかし，完全競争市場での個々の企業にとっては，市場価格のもとでいくらでも需要があると想定している。これは，個々の企業が市場全体のなかで十分に小さく，需要の制約を考慮する必要がないためである。これに対して，独占企業は自らしか供給主体が存在しないので，市場での需要の制約を考慮せざるを得ない。逆にいえば，需要の制約をうまく利用することで，そうではない場合よりも多くの利潤を獲得できる。

■ 独占企業の最適問題 ―――――――――――――――――――――――――

独占企業の最適問題を，以下では図 3.14 を用いて，直観的に議論してみよう。曲線 OA は販売収入 py を表し，曲線 OB は費用 $c(y)$ を表している。完全競争の場合には販売収入は一定の傾き p の直線であった。独占企業の場合には，y が拡大するにつれて p が低下するから，py は増加するが，その傾きは次第に小さくなる。したがって，y 拡大に伴う追加的な収入の増加分（＝限界収入）は，p が低下するにつれて，次第に減少していく。

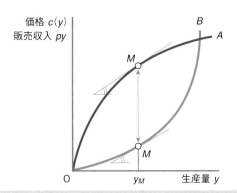

曲線 OA は販売収入曲線であり，OB は費用曲線 $c(y)$ である。2つの曲線の差額である利潤は，2つの曲線の傾きが一致する点 M で最大となる。

図3.14　独占企業の利潤最大

限界費用

利潤が最大になる点 M は，収入曲線 OA と費用曲線 OB との差額が最大になる点である。表3.10は，完全競争企業と独占企業を比較している。独占企業の利潤最大点は，両方の曲線の傾きが一致している点である。すなわち，利潤が最大となる点 M では，収入曲線 OA の傾きである限界収入＝費用曲線 OB の傾きである限界費用という条件が成立している。

図3.15は，縦軸に限界収入と限界費用をとり，横軸に生産量をとったものである。限界収入曲線 MR は右下がりであり，限界費用曲線 MC は右上がりである。図3.15に示すように，限界費用曲線 MC と限界収入曲線 MR との交点 M に対応する産出量が独占企業の最適な生産量 y_M であり，それを市場でちょうど販売し尽くす価格水準 p_M が独占企業の設定する最適価格である。なお，限界収入曲線の傾き（の絶対値）は需要曲線の傾き（の絶対値）よりも，大きい。

表3.10　完全競争企業と独占企業

	完全競争企業	独 占 企 業
市場での数	無数	1
価格支配力	なし：プライス・テイカー	あり：プライス・メイカー
主体的均衡条件	価格＝限界費用	価格＞限界収入＝限界費用
供給曲線	右上がり	なし

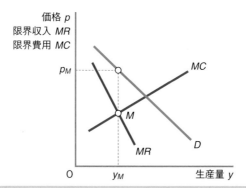

限界収入 MR と限界費用 MC とが一致する点が，独占企業の主体的均衡点 M であり，最適な生産量は y_M，価格は p_M となる。

図3.15　独占企業の主体的均衡

[数値例]

いま，逆需要関数（独占企業が直面する市場全体の需要関数）が

$$p = 100 - y$$

費用関数が

$$c = 10y$$

で与えられるとしよう。この費用関数のケースでは限界費用が一定（= 10）である。このときの生産量の変化に対応して，価格，費用，販売収入，利潤がどのように変化するかは，表3.11 にまとめられている。

表3.11 数値例

y：生産量	30	35	40	45	50	55	60
p：価格	70	65	60	55	50	45	40
MR：限界収入	40	30	20	10	0	− 10	− 20
py：総収入	2100	2275	2400	2475	2500	2475	2400
c：総費用	300	350	400	450	500	550	600
MC：限界費用	10	10	10	10	10	10	10
π：利潤	1800	1925	2000	2025	2000	1925	1800

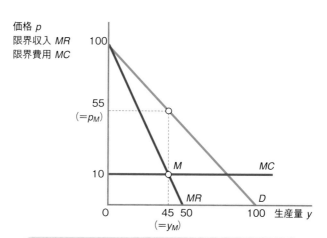

独占企業の最適条件は，限界収入 $100 - 2y$ が限界費用10に一致する点 M であり，$y_M = 45$，$p_M = 55$ となる。

図3.16 数値例での主体的均衡

この表にみられるように $y = 45$ のときに，利潤が最大になっている。このときの限界収入＝限界費用は 10，価格は 55 である。なお，**図 3.16** に示されているように，需要曲線が直線の場合，限界収入曲線も直線となり，その傾き（の絶対値）は，需要曲線の傾き（の絶対値）の 2 倍となる。

■ 独占度

ここで，マージン率という概念を説明しよう。マージン率とは費用と比較して価格がどれだけ上乗せされているかを示し，独占利潤の大きさを示す指標である。マージン率は，その市場での企業の独占がどの程度強力であるかを示す指標でもある。

たとえば，その財の需要が価格の上昇に対してそれほど減少せず，価格弾力性が小さいときには，消費者にとって他の代替的な財が容易にみつからない。価格が高くても独占企業の供給する財をある程度買わざるを得ない場合，独占企業は消費者の足元をみてマージン率を高くすることができる。逆に，消費者にとって代替可能な財が他の市場で存在する場合には，独占企業が少し高い価格をつけると，需要は他の市場へ大きく流れるだろう。需要の価格弾力性が大きく，独占企業はマージン率を低めに設定せざるを得ない。

したがって，マージン率は需要の価格弾力性の大きさと反比例する。マージン率は独占度とも呼ばれている。独占度が小さいほど，独占企業の設定する価格は限界費用とあまり乖離しなくなる。独占度がゼロであれば，価格は限界費用と一致するから，完全競争と同じ状態が実現する。逆に，価格弾力性が小さいほど，あるいは独占度が大きいほど，限界費用と独占企業の価格との乖離も大きくなる。

■ 価格差別

独占企業は，複数の消費者間で異なる価格を設定することで，利潤をより大きくすることができる（価格差別）。たとえば，レストランでの子ども専用メニューや子ども料金，女性料金の設定などがその一例である。これは，大人と子ども，あるいは男性と女性とでその財に対する価格弾力性が異なる

場合に生じる。

大人よりも子どもの方が，また，男性よりも女性の方が，その財に対する価格弾力性が大きいケースを想定しよう。こうした財の場合，価格を下げれば，子どもや女性は需要が大きく伸びるのに対して，大人や男性はあまり価格に反応しない。このような状況では，子どもや女性の価格を大人や男性の価格よりも割安に設定することで，その企業の独占利潤を大きくすることが可能となる。

こうした価格差別は，差別された消費者間で財の転売ができないことが前提となる。たとえば，子ども用のメニューを子どもが注文しても，それをもっぱら大人が消費する場合は，価格差別化はうまく機能しない。したがって，価格差別の対象になるものは，保存の効かないその場で消費するしかないもの（外食など）か，対人サービス（エステなど）に限定される。

Column——4	巨大 IT 企業と競争政策

経済学では，完全競争を1つの理想とみなして，独占企業による競争の弊害を是正することを競争政策の目的としてきた。日本でも競争のメリットを重視する独禁法は経済憲法として定着している。しかし，IT 化，デジタル化，グローバル化が進む現在，革新力のある企業が一人勝ちする市場も多い。ごく少数の巨大化している IT 企業でないと，消費者にメリットのある製品やサービスを効率的に提供し続けることが難しい市場もある。したがって，競争を促す規制緩和や構造改革は必要であるが，独占や寡占を単に悪とみなすだけの競争政策には限界もあるし，また，行政指導や規制・監視を強化することで，巨大 IT 企業の弊害をなくそうとするのも，難しい。

また，人口減少が厳しい地方経済では，市場規模が縮小しているため，地方銀行やスーパーなどの小売業界にみられるように，ある程度の企業規模を維持するために複数の企業間で再編・合併することも，避けられない。完全競争は市場原理のメリットを重視する経済学の規範であるが，理想論だけで現実の政策に対処しきれないのも事実だろう。

まとめ

●生産活動の中心的な経済主体である企業の最大の目的は利潤の追求である。企業の生産活動を理論的に定式化する際に重要な概念が，生産要素と生産物との技術的な関係を表した生産関数である。限界生産はプラスであるが，逓減的と考えられる。

●生産量と最小化される費用との関係を示したものが，費用関数である。総費用は固定費用と可変費用に分解される。平均費用は1単位当たりの費用，限界費用は追加的な生産に要する費用である。完全競争企業の利潤最大点は，価格と限界費用が一致した点である。完全競争市場が長期的に機能するためには，参入と退出の自由が保障されねばならない。長期均衡では正常利潤を上回る利潤は期待できない。

●市場である財を供給している企業が1つしかない状態は（売り手）独占と呼ばれる。独占企業は，プライス・テイカーではなく，販売価格を操作できるプライス・メイカーである。独占企業は限界収入と限界費用を一致させて，利潤を最大にする。独占企業の方が完全競争企業よりも，販売価格と利潤が大きく，生産水準は小さい。

重要語

□企業	□生産要素	□生産関数
□限界生産	□利潤	□費用曲線
□総費用	□限界費用	□平均費用
□固定費用	□可変費用	□プライス・テイカー
□完全競争企業	□長期均衡	□独占企業
□プライス・メイカー	□逆需要曲線	□限界収入
□マージン率	□独占度	□価格差別

問　題

■1　次の文章の（　）に適当な用語を入れよ。

（ア）　企業の目的は（　）最大化行動である。

（イ）　完全競争企業の主体的な均衡条件は，価格が（　）と一致することである。

（ウ）　正常利潤を上回る（　）があれば，新しく企業が参入してくる。

（エ）　独占企業の主体的な均衡条件は，（　）が限界費用と一致することである。

（オ）　需要が価格にあまり反応しないほど，独占企業の設定する価格は，（　）くなる。

■2　完全競争市場で市場価格が1,000円のとき，ある企業の平均費用が900円，限界費用が1,100円で生産しているとしよう。この企業は，どのような行動をとればいいか。

（ア）　生産を拡大して，利潤を増加させる。

（イ）　生産を縮小して，利潤を増加させる。

（ウ）　このままでよい。

（エ）　利潤がマイナスだから，生産を止める。

（オ）　損失を生じているから，生産を止める。

■3　次の文章のうちで正しいものはどれか。

（ア）　利潤最大化行動は費用最小化行動を前提としている。

（イ）　利潤最大化をしている企業でも，必ずしも費用最小化行動をしているとはいえない。

（ウ）　費用最小化行動は利潤最大化行動を前提としている。

（エ）　企業の目的は，利潤最大化よりは費用最小化と考える方がもっともらしい。

（オ）　生産関数は利潤最大化行動を前提として定式化される。

■4　以下の（　）に中に限界費用，平均費用のどちらかを入れよ。

（　）よりも（　）の方が大きければ，追加的な生産の拡大で（　）は減少し，逆に，（　）の方が（　）よりも大きければ，追加的な生産の拡大で（　）は増加する。

4 政　府

本章では，現在の市場経済，資本主義経済においても
ますます大きな存在となっている政府の経済的な役割を
取り上げる。

1. 市場経済における政府の果たすべき役割につい
   て，説明する。
2. 政府支出のあり方について，公共財という概念
   を用いて，説明する。
3. 政府の財源調達手段としての税金について，説
   明する。
4. 政府に対する見方は時代とともに変化している。
   いくつかの代表的な見方について説明する。

4.1　政府の役割

■ 政府の存在

　今日の経済では，政府の存在はきわめて大きい。ここで，国民経済全体の
なかでの政府部門の位置づけをみるため，一般政府の概念から説明しよう。
図 4.1 で示してあるように，わが国における一般政府とは，中央政府（国），
地方政府（地方公共団体）＝（都道府県，市町村）と社会保障基金（公的年
金など）の各部門を合わせ，その相互の重複関係を調整したものである。こ
れにさらに公的企業（特殊法人，認可法人，独立行政法人，政府金融機関
等）を合わせたのが公共部門である。
　中央政府＝国は公共部門の中心的な位置にあり，また地方公共団体＝地方
政府の活動を指導，監督している。中央政府は，直接税，間接税等の税金を

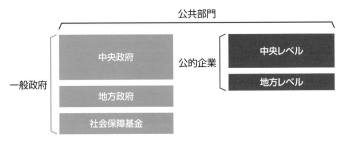

図4.1 一般政府と公共部門

使って多額の収入を得る一方，自ら行政サービスをし，財サービスの購入という形で一定の政府支出活動を行う。また，地方政府に対しては地方交付税交付金，各種補助金などで財源の補助や移転を，社会保障基金に対しては社会保障特別会計等への繰入（公的年金や医療保険に対する国庫補助等）などを行っている。

　また，国は財政投融資の機関（日本政策投資銀行，住宅金融支援機構など）を通じて，国の政策目標実現のために公的な財政投融資を行っている。財政投融資改革により郵貯・年金との制度的なつながりは解消され，現在は財投債が主な資金調達手段となっている。

■ 資源配分機能

　本来，個人主義，自己責任の市場メカニズムを前提としている資本主義経済では，政府の経済活動は必要ないはずである。しかし，現実の経済では政府の経済活動は大きな役割を持っている。経済学では，一般的に，政府経済活動のあるべき姿として，表4.1 にまとめている4つの機能を想定している。

　第1は資源配分機能である。自由主義経済を基本としながらも，なぜ政府は税金をとって，公共サービスを提供するのだろうか。第6章でも説明するように，市場がうまく機能しているときには，市場で財の需給を一致させるように価格が自動的に調整され，必要なものが必要な量だけ供給される。市場メカニズムに任せておけば，市場は望ましい財を自ら作り出してくれる。政府が提供する財が民間で提供する財と同じものであれば，政府が提供しな

表4.1　4つの機能

資源配分機能	市場経済における資源配分上の非効率を是正するために，介入する：公共財の供給，公害の是正
所得再分配機能	所得や資産の格差を是正するために，介入する：社会保障，累進的な税
経済安定化機能	経済全体の安定化のために，介入する：マクロの総需要管理政策
将来世代への配慮	望ましい経済成長の実現のために，介入する：公共投資，公債の発行

くても，民間の企業に任せておけばよい。

　しかし，次節で説明するように，社会資本や公共サービスは，民間で提供される普通の財とは異なる性質を持っている。便益が特定の経済主体に限定されずに，広く国民経済全体に拡散するケースである。このような財・サービスを政府が適切に供給しないと，資源配分上の非効率な状態が生じる。民間に任せておいたのでは，その財・サービスは採算がとれなくなるため，社会的に望ましい水準まで供給されない。

　逆に，公害など民間の経済活動に伴って発生する悪い波及効果もある。企業や家計は自らの利益（利潤や効用）を追求するために経済活動を行っているが，そうした行動が他の経済主体（企業や家計）に迷惑をかけているかもしれない。このような悪い波及効果は，市場に任せておいただけでは，十分に抑制されない。政府が法的な規制をしたり，税金をかけて罰したりすることも必要とされる。

　このように，民間経済において社会的に必要とされる財・サービスが十分には供給されない（あるいは社会的に好ましくない影響を持つ財が過大に市場で供給される）という資源配分上の非効率性があるときに，政府が積極的に経済活動をすることが正当化される。

　政府の役割を，市場経済では十分には供給されない公共サービスの供給，公害の発生など市場メカニズムがうまく働かない市場の失敗に対する是正等，ミクロ・レベルでの政策に限定する考え方は，安価な政府＝夜警国家と呼ばれ，現在でも効率性を重視する人々に受け入れられている。

■ 所得再分配機能 ────────────────────────

　資源配分機能と並んで公共部門の役割として重要な機能が，所得再分配機能である。市場メカニズムが完全に機能して資源が効率的に利用されていても，必ずしも社会全体として理想の状態が実現できるとは限らない。人々の経済的満足度は，その人々の当初の資産保有状態にも依存するからである。

　ある経済活動をする以前に，資産をどのくらい持っているか，あるいは，どのような質の労働サービスをどのくらい供給できるか，これらは親からの遺産や贈与に依存するところが大きく，その人個人の経済活動の以前にすでに決まっている場合が多い。とすれば，いかに市場メカニズムが完全であったとしても，結果として人々の間での格差が生じるし，不平等，不公平な状態は避けられないであろう。競争の機会が均等でなければ，不平等感，不公平感は避けられない。また，たとえ機会が均等であっても病気や災害などのために，結果として経済状態の恵まれない人々もいる。

　政府が，経済状態の恵まれた人から所得をある程度取り上げ，それを何らかの形で，恵まれない人に再分配する所得再分配政策は，多くの人の価値判断として，もっともらしいところであろう。生活保護，雇用保険，医療保険や年金などの社会保障は，こうした考え方に基づいている。

　20世紀に入って国民経済全体の規模が拡大すると共に，人々の間での所得格差も次第に拡大していった。こうした状況のもとで，社会全体の治安や秩序を維持し，経済活動を発展させるためにも，ある程度の所得の再分配政策は政府の望ましい政策目標となった。

　失業の防止を政府の義務の一つに掲げたケインズ主義は，失業を非自発的失業とみなすことによって，失業者を自らの責任でないにもかかわらず苦痛を背負わされた存在とみなした。これは，個人主義＝自主自責・自助努力の原則に修正をもたらすものであり，政府主導の社会保障の思想＝福祉国家の思想に理論的根拠を与えるものである。

■ 経済安定化機能 ────────────────────────

　公共部門の第3の機能は，経済全体の安定化のための役割である。石油シ

ョック，自然災害，国際テロなどの外生的なショックのために，経済活動が不況に見舞われたとしよう。市場メカニズムが完全であったとしても，短期的には，失業や資本の遊休は避けられない。まして，現実には，価格の硬直性や独占などさまざまな理由のために市場メカニズムがうまく機能しておらず，大きな悪影響が出てくる。

このような場合，政府がそのショックのもたらす悪影響を緩和するために経済的に介入するのは，望ましい。特に，マクロ経済学の発展に大きな影響を与えたケインズ経済学では，経済が不完全雇用の状態にとどまり，有効需要の不足が解消されないときに，政府が有効需要を刺激すべきであると主張している。すなわち，マクロ経済の安定化を政府の重要な課題と考えたのである。

マクロ的な経済全体の不安定性をどうすれば回避できるのか，そのための有効な手段は何か，これらは，公共部門が担う安定化のための役割という観点から，重要な分析課題である。

■ 将来世代への配慮

望ましい経済成長を実現するために，政府が果たすべき役割についても，古くから研究されてきた。経済成長は高ければ高いほどいいものではない。どの程度の成長が望ましいのか，そして，どのような経済政策によって経済成長を操作できるのか，こうした問題は，公債の負担の問題や公共投資の生産性，環境，資源の問題とも関連しており，盛んに研究が行われている。

この点は，将来世代の経済状態をどの程度配慮するかの問題でもある。市場メカニズムだけでは，必ずしも最適な経済成長は達成されない。なぜなら，将来世代のことを必ずしもきちんと考慮して，現在の消費，貯蓄が決定されないからである。現在生きている人が自らの利害のみを考慮して行動する場合に，長期的な視点からみた最適な経済成長は実現しない。その場合，将来世代の利害を配慮できる主体が政府である。たとえば，地球規模での温暖化は，将来世代に大きな悪影響をもたらすだろう。長期的な環境問題への適切な対応は，将来をきちんと考慮できる公的な意思決定が不可欠である。

4.2 　公共財の供給

■ 政府支出の内容

　図 4.2 は，最近の先進諸国の対 GDP（国内総生産：詳しくは 8.1 参照）比の一般政府支出規模（社会保障基金を除く）をまとめたものである。わが国の一般政府支出は，対 GDP 比でほぼアメリカと同程度であり，ヨーロッパ諸国（ドイツを例外として）よりは小さい。また，わが国は政府最終消費支出の割合が小さく，公的資本形成の割合が大きい。逆に，欧米の先進諸国では政府最終消費支出の割合が大きく，公的資本形成の割合が小さい。

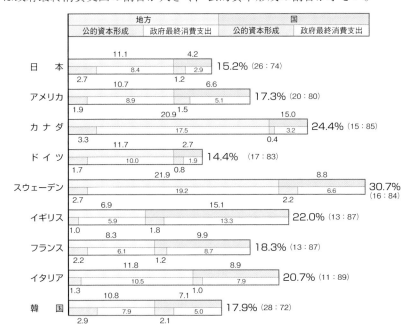

図4.2　一般政府支出（社会保障基金を除く）の対GDPの国際比較（2019年）

（注）　括弧内は公的資本形成と政府最終消費支出の比率を示す。
　　　　公的資本形成：道路や公共施設建設など公的な固定資本の形成のためのコスト
　　　　政府最終消費支出：行政サービスの生産に要したコスト（公務員の人件費など）
（データ出所）　国民経済計算及び OECD データに基づき作成。フランス及び韓国については，
　　　暫定値を使用。
（出所）　総務省 HP（https://www.soumu.go.jp/main_content/000743173.pdf）

■ **公共財とは何か**

　本節では，政府支出を資源配分の効率性の観点（＝公共財の供給）から分析しよう。**表 4.2** が示すように，公共財とは，通常，消費における非競合性と排除不可能性から定義される。

　すなわち，政府はある特定の人だけを対象として，公共サービスを限定的に提供することはできない。ある特定の人を，たとえば受益に見合った負担をしていないからという理由で，その財・サービスの消費から排除することが技術的，物理的に不可能である。その社会に住む人なら誰でもその公共サービスを受けることができる（排除不可能性）。また，ある人がその公共サービスを消費したからといって，他の人の消費量が減るわけでもない（消費の非競合性）。

　消費における排除不可能性と非競合性は，公共財を特徴づける 2 つの大きな性質である。完全にこの 2 つの性質が成立する公共財は，純粋公共財と呼ばれる。こうした公共財は，国民すべてが等量で消費している。一国全体の防衛や治安，防災，伝染病などの検疫などはこの例であろう。上の 2 つの性質を近似的に満たすものは，公共財と考えることができる。わかりやすくいい換えると，その支出が特定の経済主体だけではなく，他の人々にも便益を及ぼすような財は，広い意味での公共財（準公共財）と考えられる。これに対して，市場で取引される通常の財を，私的財と呼んでいる。

　具体例として，街灯を想定しよう。この社会に複数の人々がいるとし，街灯はいずれかの個人の家の前に設置されるものとする。設置された家の前での明るさを 1 とすると，この街灯が他人の家に及ぼす明るさが問題となる。これが 0 であれば，すなわち，他人の家に何ら便益を及ぼさない場合には，

表 4.2　公共財と私的財

	公共財	私的財
排除可能性	なし	あり
競合性	なし	あり
ただ乗り	あり	なし

表 4.3 純粋公共財と準公共財

	純 粋 公 共 財	準 公 共 財
意 味	排除不可能性, 非競合性が完全に成立	排除不可能性, 非競合性がある程度成立
例	防衛費, 基本的な経済秩序の維持費用	地域の公共資本, 公園

街灯は私的財である。逆に, これが 1 であれば, すなわち, どこの家にも同じ明るさを及ぼす場合には, 街灯は純粋公共財である。さらに, これが 0 と 1 の間であれば, すなわち, 他人の家に多少の明るさは及ぼすけれども, 自らの享受する明るさほどではない場合には, この街灯は準公共財とみなされる。表 4.3 は純粋公共財と準公共財を比較している。

■ 公共財の最適供給 ─────────────────────

さて, 政府は公共財をどのようなルールで供給すべきだろうか。最適な公共財の供給条件は, 公共財の限界便益と公共財の限界費用が一致することである。これが, 公共財の最適供給に関するサムエルソンの公式である（サムエルソン（Samuelson, P. A.; 1915-2009）とはアメリカの経済学者）。この公式を直観的にいうと, 公共財供給の追加的な 1 単位の限界便益は, すべての個人の限界便益の総和であり, これが公共財供給の追加的な限界コストに等しくなければならない。

図による説明

2 人の個人しか存在しない経済について, 図 4.3 を用いて説明してみよう。図 4.3-(1)(2)は, 個人 1, 2 それぞれの公共財の限界評価曲線を描いている。これは, 追加的に 1 単位公共財を追加的に供給してもらえるなら, 自分としてはどのくらいまでのお金を支払う用意があるかという追加的な支払い意欲（＝公共財の限界便益）を示している。公共財の水準が大きくなればなるほど, 限界的な支払い意欲は減少するだろう。公共財の限界効用は逓減するからである。よって, 図に示すように右下がりの曲線が描かれる。

図 4.3-(3)は, 個人 1, 2 の公共財の限界評価曲線を縦軸に沿って足し合わせた曲線であり, 公共財の社会的な限界評価＝限界的なメリットを示している。サムエルソンの公式は, この社会的な限界評価と公共財の限界費用＝限界的なデメリット

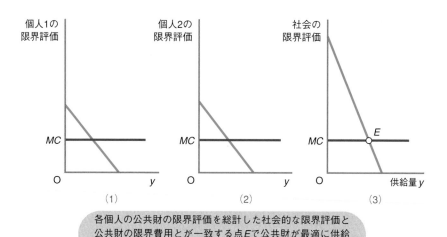

各個人の公共財の限界評価を総計した社会的な限界評価と
公共財の限界費用とが一致する点Eで公共財が最適に供給
される。

図4.3　公共財の限界評価曲線

とが一致する E 点まで，公共財を供給するのが望ましいことを意味する。

　第2章で説明したように，通常の私的財について家計全体の需要曲線を導出する際には，需要量である横軸に沿って各家計の需要曲線を合計した。これに対して，公共財の需要曲線＝社会的な限界評価曲線を導出する際には，限界評価＝価格である縦軸に沿って各家計の限界評価を合計している。これは，公共財が等量消費される財であり，すべての家計が経済全体で存在する公共財を同じ量だけ消費できるからである。

■ 公共財とただ乗り ─────────────────

　政府が公共財を最適に供給する際に問題になるのが，ただ乗りの可能性である。ただ乗りとは，負担を伴わないで便益を受けることである。通常の私的財であれば，市場価格という対価を支払わない限り，その財を消費することができない。排除可能だから，ただ乗りしようと思ってもできない。しかし，公共財の場合は排除不可能性があるために，たとえ負担しなくても，何らかの便益は享受できる。公共財の評価が各人で異なるときや，所得格差が拡大しているときに，このただ乗りの可能性が大きい。

　たとえば，公共財の評価の高い個人に，より大きな負担を課すという受益

者負担の原則を適用してみよう。この場合に公共財の評価の高い人は，正直に公共財の自分の評価を政府に申告するだろうか。そうすれば，公共財の負担も増大する。むしろ，公共財は必要ないので負担もしないと虚偽の申告をして重い負担を回避しても，公共財を消費することは依然として可能である。したがって，公共財の評価を過小に政府に報告することで，自らの公共財に対する負担を軽くするだろう。

　公共財をどのように公平に分担するかは，防衛費のような一国全体の公共財の場合のみならず，もっと身近な場合にも大きな問題になる。町内会の役員などで地域の活動に参加する場合も，ただ乗りの誘惑は大きい。誰も自分が大きな負担を引き受けることを回避しようとして，消極的な対応をとるようになり，結果として，本来なら必要とされるはずの公共的な活動が縮小される。

　また，受益者負担の原則を適用せず，公共財の負担は別に税金で調達する場合は，公共財を負担する納税者と公共財の受益者とが乖離する。特に，地域に密着した公共投資などの準公共財の場合，税金は全国の人々が負担しているが，受益はその地方の人のみに関係する。こうしたケースでは，公共財に対する過大な需要が生まれる。自分の負担が増えない限りは，なるべく多くの公共財が利用できる方が得になるからである。

　受益と負担が分離されている世界では，他の人の負担にただ乗りしようとする誘惑は大きい。私的財であれば，受益と負担を分離することは不可能であり，こうしたただ乗りも生じない。

　政府支出は，それぞれ何らかの便益を国民の誰かにもたらすものであり，他の条件が一定であれば，その拡大は常に望ましい。しかし，同時に税負担は誰かの負担であるから，他の条件が一定であれば増税は望ましくなく，減税は常に望ましい。歳出の決定と歳入の決定が分離されており，政府の提供するサービスに関して，受益者負担の原則が成立していない場合には，国民一人一人にとっても，歳出の拡大と税負担の減少という誘惑は常に大きい。その結果，歳出と税収の差額である財政赤字は拡大しやすい。

■ ただ乗り問題の対策

ただ乗り対策として有力な方法は，各個人に公共財の評価を聞くのではなく，公共財の評価を政府が間接的に行うことである。公共財の供給によってどの程度社会的な便益が増加するかを，間接的な方法で推計できれば，その大きさが公共財の費用と比較して大きい場合に，その公共財計画を実施すればよい。

こうしたアプローチは，費用便益分析と呼ばれている。通常の私的財であれば，市場で需要量が観察できるので，そのデータをもとにして便益を推計できる。しかし，公共財は市場で取引されない財であるから，正確な便益を政府が推計するのはなかなか困難である。

もう一つのアプローチとして，ただ乗りの動機を小さくすることが考えられる。所得再分配政策が適切に行われるなら，実施後にすべての個人の効用は増加する。過去の公共財計画の際に人々の間で公平性が確保されるべく，再分配政策がとられていたら，新しい公共財計画の際に人々の間でそれほど利害は対立しないため，ただ乗りをする動機も小さい。その意味で，公平性に関する政府への信頼感を増すことが，ただ乗り対策として重要である。

4.3 税金の取り方

■ 直接税と間接税

税金には直接税と間接税という区別がある。直接税は，納税者が直接税金を納めるものであり，間接税は納税者が第三者を通じて間接的に納税するものである。たとえば，所得税は，納税者が自らの所得から直接納税するので，直接税であり，消費税は，財・サービスを購入する際に価格に上乗せされることで，消費者に代わってその財の販売者が間接的に納税するので，間接税である（表4.4）。

しかし，所得税の場合も，企業が源泉徴収という形で，労働者に代わって間接的に納税しているといえなくもない。また，所得税があることで，課税

表 4.4　直接税と間接税

	直 接 税	間 接 税
定　義	納税者の個人的な事情を配慮した課税	納税者の個人的な事情を考慮しない課税
例	所得税，法人税，相続税	消費税，関税
特　徴	累進的な課税が可能	比例的に課税

後の手取り賃金が減少するのを相殺するように，課税前の賃金水準が上昇すれば，表面上は労働者が負担している所得税でも，実質的には企業が負担していることになる。直接税の場合でも，課税によって価格や賃金などが変化するため，誰が本当に納税しているかを経済学の立場できちんと区別するのは，困難である。

したがって，より有益な直接税と間接税の区別として，納税者の家族構成などの個人的な事情に配慮しているかで分類する方法がある。すなわち，所得税のように，納税者の個人的な事情を考慮して税額が決定されるものを直接税，また，消費税のように，納税者の個人的な事情（たとえば，扶養家族の人数，年齢など）とは無関係に税額が決定されるものを間接税と呼んでいる。

国税収入の租税構成をみると，最近では，租税収入のうち所得税と法人税という直接税と消費税という間接税の 3 つの税が中心となっている。図 4.4 にみるように，国際的にも，わが国は法人所得課税の比重が高く，間接税中心の欧州諸国よりは消費課税の比重は小さい。個人所得課税は税収構成比でみると，アメリカよりもかなり低く，平均（38.9％）よりもやや低い。

対国民所得比で国民負担率の内訳を国際比較すると（図 4.5），わが国の租税負担率はアメリカと同程度である。他方で，EU 諸国は高率の付加価値税を導入しており，わが国よりも相当高い租税負担率になっている。社会保障負担率は，社会保障制度が各国で異なることもあって，その水準は各国でさまざまである。なお，アメリカでは州あるいは地方レベルで小売売上税がある。わが国の財・サービス課税では，1989 年から一般消費税が導入され，2019 年より税率 10％になっている。

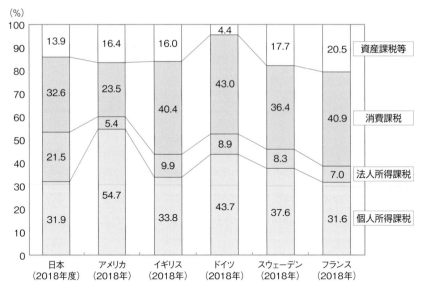

図4.4　所得・消費・資産等の税収構成比の国際比較（国税＋地方税）

（注）1. 計数は2018年のものである。
　　　2. OECD "Revenue Statistics" の区分に従って作成しているため，利子，配当及びキャピタル・
　　　　ゲイン課税は所得課税に含まれる。
　　　3. 資産課税等には，資産課税及びその他の課税が含まれる。
　　　4. 資産課税とは，富裕税，不動産税（固定資産税等），相続・贈与税及び流通課税（有価証券取引税，
　　　　取引所税，不動産取得税及び印紙収入）等を指し，日本の割合は13.7％である。
（データ出所）OECD "Revenue Statistics 1965-2019"
（出所）財務省「わが国の税制・財政の現状全般」

■ 累進税と比例税

　税金を徴収する一つの大きな目的は，所得の再分配である。課税ベース
（所得など）の大きな経済力のある家計には税負担を重く，課税ベース（所
得など）の軽い経済力のない家計には税負担を軽くするのは，公平な税体系
であろう。税制による再分配に関係する概念が，累進税と比例税の区別であ
る。

　すなわち，課税ベース（所得など）とともに税負担も比例的に増加する場
合を比例税，課税ベース（所得など）が増加すると，それ以上のスピードで
税負担も増加する場合を累進税と呼んでいる。累進税の場合には，平均税率
（＝税負担/課税ベース）が課税ベースとともに上昇し，比例税では平均税率

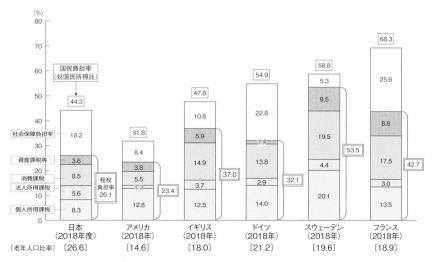

図4.5 国民負担率（対国民所得比）の内訳の国際比較（日米英独瑞仏）

（注）1. 日本は平成 30 年度（2018 年度）実績，諸外国は，OECD "Revenue Statistics 1965–2019" 及び同 "National Accounts" による。

　　　2. 租税負担率は国税及び地方税の合計の数値である。また所得課税には資産性所得に対する課税を含む。

　　　3. 四捨五入の関係上，各項目の計数の和が合計値と一致しないことがある。

　　　4. 老年人口比率については，日本は 2015 年の推計値（総務省「人口推計」における 9 月 15 日時点の人口），諸外国は 2015 年の推計値（国際連合 "World Population Prospects: The 2019 Revision Population Database" による）である。なお，日本の 2021 年の推計値（国立社会保障・人口問題研究所「日本の将来推計人口」（平成 29 年（2017 年）4 月推計）による）では 29.1% となっている。

（出所）財務省「税収に関する資料」

が課税ベースとは独立の一定値をとる。また，平均税率が課税ベースとともに低下するときは，逆進税と呼ばれる。

　所得税はどこの国でも，累進税となっている。消費税は課税ベースが消費であるから，消費に対しては比例税である。一般的に，所得の高い人ほど消費も多いが貯蓄も多くなって，平均消費性向は低下するから，所得を分母にとって平均税率（消費税負担/所得）を所得との対比で表せば，消費税は逆進的となる。すなわち，この意味での平均税率は所得が増加するにつれて，低下する。

■ 総合課税と分離課税 ─────────────────────────────

　わが国の税制は第2次世界大戦直後のシャウプ勧告に基づいている。1949年シャウプを中心とする使節団によって作成されたシャウプ勧告の理念は恒久的，安定的な税制を確立し，直接税を中心として，近代的な税制を構築することであった。

　日本の所得税制の理念は，表 4.5 に示すように，次の3点にまとめられる。第1は，さまざまな所得を合算して課税ベースを決める総合課税の原則である。総合課税は，包括的な所得に対して課税することを意味する。特定の所得のみを合算せずに課税する単独課税や，特定の所得のみに対して差別的な税率を適用する分離課税は，総合課税の原則をおかす。第2は，各種の必要経費を認め，人的事情に応じた最低生活費を免除する課税最低限の設定である。第3は，算定された課税所得について，超過累進課税と呼ばれる税率を適用して，課税額を決定する累進所得税体系である。これは，課税所得をいくつかの所得階層に区分し，高額の所得階層に対して高い限界税率を適用する仕組みである。したがって，すべての所得を合算して，これに累進的な税率を適用するものであり，直接税としての所得税が中心的な課税である。

　ところが，日本の所得税制では，長期にわたって有価証券の譲渡益（＝株式の売却益）が非課税とされ，また，配当所得，不動産の譲渡所得等については分離課税扱いとなっていた。さらにマル優（少額の貯蓄に対する利子所得を非課税とする制度）の管理が万全ではなく，その枠に事実上制約がなかったため，利子所得はそのかなりの部分が非課税扱いとされていた。1988年からマル優制度が廃止され，利子所得に対しては一律に20%の分離課税が実施された。現実には，資産関係の所得が総合課税の枠からはずれていき，ますます分離課税扱いになっている。

表 4.5　日本の所得税の理念

総合課税	さまざまな所得を合算して，課税ベースを決める
課税最低限の設定	人的事情に応じた最低生活費を免除
累進所得税体系	高額の所得に高い限界税率を適用

■ 一括固定税と撹乱税 ───────────────────

　課税は，政府にとって必要な財源を確保する手段として用いられる。効率性の観点から望ましい税制は，家計の負担をできるだけ少なくして，必要な税収を確保することであろう。

　効率性の観点から最も望ましい税は，一括固定税あるいは定額税である。これは，課税ベースが経済活動とは独立な税であり，一人当たり定額の固定税である。労働所得税では，労働供給の変化により税負担も変化するが（このような税を撹乱税という），一括税では，どのように経済活動が変化しても税負担は変わらない。この一括固定税と比較して，所得税などの通常の税金は余計な負担を家計にもたらしている。これを超過負担と呼んでいる。

　資源を効率的に配分するのが市場メカニズムの一つのメリットであるが，そうしたメリットが税金の撹乱的な効果によって損なわれる可能性がある。こうした観点からみた望ましい税金の取り方については，第8章で説明する。なお，所得再分配という公平性の観点からは，一括固定税ではなく，累進的な所得税が望ましい。

4.4 　政府に対する見方

■ ハーベイ・ロード ───────────────────

　第9章で説明するように，ケインズ的なマクロ経済政策の背後にある政策当局は，国民経済全体の経済厚生（＝経済的満足度）を考慮している良識の府であり，民間部門よりも賢い存在であるとみなされている。これは，第8章で説明するようなミクロ的な視点で最適な政策を分析する際も同様である。

　政府は，国民全体の経済厚生を最大にするように行動している，あるいは，行動すべきであり，そのための指針として経済分析が有効であるというのが，経済政策を議論する際の基本的な立場である。これは，ケインズの生まれ育った家のある通りにちなんでハーベイ・ロードの立場とも呼ばれている。

■ 政治の経済理論 ─────────────────────────────

　しかし，現実の政府が多少とも失敗しているという実感は，多くの人々が感じている。このような見方を背景として，政府が失敗するのは，政策決定のメカニズムに問題があるばかりでなく，政府の目的それ自体が，ハーベイ・ロードの立場で想定する社会厚生の最大化とは異なるからだという議論が生じてきた。

　すなわち，政府は，現実には，公共のためにその社会の構成員の経済厚生を最大にするという理想主義的なものではなく，利害の異なる各経済主体の対立を反映したり，政府を構成する政党＝政治家，官僚などのそれぞれ異なった集団の自らの利益の追求の産物であるという考え方が最近有力になってきている。このような現実主義的な立場で政府の行動を説明しようとするのが，政治の経済理論である。この立場では当然政府の行動は理想的なものではなく，市場メカニズムが完全であっても，政府の失敗による非効率は避けられない。

　民主主義的な政治プロセスが選挙民や納税者の意向を反映しているとすれば，政府の行動は，結局は選挙民の意向を間接的に反映するものになる。政治の経済理論のなかでも有力な理論である公共選択の理論がその独自性を発揮するには，この点に関してである。標準的な経済学のアプローチが理想主義的な政策を追求しているのに対し，現実の政治過程を説明しようとするこの立場は，最近では，政府の経済行動を説明する有力な一つの研究方法となっている。表4.6 は，政府に対する見方をまとめている。

表4.6　政府に対する見方

夜警国家	純粋公共財など必要最小限の役割を果たす
福祉国家	経済的な弱者の救済に積極的に対応する
ハーベイ・ロード	国民全体の経済厚生の最大化のために政策を実行する
政治の経済理論	政府を構成する政党，官僚などの利害で政府行動を説明する

各経済主体の行動

政治の経済理論では，投票者，政治家，官僚，企業などが主要なプレーヤーとして登場する。ここで，それぞれの経済主体の行動原理を簡単に説明しておこう。

公共選択の最も基本的なモデルである投票モデルでは，投票者が最終的にはすべてを決定し，政治家や官僚は投票者の意向に従うと考えられている。投票者の選択に影響を与えるのは，公共サービスに対するその個人の便益と負担である。投票者は公共サービスからの便益とその個人的な費用負担を比較して，自らにとって最も望ましい公共サービスを実現するように投票する。ただし，投票モデルを基本としながら，政治家，官僚，企業，圧力団体などの独自の行動も考慮して政策決定を分析するのが，最近では有力なアプローチになっている。

たとえば，政治家は，当選することであるいは政権を獲得することで，手にできる所得，名声，権力を追求する。政治家あるいは政党の行動原理については2つの考え方がある。一つは，当選して政権をとることを至上命令とするものであり，もう一つは何らか政党独自の理念の追求を目的とするものである。また，官僚の効用水準は，所得，昇進，威信，許認可権などの大きさに依存し，しかも，所属機関が獲得できる予算規模とともに増大すると考えられている。有権者はこうした政治家や官僚の資質や行動を完全に把握して，監視できるとは限らない。そうした不完全情報の世界では，有権者が最終的に投票ですべてを支配できるとしても，政治家や官僚はある程度の自由度を持っている。その結果，政府の行動は必ずしも多くの国民の利益になるとは限らない。

さらに，そうした状況では利益団体，圧力団体の行動も重要になる。たとえば，企業は，独自にあるいは集団としての企業団体や産業団体として，自らの私的利益を追求するために政府に働きかける。政治的権益としては公共支出の生産の受注，補助金の獲得，競争相手の参入の規制などが想定されている。そして，企業は政治家や政党に資金を供給したり，官僚に退官後のポストを提供することで，こうした政治的な権益を獲得しようと考える。また，労働組合や消費者団体などの圧力団体も場合によってはモデルのなかに登場する。

Column———5	大きな政府か小さな政府か

　社会的な公正・公平を重視し，恵まれない人への福祉政策にも配慮する大きな政府を望ましいと考えるか，あるいは，経済の効率を重視し，個人の自由と自己責任のもとで経済活力の活性によって全体のパイが大きくなることを志向する小さな政府を望ましいと考えるかは，政府のあり方をめぐる基本的な論点である。アメリカでの民主党と共和党，イギリスでの労働党と保守党との対立は，ほぼこうした政府の役割についての理念の相違に基づいている。

　わが国は，自民党政権が長期的に存続してきたこともあって，こうした政府の役割に対する理念の相違は，明確な争点として意識されてこなかった。最近の与野党の経済政策をみても，政府の役割に関して政党間で大きな相違があるとは思われない。これは，政権交代が起きた際に政策があまり変化しないというメリットをもたらす。しかし，経済環境の変化にもかかわらず，過去に決定された政策が既得権化して見直しが進まないというデメリットも持っている。

まとめ

●わが国のような自由主義経済を基本とする国民経済においても，政府の存在は大きい。政府の機能としては，資源配分機能，所得再分配機能，経済安定化機能，将来世代への配慮の4つがある。

●公共財とは，通常，消費における非競合性と排除不可能性から定義される。各個人の公共財の限界評価の合計である社会的な限界評価と公共財の限界費用とが一致する点まで，公共財を供給するのが望ましい。公共財は市場では過小にしか供給されないので，政府が責任を持って供給する必要がある。しかし，排除不可能性があるために，ただ乗りの誘因も排除できない。

●課税は，公共サービスに必要な財源を確保する手段として用いられる。わが国の課税の理念は総合課税であるが，現実にはその例外も多い。

●政府は，国民全体の経済厚生を最大にするように行動している，あるいは，行動すべきであり，そのための指針として経済分析が有効であるというのが，経済政策を議論する際の基本的な立場＝ハーベイ・ロードの立場である。しかし，政府の目的は，現実には，利害の異なる各経済主体の対立を反映したり，政府

を構成する政党や，政治家，官僚などのそれぞれ異なった集団の自らの利益の追求の産物であるという考え方＝政治の経済理論もある。

重要語

□政府	□資源配分機能	□所得再分配機能
□経済安定化機能	□将来世代への配慮	□公共財
□排除不可能性	□非競合性	□私的財
□ただ乗り	□直接税	□間接税
□累進税	□総合課税	□分離課税
□一括固定税	□ハーベイ・ロード	□政治の経済理論

問　題

■1　次の文章のなかで誤っているものはどれか。

（ア）　政府は，市場に任せておいただけではうまくいかないときに，経済的に介入すべきである。

（イ）　市場メカニズムが完全であっても，所得格差は発生するので，政府による再分配が必要となる。

（ウ）　将来世代の利益を最も適切に代表できるのが，政府の役割である。

（エ）　公共財は排除不可能性があるために，市場では適切に供給されない。

（オ）　公共財を政府が供給する場合には，ただ乗りの問題は発生しない。

■2　次の文章の（　）に適当な用語を入れよ。

日本の所得税制の理念は（　）の原則である。また，高額の所得階層に高い（　）を適用して，所得税を通じた再分配効果を意図している。国税収入の構成では，所得税や（　）など（　）の比重が高い。

■3　公共財に関する次の記述のうち，正しいものを選べ。

（ア）　最適な公共財の大きさは，その地域の人口とは無関係である。

（イ）　最適な公共財の供給条件は，公共財の社会的限界便益がゼロになることである。

（ウ）　公共財の場合には，負担を伴わないで便益を享受するというただ乗りの問題が生じる。

（エ）　消費における競合性と排除可能性は，純粋公共財を特徴づける2つの大きな性質である。

（オ）　公共財が等量消費される財であり，すべての家計が経済全体で存在する公共財を同じ量だけ消費できる。

■4　次の文章のうちで正しいものはどれか。

（ア）　シャウプ勧告の理念は，公平・中立・簡素の租税原則に基づき，所得税よりも消費税などの間接税を中心に据えた近代的な税制を構築することにあった。

（イ）　累進所得税体系は，課税所得をいくつかの所得階層に区分し，高額の所得階層に対して高い限界税率を適用する仕組みである。

（ウ）　日本の所得税制の理念である総合課税の原則では，さまざまな所得の個別事情に総合的な配慮をして，所得ごとに別個の税率を適用して課税する。

（エ）　公平性の観点から最も望ましい税は，一括固定税あるいは定額税である。

（オ）　所得再分配という公平性の観点からは，一括固定税ではなく，累進的な所得税が望ましい。

5 金　融

　本章では，貨幣と金融について説明する。市場経済が
発達し，国民経済が成長するにつれて，貨幣や金融的な
面での経済取引が大きな役割を持つようになってきてい
る。

1. 貨幣の機能と貨幣供給のメカニズムについて説
　明する。
2. 金融取引と金融機関について説明する。
3. 企業と金融との関係を説明する。
4. 代表的な金融商品について説明する。

5.1　貨幣と金融市場

■ 貨幣の機能

　金融は，貨幣の存在を抜きにしては成立しない。まず最初に，貨幣の機能
から考えてみよう（表5.1）。貨幣の基本的な機能は，財と財との交換を円
滑にすることにある。もし貨幣がなければ，すべての市場取引は物々交換で
なされる。ある財を手に入れるのに，自分が相手のものを必要とし，同時に，
相手も自分の持っているものを欲しがるようでなければ，円滑な交換が成立
しない。これでは市場の取引がなかなか成立せず，たくさんの種類の財を自
ら供給，保有せざるを得ない。事実上，自給自足が中心となり，人々が自分
の得意な仕事に専念する状態（＝分業）は，実現しないだろう。

　ここで，貨幣があれば，すべての取引は貨幣との交換で行われる。自分が
欲しいものを交換相手も持っている必要はない。したがって，市場での取引
の可能性は飛躍的に高くなる。こうして，貨幣経済における分業の発達が経

表 5.1 貨幣の機能

交換を効率化する機能：取引需要	所得の増加関数：経済活動が活発化すれば，取引のための貨幣需要も増加
資産を安全に蓄積する機能：資産需要	利子率の減少関数：貨幣は利子を生まないので，利子率が上昇すれば貨幣需要は減少

済活動全体を活性化し，国民全体の経済厚生の向上に大きく寄与している。

表5.1 に示すように，交換手段の他に貨幣の機能として重要なものは，富の蓄積手段である。貨幣は，公債，社債などの債券や株式，土地，家などの実物の財と並んで，資産蓄積のために保有される。これは，資金の余剰な主体から資金の不足している主体への資金の融通という側面も持っている。

貨幣は利子を生まない資産である。5.4 節で説明するように，債券や株式などの金融資産，土地のような実物資産が，保有期間に応じて利子，配当などの収益を上げるのに対して，貨幣で資産を運用しても何ら利子を生まない。これに対して，債券を保有すれば，毎期約束された金利で利子を受け取ることもできるし，満期がくれば約束された金額（額面）でそれを換金する（償還する）こともできる。

しかし，債券を満期以前に換金する際には，額面価格で売却できる保障はないし，また，債券の発行元が倒産すれば，満期がきてもそれを額面価格で換金できないかもしれない。債券や実物資産の保有には不確実性（＝将来，満期以前に現金化する際にどれだけ収益を確保できるかが不確実になるリスク）がある。たとえば，土地を売却しようとしても，購入相手をみつけるのは困難である。株式の場合には株式市場での売却自体は簡単であるが，予想以上に低い価格でしか売れないかもしれない。

こうしたリスクを考えると，貨幣には名目額でみて最も安全な形で資産を保有できるというメリットがある。貨幣の発行元である中央銀行が倒産することは，考えにくいからである。それでも，予想外のインフレーションが起きれば，貨幣保有にもリスクが生じるだろう。しかし，1980 年代後半から1990 年代前半までの日本経済での地価や株価の変動の大きさでもわかるように，資産価格の変動は，平均的な財・サービスの価格変化であるインフレ

率の変動よりもはるかに大きい。したがって，貨幣保有の方が蓄積手段としては相対的に安全といえる。

なお，インフレーションとは一般的な物価上昇が継続的に生じることである。すべての財・サービスの価格が，貨幣と比較してより割高になっていく現象である。これに対して，デフレーションとは一般的な物価下落が継続的に生じることである。わが国では1990年代までほぼ一貫してインフレーションを経験したが，21世紀に入ると，デフレーションも経験するようになった。

Point――4	金利の基礎知識

単利と複利：単利は，当初預け入れた元本に対してのみ利息がつく。たとえば100万円を年利10%で単利運用した場合，毎年10万円の利息がつく。複利は，運用期間中に発生する利息を元本に繰り入れ，それを新しい元本とし再投資して，利息を計算する。100万円を年利10%の複利で運用すると，1年目は利息が10万円つき，この10万円と当初元本の100万円を足した110万円が2年目の元本となるので，単利に比べ高い利回りとなる。

名目金利と実質金利：名目金利は，金利として市場で取引される際の数字であり，たとえば預金金利が1%などというときの金利である。実質金利は，名目金利に物価上昇率，すなわちインフレ率を加味した金利＝名目金利－インフレ率である。預金することで貨幣の購買価値が実質的にどう変化するかを示す。

割引現在価値：たとえば，現在の1万円は1年後の1万円と同じ価値ではない。1万円を預金すれば利息がつき，将来の価値は現在の1万円から乖離する。そのため，将来のキャッシュフローを現在の価値に引き直して求めるのが割引現在価値である。通常は割引率として利子率を用いる。

■ 貨幣需要

このような貨幣の機能を前提にして，貨幣に対する需要を考えてみよう。簡単化のために，資産としては，貨幣と債券の2種類しかないと考えて，土地や株式など貨幣以外のすべての資産を，債券として1つにまとめることにしよう。

貨幣の機能を(1)交換を効率化する機能と(2)資産を安全に蓄積する機能に

分けたが，それに応じて，貨幣に対する需要を(1)取引需要と(2)資産需要に分けて考える。

まず最初に，取引需要から考える。貨幣経済における市場での取引に使われる貨幣に対する需要が，取引需要である。この需要は，取引の大きさに依存する。取引の大きさは，経済全体での生産活動の大きさに対応しているから，取引需要は，ほぼ，国民所得，あるいは，国内総生産に依存している。国民所得が増大すれば，経済活動も活発になり，取引の大きさも増大する。

また，貨幣を保有することは利子収益を手に入れることを犠牲にするので，機会費用としては利子収入分の費用が発生している。したがって，利子率が上昇すれば，取引需要としての貨幣保有が減少する。なお，**表5.2**にまとめたように，機会費用とは，ある資源や時間を別の目的に使用したときに得られる利益であり，そうした選択をしないことで失う利益の大きさを意味する。

次に，資産保有の機能に対応する貨幣需要（＝資産需要）を定式化する。これが，ケインズによって流動性選好仮説として分析されたものである。いま，債券を持つか，貨幣を持つかという選択を想定しよう。債券を持てば利子を稼ぐことができるが，債券価格の変動によるリスクもある。すなわち，債券価格の高いときに買って低いときに売れば，いくら利子を稼いでも売買価格差による損失（資本損失＝キャピタル・ロス）が大きく，結果として損をすることもある。したがって，債券を保有する場合には，将来の債券価格の予想が問題となる。

将来の債券価格に関する予想は人々の間で異なるだろう。しかし，利子率が高くなれば貨幣保有の機会費用が増加する点は，取引動機と同じである。したがって，資産需要からみても，利子率が高いときには貨幣需要は小さく，

表5.2　機会費用

意 味	その経済活動をしないことによって失う経済的な利益 別の経済活動をすれば得られていたであろう経済的な利益

表5.3　貨幣と債券

貨 幣	債 券
安全資産	危険資産
利子なし	利子あり
取引にも使用	資産の蓄積手段

逆に，利子率が低いときには貨幣需要は大きい。

　こうした貨幣と債券の関係は**表 5.3** にまとめてある。以上の議論からわかるように，貨幣の資産需要は利子率の減少関数となる。貨幣の取引需要は，主として国民所得の増加関数であるから，結局，貨幣需要は利子率の減少関数であるとともに，国民所得の増加関数として定式化される。

■ ハイパワード・マネー ─────────────

　さて，以下では，貨幣供給のメカニズムについて，簡単に検討しておこう。**表 5.4** のバランス・シート（資産をどのように調達してどのように運用しているかを示す表）において，中央銀行が直接コントロールできる貨幣は，ハイパワード・マネーである。ハイパワード・マネーとは，中央銀行の債務項目である現金通貨と預金通貨銀行（＝市中銀行）による中央銀行への預け金とを加えたものである。ハイパワード・マネーは中央銀行の債務の主要項目を形成し，その一部が民間によって直接現金通貨として保有され，残りは，預金通貨銀行の準備となる。

表 5.4　中央銀行のバランス・シート

資　　産	負　　債
外貨準備	ハイパワード・マネー
中央銀行貸出	現金通貨
債券保有	銀行の準備金
	政府預金

表 5.5　市中銀行のバランス・シート

資　　産	負　　債
現金・中央銀行預け金	預金通貨
政府向け信用：国債など	準通貨
民間向け信用：貸出など	中央銀行からの信用
その他の資産	その他の負債

　では，中央銀行がその債務であるハイパワード・マネーを操作するとき，貨幣供給（＝現金＋預金）はどうなるだろうか。

■　貨幣の信用創造 ──────────────────

　ここで，貨幣の信用乗数を説明しておこう。**表5.5** のバランス・シートが示すように，一般に，銀行は預金の支払いに充てる現金を100％準備しておくことはない。それは，現金を持っているだけでは何の収益も生まないからである。それよりも，貸出に回して収益を上げようとする。

　一方，中央銀行は，市中の銀行に対して，支払い準備のための現金を中央銀行への預け金の形で保有するように求めている。このとき，預金に対する中央銀行への預け金の比率を，預金準備率という。現金通貨の増加が，預金準備率の逆数倍の預金通貨をもたらすプロセスが信用創造であり，準備率の逆数は，信用創造の乗数と呼ばれている。

　図5.1 の数値例で信用創造をみておこう。新規の預金100万円がA銀行に預けられたとしよう。預金準備率が10％とすると，A銀行で新たに貸出

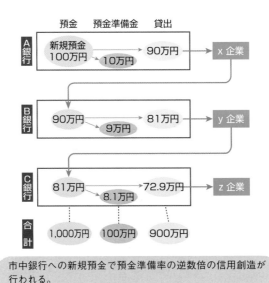

市中銀行への新規預金で預金準備率の逆数倍の信用創造が行われる。

図5.1　貨幣の信用創造

に回せるお金は 90 万円である。これが x 企業に貸し出され，x 企業がそれ
を B 銀行に預金すると，B 銀行の預金準備は 90×0.1＝9 万円となる。81 万
円が y 企業に貸し出される。これが C 銀行に預金されると，また，8.1 万円
が預金準備になるから，残りの 72.9 万円が z 企業に貸し出される。こうし
た循環の結果，銀行全体では 1,000 万円の預金が生じ，預金準備に 100 万円，
企業への貸出の総額は 900 万円になる。すなわち，当初の 100 万円を預金準
備率 0.1 の逆数（＝10）倍の信用創造が行われる。

貨幣乗数

　このような現金通貨と預金通貨の関係を示す信用創造のメカニズムを前提にして，
ハイパワード・マネーと貨幣供給との関係を調べてみよう。ハイパワード・マネー
を H，貨幣供給を M，公衆保有の現金（市中で流通している現金）を CU，預金を
D，銀行の現金保有を V，中央銀行への預け金を R とすると，

$$M = CU + D$$
$$H = CU + V + R$$

の関係があるから，両者の比をとると，次式を得る。

$$\frac{M}{H} = \frac{CU/D + 1}{CU/D + V/D + R/D}$$

この式は，R と D のみに関する信用創造の乗数のメカニズムをより一般的に示した
ものである。

　もし，この比率が安定していれば，ハイパワード・マネーを通じて貨幣供給が操
作できる。公衆の現金・預金保有比率 CU/D，銀行の現金・預金比率 V/D，そして，
中央銀行預け金・預金比率 R/D が比較的安定しているか，操作可能であれば，この
関係を利用して，ハイパワード・マネーを通じた貨幣供給のコントロールが可能と
なる。ハイパワード・マネーが何倍の貨幣供給をもたらすか，M/H を貨幣乗数ある
いは信用乗数と呼ぶ。

■ 3 つの比率

　ハイパワード・マネーと貨幣供給との関係を示すこれら 3 つの比率につい
て，考えてみよう。まず最初に，中央銀行への預け金・預金比率 R/D から
考える。R/D は法定準備率に等しいから，政策変数である。法定準備率を引
き上げると，R/D も上昇して，M/H は低下する。

表 5.6　貨幣乗数

定　　義	現金通貨と預金通貨の関係を示す信用創造メカニズム
中央銀行預け金・預金比率	法定準備率に等しく，この比率の上昇で貨幣乗数は低下する
銀行保有現金・預金比率	支払い準備のための現金保有：趨勢的には技術進歩で低下，貨幣乗数の上昇
公衆の現金・預金比率	家計の保有する現金保有：金利の上昇で低下，貨幣乗数の上昇

　次に，銀行が保有する現金と預金との比率である V/D の決定要因について，考えてみよう。銀行が支払い準備のために，法定の準備を超えてどれだけ現金を必要とするかは，取引需要としての貨幣需要に類似している。金融の技術進歩によって，銀行がより効率的に現金を管理できるようになれば，V/D は低下する。わが国においてもこの比率は趨勢的に低下しているが，これは金融の技術進歩に基づく可能性が大きい。また，利子率が上昇すれば，現金保有の機会費用（＝現金を持つことにより貸出に回されなかった資金が稼いだであろう利子収益）が高くなるので，銀行はなるべく現金準備を節約する。つまり，V/D の低下で，M/H は上昇する。

　一般公衆の現金・預金保有比率 CU/D も，金融の技術革新とともに低下する。金融取引における機械化の進展は，現金保有を節約する方向に働く。さらに，預金金利の上昇は公衆の現金保有の機会費用を増加させて，CU/D を低下させる。CU/D の低下によって M/H は増大する。以上の関係は，表 5.6 にまとめられる。

貨幣供給のコントロール

　このように考えると，貨幣乗数は利子率によって影響を受ける。中央銀行がハイパワード・マネーをコントロールしても，必ずしも貨幣供給量を正確にコントロールできるわけではない。利子率が上昇すれば，銀行は現金準備を節約し，また，公衆は現金保有を節約するだろう。したがって，貨幣供給は利子率の増加関数となる。もちろん，利子率が一定であれば，貨幣供給はハイパワード・マネーの乗数倍だけ増加する。貨幣供給は，政策変数であるハイパワード・マネーの増加関数であるとともに，利子率の増加関数でもある。ただし，近似としては，貨幣当局が貨幣供給をコントロールできると想定してもいいだろう。

Column —— 6	暗号資産

　暗号資産（仮想通貨）とは，インターネット上でやりとりできる財産的価値であり，資金決済に関する法律において，次の性質をもつと定義されている。

(1) 不特定の者に対して，代金の支払い等に使用でき，かつ，法定通貨（日本円や米国ドル等）と相互に交換できる

(2) 電子的に記録され，移転できる

(3) 法定通貨または法定通貨建ての資産（プリペイドカード等）ではない

　一般に，暗号資産は，「交換所」や「取引所」と呼ばれる事業者（暗号資産交換業者）から入手・換金できる。わが国では暗号資産交換業は，金融庁・財務局の登録を受けた事業者のみが行うことができる。代表的な暗号資産には，ビットコインやイーサリアムなどがある。暗号資産は，銀行等の第三者を介することなく，手数料なしで決済できるため，途上国で広く普及し始めている。

　自国通貨の信用力がなくドルに依存してきた中南米では，暗号資産を法定通貨にする動きがある。ベネズエラは 2018 年に暗号資産ペトロを発行した。エルサルバドルは 2021 年にビットコインを法定通貨とした。暗号資産は裏付け資産を持っていないから，利用者の需給関係やネット環境の変化などさまざまな要因によって，価格が大きく変動する。わが国のような先進諸国で広く普及するには課題も多い。

5.2　金融取引と金融機関

■ わが国の金融制度

　わが国の金融組織は，図 5.2 のようにまとめられる。中央銀行として，日本銀行が存在している。預金取り扱い金融機関としては，普通銀行（都市銀行，地方銀行など）や信託銀行という株式会社組織の銀行や，信用金庫，信用組合，農業協同組合などからなる共同組織の金融機関もある。

　また，証券市場での取引にかかわっている証券会社と証券金融会社や，保険会社，リース・信販会社などのノンバンクや，コール・手形市場などでの短期金融市場で専門的に取引の仲介をしている短資会社などもある。さらに，

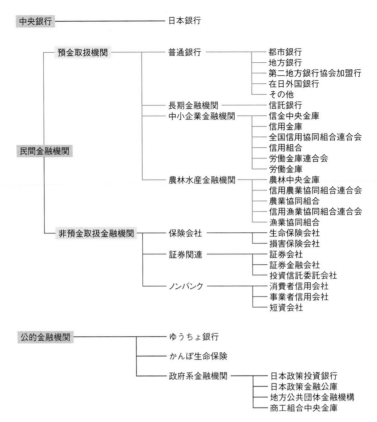

図5.2　日本の金融システム

民間の金融機関の補完として，政府系の金融機関も存在している。

　わが国の金融制度では，短期金融，長期金融，中小企業金融，農林水産金融などの分野において，専門の金融機関がきめ細かく分離されて，設立されていたが，最近ではその垣根は緩やかになっている。

■ 金融自由化の進展

　1970年代前半まで，わが国の金融システムは人為的な低金利政策のもとで金利が政策当局によって規制されるとともに，金融機関の間での業務のすみわけも固定化されており，店舗の展開も規制され，他の産業からの新規参

入も認められず，また，倒産という形での退出も認められないという護送船団方式が採用されていた。わが国の産業界のなかでも最も手厚く規制されていた産業であった。

その後，国債の大量発行と国際的な資本移動の活発化という2つのコクサイ化によって，わが国の金融システムは自由化に向けて次第に変化していった。国債の流通市場が整備され，市場での自由な金利の形成が進展するとともに，預金金利の自由化が次第に進展し，ついに1994年には預金金利は普通預金を含めて完全に自由化された。また，業務の守備範囲についても，証券と銀行間での相互乗り入れが進行した。店舗規制も廃止され，不良債権を抱える金融機関の倒産も現実に生じた。1998年には外国為替取引も全面的に自由化され，金融ビッグバン（大改革）が本格化した。1999年には株式売買委託手数料が自由化され，2005年にペイオフ（預金などの払い戻し保証額を元本1,000万円とその利息までに制限する措置）が解禁となった。金融産業も他の産業と同様に，市場メカニズムが働く産業に変化してきている。

■ 金融機関

金融仲介の専門機関は，大きく分けると，(1)銀行，保険会社などの金融仲介機関と，(2)証券業者に大別される。(1)を通じる資金の流れは間接金融，(2)を通じる資金の流れは直接金融と呼ばれる。

銀行など狭義の金融仲介機関の場合は，預金証書，保険証書などに代表される間接証券の発行を通じて調達した資金により，最終的な借り手に資金を供給する。これに対して，証券業者は，株式，債券など最終的な借り手が発行する証券（これを本源的証券という）を，貸し手に販売している。したがって，このケースでは，本源的な証券の取得に伴うリスクは，証券業者ではなく最終的な貸し手が負担することになる。**表5.7**は，金融に関係する経済主体をまとめている。

表5.7 金融の経済主体

貸し手：家計	余剰の資金を貸し付ける
借り手：企業	不足の資金を借り受ける
金融仲介：銀行，保険	間接証券を発行して調達した資金を借り手に供給：間接金融
証券業者	借り手の発行する本源的証券を貸し手に販売：直接金融

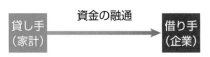

貸し手と借り手の間で資金を融通するのが，金融である。

図5.3 金融

■ 金融の機能

　図5.3に示すように，金融とは，企業などの資金不足の経済主体に対して家計などの資金余剰の経済主体から資金を融通することを意味する。金融取引に伴って借り手は返済の義務を負うが，これを金融負債という。また，貸し手が保有する資金の請求権は，金融資産である。このような債権・債務の関係を表す証券や株式などが金融商品であり，それが取引される市場が金融市場である。

　金融取引においては，借り手の将来の返済可能性が重要なポイントになる。高い金利で貸しても確実に将来返済されるなら，貸し手は喜んで貸すだろう。しかし，将来の返済に関してかなり不確実性があれば，貸し手は高い金利が約束されたとしても，貸したがらない。ここで問題となるのが，借り手の投資活動に関する情報の非対称性である。貸し手と借り手の間での情報の非対称性は，第7章でも説明するように，さまざまな問題を引き起こす。

　一般的に金融取引では，借り手がどの程度のリスクで投資にその資金を投入しようとしているのか，貸し手にはよくわからない。借り手にとっては自分の投資活動であるから，どの程度のリスクでどの程度の採算性があるのか，ある程度は予想できる。借り手の方が多くの情報を持っている点で，情報の非対称性がある。

　このとき，借り手が正直に投資のリスクと採算に関する情報を貸し手に開示すれば，貸し手はそれを参考にして，どの借り手にどれだけの資金を供給するかを決めることができる。一般的に貸し手は，リスクの高い借り手には高い金利を要求し，リスクの低い借り手には低い金利でも資金を供給する。リスクが高ければ，場合によっては貸した金が全額返済されないかもしれない。そうした可能性を考慮すると，高い金利を設定してはじめて，よりリスクの大きい借り手も資金を借りられることになる。貸す方でも，多少のリスクはあっても高い金利で資金を運用したいと考える人もいるだろう。リスクに応じて金利が調整されることで，さまざまな貸し手から借り手に資金が円滑に流れることになる。

　しかし，借り手にとっては低い金利で資金を供給してもらうのが常に望ましいから，投資のリスクと採算の情報を貸し手に正直に開示する動機はない。どんな借り手であっても，自分の投資は安全であるから低い金利で貸して欲しいと，借り手に要求するだろう。したがって，貸し手が主体的な判断で，借り手の支払い能力や支払い努力に関する情報を審査・分析・評価することが必要になる。これが，情報の生産活動である。

　金融取引においては，取引相手をみつけて取引条件で合意に達するまでの時間にかかる取引コストや，審査・監視活動にかかる情報コストがある。こうしたコストのために，最終的な貸し手である家計と最終的な借り手である企業とが直接取引を行う場合よりも，専門的な金融仲介業者を通して取引する方が，効率的な場合が多い。このように，金融仲介の最も基本的な機能は，金融取引にかかわる取引コストの削減や節約を通じて，金融取引を円滑にさせる点にある。

　特に，情報の生産に関しては，(1)規模の経済（規模が大きくなるほど，追加的な費用が減少して，平均費用が減少する）と，(2)範囲の経済（複数のサービスを生産する場合，それぞれを単独に生産するよりも，同時に結合して生産する方が費用を節約できる）がある。これら2つの理由により，情報の生産活動に特化した金融仲介専門機関に借り手の審査・監視を委ねる方が，効率的となる。

■ 資産変換機能 ─────────────────────────

　以上説明したように，金融取引の中心は資金の融通である。これは情報生産活動であり，金融の機能の代表的なものである。また，最近では資産変換機能と呼ばれるより広義な金融取引も活発である。すなわち，家計と企業との間でリスクに対する選好が相違する場合，資金の供給者からその主体に都合の良い金融手段を受け取り，それを資金の需要者の都合のよい金融手段に変換して供給する働きが，資産変換機能である。

　たとえば，家計は短期で資金を運用したいが，企業は長期で資金を調達したいと考えている。銀行の主要な業務は，短期の資金を家計から借り入れ，長期の資金として企業に貸し出すことである。期間の異なる資金を直接家計が企業に供給することはできないが，金融機関を仲介させることで，期間の調整を図ることが可能になり，円滑に資金が融通する。

　また，リスクの異なるさまざまな投資先に分散して投資することで，平均的には安定した金利を稼ぐことができる。このようなリスク分散機能は，金融機関を通じて，多くの貸し手の資金をさまざまな投資先に分散することで可能となる。

5.3　企業と金融

■ 株主と債権者 ─────────────────────────

　企業は株式や社債を発行して投資資金を調達する。株主は有限責任であり，企業の投資が失敗しても株式の価格が低下する（最悪の場合はゼロになる）以外の責任はとらない。しかし，投資が予想外にうまくいって利益が増大すれば，それをもとに多額の配当に参加することができる。

　これに対して，債券の投資者は投資がうまくいっても，規定の債券利率以上の収益を手にすることはできない。予想外の投資収益の拡大があっても，その利益は債券の投資者には配当されない。しかし，投資が失敗すれば，債券への投資額を全額回収することは困難である。

したがって，株主はリスクに対してかなり強い態度をとり，ある程度のリスクはあっても高収益が見込まれる投資を望む。これに対して，債券の投資者はリスクに慎重であり，リスクの少ない安全な投資先を望む。株主と債券の投資者の間で，投資に対する考えは必ずしも同じではない。

■ メインバンク ─────────────────────────────

　企業と銀行とは，資金の融通を通じて関係している。特に，わが国において企業と銀行との密接な関係を示す一つの重要な概念が，メインバンクである。メインバンクとは，企業と長期的・総合的な取引関係を維持している銀行であり，その企業に対する最大の融資元である。また，その企業の有力な株主にもなっている。さらに，資金的な関係の他にも，役員を派遣するなど，その企業と人的な関係を持っている場合も多く，その企業が経営上の困難に直面するときには，再建策の主導的な役割を果たすことになる。

　メインバンクが存在する理由は，銀行の企業に対する監視を効率的に行うためである。すなわち，企業の資金需要がある程度大きくなると，1つの銀行で集中的に資金を融資するよりは，複数の銀行が同時に融資するようになる。その場合，すべての銀行が融資先の企業の審査・監督機能を果たそうとすると，情報の生産コストが重複するため，非効率である。複数の銀行のうちいずれか一行が代表して監視者としての役割を果たせばよい。それがメインバンクである。

　この場合，過去の取引が多くあるほど，その企業の内部情報を多く蓄積しているから，情報生産のコストを低下できる。また，メインバンクがリスクをある程度負うことで，監視を積極的に行おうとする誘因も生まれる。したがって，人材面でも，また，再建策においても，その企業の投資活動に責任を持ってかかわる動機も生まれる。さらに，メインバンクが株主でもあることで，債権者としての銀行と株主としての銀行とが同時に存在し，債権者の利益とともに株主の利益も反映した企業行動をとるようになる。

■ 株式の持ち合い ─────────────────────────────

株式の持ち合いとは，企業同士がお互いに発行している株式の一部を保有し合う現象である。その目的としては，取引関係の維持・強化が考えられる。株式の持ち合いは，株主の経営参加権を希薄化させる効果を持っている。特に，企業買収の脅威から既存の経営者を保護する効果を持っている。

■ ストック・オプション ─────────────────────────

ストック・オプションとは，企業の従業員に対して，ある一定の価格で自社株を購入する権利を与えることである。たとえば，1株100円で1万株自社株を購入する権利を与えたとしよう。その企業の株が将来上昇して，1株1,000円になれば，その従業員は1万株を100万円で購入して，1,000万円で売却できるから，権利を行使すると，900万円の利益を上げることができる。

将来自社株が上昇すると従業員にとって自らの利益につながるので，こうした制度は，企業の業績を上げるように勤労意欲を高める効果を持っている。また，企業にとっても，当初は資金を全く必要としないで，有能な従業員を確保することができる。成長が見込まれる企業にとって，ストック・オプションの制度は有能な人材を確保する有力な手段となっている。

5.4 金融商品

■ 金融資産の分類 ─────────────────────────────

金融資産は，表5.8に示すように，大きく分けて，機能，収益の予見性，発生形態，取引形態の4つの観点から分類される。

まず第1に，金融資産はその機能によって，決済勘定資産と投資勘定資産に大別される。決済勘定資産は，各種の経済取引の決済に利用される金融資産であり，流動性は高いが収益性は低い。現金や要求払い預金（＝いつでも引き出し可能な預金）がその代表例である。これに対して，決済勘定資産以外のすべての金融資産は，投資勘定資産に分類される。定期性預金，信託，

表 5.8 金融資産の分類

機　　能	決済勘定資産		投　資　勘　定　資　産			
予 見 性	安　全　資　産				危　険　資　産	
発生形態	間　接　証　券				本　源　的　証　券	
取引形態	市場取引型	相　対　取　引　型			市場取引型	相対取引型
金融資産の具体的例示	現金	要求払預金	定期性預金, CD, 貸付信託, 保険	証券投資信託, 外貨預金, 変額保険	債券, 株式, CP	縁故債券

債券，株式などがこれに該当する。

　第2に，収益の予見性の観点からは，収益が確定しておりリスクがゼロの安全資産と，収益が不安定な危険資産に大別される。決済勘定資産は安全資産であり，投資勘定資産のなかでも定期性預金は安全資産に分類される。その他の投資勘定資産は危険資産である。

　第3に，金融資産は，最終的な資金の貸し手と借り手の間に介在する金融仲介機関の負債として供給される間接証券と，最終的な資金の借り手が供給する本源的証券あるいは直接証券に分けられる。

　最後に，取引形態における分類として，転売に制限がある相対取引型資産と，不特定多数の投資家を対象に転売可能な金融資産である市場取引型資産に分けられる。

■ 預貯金 ────────────────────────────

　預貯金は，家計や企業が保有する代表的な金融資産である。預金は，預け入れの期間に定めのない流動性預金（当座預金，普通預金など）と期間の定めのある定期性預金（定期預金など）に大別される。また，譲渡可能な定期性預金は，譲渡性預金として分類される。

■ 信　託 ────────────────────────────

　信託とは，他人による財産管理の形態（他人を信じて自己の財産の管理や

運用，処分を託すもの）を法的に整備したものである。金銭の信託では，家計などが資金を信託財産として信託会社に移転し，その代わりに信託会社から信託受益権証書を受け取る。

金銭の信託は，預貯金と比較して，次のような特徴がある。（1）預貯金の運用は金融機関の自由な裁量が認められるが，信託の場合は委託者自らが信託財産の運用方法を特定することができる。（2）預貯金では元本と約定金利以外の損益は金融機関に属するが，信託では信託財産の元本と損益はすべて委託者に属する。（実績配当主義）。

■ 債 券 ─────────────────────────

公社債は国，地方公共団体，企業などが発行する債務証書であり，発行主体別の分類として，国や地方公共団体が発行する公共債，一部の金融機関が発行する金融債，一般事業法人が発行する社債がある。償還日までの期間中は定められた条件に基づき利息が支払われ，満期日（償還日）に額面金額が償還されるという特徴がある。

国債は国が発行する債券であり，毎年度国会の議決を経た範囲内で一般会計の財源調達および国債償還の資金調達のために発行される。

■ 株 式 ─────────────────────────

株式は株式会社の株主としての地位を指すものであり，有価証券である株券で表され，自由に譲渡可能である。株主の権利としては，(1)会社が解散する場合に，残余財産の分配を受ける権利（残余財産分配請求権），(2)会社の利益の一部を受け取る権利（利益配当請求権），(3)株主総会に出席してその決議に加わる権利（議決権）などがある。

少額の株式に分割して，多くの投資家に保有されることで，企業の資金調達が円滑に進められる。

■ 派生商品 ─────────────────────────

デリバティブ（派生商品）と呼ばれる新しい金融手段も登場して，盛んに

用いられている。これは証券や通貨から派生する金融取引であり，それらの収益は証券や通貨の利回りに依存している。このようなデリバティブ取引を活用することで，銀行は資産変換機能をより効率的に行うことが可能になってきた。これらの取引は証券価格あるいは金利や通貨為替レートの変動から企業のリスクを守るため，また，市場の動きを予想して儲けるために用いられる。

たとえば，内外市場を対象とした金利裁定取引，通貨・金利スワップを用いての資金調達コストの確定や引き下げ，市場リスク・ヘッジのための外国為替，金利，株価などの先物・オプションの売買などである。**表 5.9** を参照されたい。

表 5.9　新しい金融手段

デリバティブ	証券や通貨から派生するさまざまな技術的な手法を用いた取引
スワップ	同額の直物（現時点の取引）と先物（将来時点の取引）の売りと買いを組み合わせて行う取引
先　　物	将来の特定日に対価を受け渡しする約束を，現在の時点で行う取引
オプション	特定の商品を特定の期間または期日に，特定の価格（権利行使価格）で買う権利（コール・オプション）または売る権利（プット・オプション）を売買する取引

Column——7　証券化

　証券化（セキュリタイゼーション）とは，企業などが持っている個別の資産を担保にして有価証券を発行することによって資金調達をする手法のことである。ローン債権，リース債権，不動産などの資産が担保になり，その資産から発生する金銭（キャッシュフロー）を元利払いの根拠にする。企業が直接社債や株を発行するのと違い，特別目的事業体（SPV: Special Purpose Vehicle）などが間に介在する。発行した商品を資産担保証券（ABS: Asset Backed Securities）という。不動産の証券化には，以下のような意義がある。

　[1]　個人金融資産の資産配分をより豊かにする

　[2]　新たな資金調達手段として不動産事業を活発化する

　[3]　不動産投資を小口化することにより，個人投資家の不動産投資を可能にする

[4] 十分な情報開示のもとで不動産取引が行われ，透明な不動産市場の形成にも貢献する

まとめ

●貨幣需要は，利子率の減少関数であり，国民所得の増加関数である。中央銀行がハイパワード・マネーをコントロールしても，必ずしも貨幣供給量も正確にコントロールできるわけではない。貨幣供給は政策変数であるハイパワード・マネーの増加関数であり，利子率の増加関数である。

●金融とは，家計などの資金余剰の経済主体から企業などの資金不足の経済主体に資金を融通することである。このような債権・債務の関係を表す証券や株式などが金融商品であり，それが取引される市場が金融市場である。貸し手が主体的な判断で，借り手の支払い能力や支払い努力に関する情報を審査・分析・評価することが，情報の生産活動である。金融仲介の最も基本的な機能は，金融取引にかかわる取引コストの削減や節約を通じて，金融取引を円滑にさせる点にある。家計と企業との間でリスク選好が相違する場合，資金の供給者からその主体に都合のよい金融手段を受け取り，それを資金の需要者の都合のよい金融手段に変換して供給する働きが，資産変換機能である。

●わが国の企業と銀行との関係を示す重要な概念は，メインバンクと株式の持ち合いである。金融資産は，機能，収益の予見性，発生形態，取引形態の4つの観点から分類される。

重要語

□貨幣需要　　　　　　　□機会費用　　　　　　　□貨幣供給

□ハイパワード・マネー　□信用創造　　　　　　　□金融機関

□間接金融　　　　　　　□直接金融　　　　　　　□金融

□金融商品　　　　　　　□金融市場　　　　　　　□情報生産

□資産変換機能　　　　　■メインバンク　　　　　■株式の持ち合い

□金融資産

問　題

■1　貨幣保有の機会費用とは何か。

■2　次の文章の（　）に適当な用語を入れよ。

（ア）　銀行，保険会社などの金融仲介機関を通じる資金の流れは，（　）と呼ばれる。

（イ）　貸し手が保有する資金の請求権は，（　）である。

（ウ）　金融取引の中心は資金の（　）である。

（エ）　情報の生産には，複数のサービスを同時に生産する方が費用を節約できるという（　）の経済がある。

（オ）　企業と長期的な取引関係のもとで最大の融資元になっている銀行が，（　）である。

■3　法定準備率が4％，民間の現金保有の預金に対する比率が7％，銀行の現金保有の預金に対する比率が1％のとき，貨幣乗数を求めよ。

■4　次の文章のなかで正しいものはどれか。

（ア）　金融取引では，借り手がどの程度のリスクで投資にその資金を投入しようとしているのか，貸し手にはよくわからない。

（イ）　貸し手は，リスクの高い借り手には低い金利を要求し，リスクの低い借り手には高い金利でも資金を供給する。

（ウ）　金融取引の中心は資金の融通である。

（エ）　株主と債権者の投資に対する考えは常に同じである。

（オ）　メインバンクが存在する理由は，企業の銀行に対する監視を効率的に行うためである。

6 ミクロ市場

　本章では，ある財やサービスの需要と供給がどのように出会って，市場での取引が行われるのかを，ミクロ的な視点で説明する。

1. 個々の企業や家計が無数に存在している完全競争市場の均衡について説明する。
2. 完全競争市場での財やサービスの取引によって，家計や企業がどのような利益を上げているのかを説明する。
3. 少数の企業が価格支配力を持っている寡占市場は，現実の経済では無視できない。完全競争市場とは異なる寡占市場での企業行動を説明する。

6.1 完全競争

■ プライス・テイカー ─────────────────────

　すでに，消費行動の説明や企業行動の説明の際も触れたように，個々の家計と企業は一定の市場価格のもとで，いくらでも好きなだけ需要（購入）あるいは供給（販売）することができると想定している。その結果，市場で決まる価格を自らはコントロールできない（自らの需要量，供給量が変化しても，市場価格には何の影響も与えない）ものとして，それぞれ最適な計画を立てている。

　これは，図6.1 に示すように，個別の家計にとって自らが実感する供給曲線が市場価格で水平線であり，個別の企業にとっても自らが実感する需要曲線が市場価格で水平線であると解釈できよう。このように市場価格を一定と

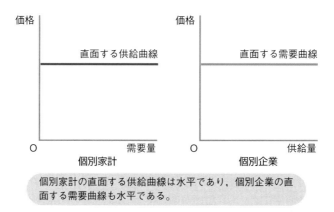

図6.1　プライス・テイカー

受け取っている経済主体をプライス・テイカー（価格与件者）と呼んでいる。完全競争市場では，すべての経済主体がプライス・テイカーとして行動する。

　したがって，個々の経済主体の規模はそれほど大きくはない。家計であれば，ある特定の経済主体が巨額の資産や所得を保有して，ある財を大量に購入する状況は想定していない。企業の場合も，ある特定の大企業が大量に1つの財を供給するケースは，完全競争市場では考えにくい。いい換えると，完全競争市場では家計や企業の数がかなり多い（いわば無数に存在する）と考えている。

■ 完全競争

　完全競争市場は市場メカニズムを分析する際の基本的な市場概念である。リンゴ，ミカンなどの農産物をはじめ，多くの財・サービス市場ではある特定の企業が価格支配力を持っていない。もちろん，現実の多くの市場では，大企業がある程度の価格支配力を持っているケースもある。しかし，この節ではそうした不完全競争市場を分析する前に，完全競争市場での価格調整メカニズムを考察する。そうすることで市場取引での利益が明確になり，また，6.3節で対象とする不完全競争市場での分析や，第7章でのミクロ的な観点からのさまざまな弊害もより明らかにされるだろう。

■ 需要と供給 ──────────────────────────

　これまでの第2，3章で，ある財の市場において家計全体の需要曲線と企
業全体の供給曲線を導出した。この章では，それら2つを総合して，完全競
争市場における均衡価格，取引量の決定と市場メカニズムの持っている資源
配分機能について考察しよう。

　まず，ある財の市場で取引される生産，需要水準と市場価格水準の決定に
ついて，みておこう。図6.2は縦軸にこの財の価格p，横軸にこの財の供給
量および需要量yを表している。需要曲線y_Dは右下がりであり，供給曲線
y_Sは右上がりである。2つの曲線の交点Eが市場均衡点である。

　消費者はE点で成立する市場価格p_Eのもとで，最も望ましい需要量y_Eを
購入しており，また，企業もp_Eのもとで，最も望ましい供給量y_Eを生産し
ている。E点では供給＝需要であるから，市場均衡ですべての人々の主体的
均衡が満足されている。需要曲線，供給曲線の背後には各経済主体の主体的
な最適条件がある。各経済主体は，均衡価格p_Eのもとでいくらでも需要で
きる，あるいはいくらでも供給できるという前提で，自らの最適な需要量，
供給量を決定する。そして，それが実際に市場での交換を通じて実現する。
表6.1は完全競争市場の特徴をまとめている。

■ 均衡の存在 ──────────────────────────

　家計の需要曲線が通常は右下がり，企業の供給曲線が右上がりだからとい
って，必ず両曲線が交わり，市場均衡点Eが存在するとは限らない。図
6.3は，市場で需給が一致せず，均衡点が存在しないケースを描いている。

　まず図6.3-(イ)では，価格がゼロになっても需要よりも供給の方が大き
いケースである。このとき，均衡価格はゼロであり，家計は無料でその財を
消費することができる。このような財は自由財であり，空気がその例である。
図6.3-(ロ)では，供給量がゼロであっても供給曲線の方が需要曲線よりも
上にくるケースである。この場合は，この財に対する家計の評価が低いか，
企業の生産コストが割高かいずれかの理由で，この財が市場で供給されない。
採算上，その財の市場が成立しないケースである。たとえば，宇宙旅行，ソ

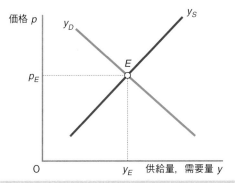

市場均衡点Eでは，需要と供給が等しい。この点は，需要曲線yDと供給曲線ySの交点で与えられる。

図6.2　市場均衡

表6.1　完全競争市場

家 計	一定とみなしている価格のもとで主体的均衡にある
企 業	一定とみなしている価格のもとで主体的均衡にある
価 格	需給を一致させる水準に決定される

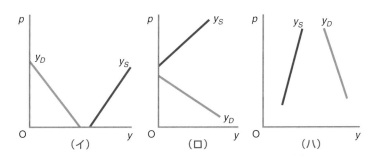

（イ）では，価格がゼロでも需要が供給よりも小さい自由財である。（ロ）では，生産量ゼロでも供給曲線の方が需要曲線よりも上方にある。家計の評価の割には生産コストが高すぎる。（ハ）では，価格がどんなに上昇しても常に需要量の方が供給量よりも大きい。

図6.3　均衡が存在しないケース

ーラー・カーの市場などがこの例である。**図 6.3-(ハ)** では，価格がどんなに上昇しても常に需要量の方が供給量よりも大きなケースである。このとき，常に超過需要が存在するので，価格は上昇を続けるだろう。バブル期に値上がりを続けた有名画家の絵画などがその例である。

競り人

通常の需要，供給曲線を前提として，経済的に意味のある均衡点 E が存在するとしよう。では，均衡価格 p_E あるいは均衡供給＝需要水準 y_E はどのようにして実現するだろうか。完全競争市場では，家計も企業も市場価格をコントロールできないプライス・テイカーとして行動する。完全競争市場では，家計あるいは企業に価格を調整する能力はない。価格は，需要と供給が一致するように市場で調整される。

そこで，市場で価格の調整を行う競り人（オークショナー）を想定する。競り人は，ある価格を市場価格として家計や企業に提示する。家計や企業は，その価格を所与としてそれぞれにとって最適な需要量，供給量を決定し，その値を競り人に報告する。競り人はすべての家計の需要量を合計して総需要量を算出する一方で，すべての企業の供給量を合計して総供給量を算出する。総需要量と総供給量が一致すれば，そこでの価格が均衡価格であり，それに基づいて家計と企業間で財の取引が行われる。

また，総需要量と総供給量とが一致しなければ，競り人が提示価格を変化させて，**図 6.4** に示すように，総需要量，総供給量が一致するまで競りを続行する。総需要量が総供給量よりも多い超過需要の場合は価格を引き上げ，また，総需要量が総

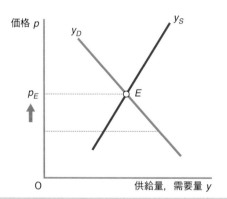

超過需要があれば，競り人は価格を上昇させる。その結果，
均衡価格に到達することができる。

図6.4　競り人

供給量よりも少ない超過供給の場合は価格を引き下げることで，最終的に需給が一致して均衡価格が実現される。

　競り人が実際に存在するのは，骨董品や魚の市場など少数の市場に限定される。しかし，通常の市場でも仮想的に競り人を想定することで，有益な分析ができる。

6.2　完全競争市場のメリット

■ 市場取引の利益

　市場で家計が財を購入し，企業が財を販売することは，個々の経済主体にとっては自らの主体的な意思決定の結果である。政府など他の第三者に強制されたものではない。家計は自らの満足度＝効用水準が高くなるから，市場価格でその財を購入する。また，企業も自らの利潤が大きくなるから，市場価格でその財を販売する。家計と企業が市場で取引することで，お互いに利益を上げている。では，金銭単位で図ると，企業と家計はどの程度の利益を上げているだろうか。

■ 生産者余剰の大きさ

　企業の利益は利潤である。これは金銭単位で表示されるから，図で表すことも容易にできる。単純化のために，固定費用はないものとしよう。利潤の大きさは，販売収入マイナス生産費用である。これは，価格と供給曲線との間の面積で表される。供給関数は，1単位当たりの追加的な生産費用を示す限界費用曲線だからである。**図 6.5** で $p_E EB$ の大きさが企業の利潤の大きさであり，企業がこの財を市場で販売することによる利益（＝生産者余剰）を示している。

■ 消費者余剰の大きさ

　家計にとって財を購入する利益は，効用の増加である。これを金銭表示すると，**図 6.6** でどの面積で表されるだろうか。家計の主体的な均衡条件は，

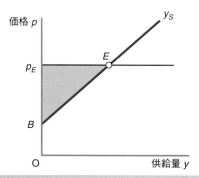

市場で取引することで生じる企業の利益は利潤であり，面積 $p_E EB$ の大きさで表される。

図6.5　生産者余剰

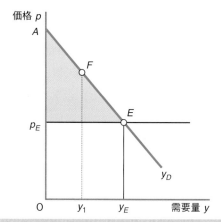

家計にとって財を購入することで生じる利益である消費者余剰は，需要曲線と価格線との間の面積 AEp_E で表される。

図6.6　消費者余剰

価格と限界メリットが一致することである。限界メリットは，家計にとってその財を消費する限界的な評価を示している。すなわち，**図6.6** でその財を y_1 まで購入しているとき，追加的にもう1単位購入を増加させたときの限界的な評価の大きさが，y_1 での需要曲線の高さ＝ y_1F の大きさである。これは，家計のその財に対する限界的な支払い能力である。

　たとえば，ケーキの価格が1個700円なら1個，500円なら2個，300円

なら3個消費したいと考えている家計は，1個目のケーキの限界評価を700円，2個目のケーキの限界評価を500円，3個目のケーキの限界評価を300円とみている。

したがって，この財をE点まで消費することから得られる家計の評価の総額は，AEy_EOの大きさで表すことができる。これに対して，y_Eまでの購入に必要な所得は，Ey_EOp_Eであるから，これとの差額$AEp_E = AEy_EO - Ey_EOp_E$は，家計が$y_E$までこの財を購入することで得られるネット（差し引き）の利益を示している。これが効用の増加分を金銭表示した大きさであり，消費者余剰と呼んでいる。

上のケーキの例であれば，1個300円で3個購入する際の消費者余剰は，$700 + 500 + 300 - (300 + 300 + 300) = 600$円となる。

■ 社会的厚生の大きさ

消費者余剰は需要曲線と均衡価格を通る水平線との間の面積であり，生産者余剰は供給曲線と均衡価格を通る水平線との間の面積である。**表6.2**に示すように，消費者余剰と生産者余剰の合計が社会的余剰であり，**図6.7**では面積AEBの大きさで示される。これは需要曲線と供給曲線との間の面積に相当する。この大きさが，市場均衡で実現する市場取引の結果，社会全体に発生する総余剰＝社会的厚生の増加である。

なお，完全競争市場で取引が行われると，この社会的厚生が最も大きくなる。逆にいうと，次章で説明するように，不完全競争市場では完全競争市場と比較して，社会的な厚生（＝余剰）が小さくなってしまう。たとえば独占市場では，企業の利潤は独占的な行動によって完全競争市場よりも大きくな

表6.2 市場取引の利益

消費者余剰	財を購入することで得られる消費者の効用の増加の金銭表示 需要曲線と価格線との間の面積
生産者余剰	財を販売することで得られる企業の利潤 供給曲線と価格線との間の面積
社会的余剰	消費者余剰＋生産者余剰

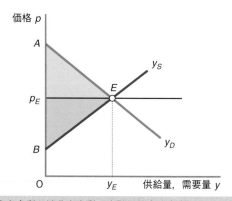

生産者余剰と消費者余剰の合計が社会的余剰であり，面積
AEBで表される。

図6.7　社会的余剰

るが，家計の消費者余剰の方が小さくなり，結果として，社会的な余剰は完
全競争市場よりも小さくなってしまう。あるいは，政府が市場に介入して人
為的に資源配分を変えると，社会的な余剰は減少する。

■　見えざる手

　完全競争市場では，社会的に必要とされる財・サービスの生産が十分に行
われるように価格調整が図られる。その財の社会的な必要度が価格という客
観的尺度で市場で表明されるために，その価格をシグナルとして企業や家計
が経済行動を行うことで，結果として，社会的に最適な資源配分が実現する。
個人レベルでの意思決定では，自らの効用や自らの利潤の最大化のみを考慮
して，私的な利益を追求していても，それが価格というシグナルの調整を通
じて，資源の効率的な配分をもたらし，社会的にも望ましい状態が達成され
る。

　これが，アダム・スミスの見えざる手の言葉で有名となった価格の資源配
分機能である。価格による調整が行われることで，社会的に必要性の高い財
に多くの資源が投入され，社会的に必要性の低い財にあまり資源が投入され
ないという，資源配分からみて望ましい状態が実現する。

社会的な必要性

たとえば，家計が（同じ価格でも）いままでよりもある財をより多く需要したいと考えるようになった結果，ある財の需要曲線が右上方にシフトしたと想定しよう。こうした場合，社会的にその財・サービスに対する評価が大きくなることを意味する。

これは市場価格の上昇を引き起こし，既存企業の生産拡大をもたらすとともに，他の産業から新しい企業が参入する動機も与える。市場価格が高いことは企業にとってみれば，採算上有利な条件ある。その結果，その財の供給全体が刺激され，市場での供給曲線も右下方にシフトする。このようにして，社会的な必要性の高い財・サービスの生産に多くの資源が投入される。

逆に，需要曲線が左下方にシフトして，その財の社会的な必要性が小さくなっていくと，市場価格は低下する。企業にとってその財を生産することがあまり有利ではなくなるから，その財の生産を縮小し，やがてはやめる企業が出てくる。企業は価格のより高い財の生産へと資源の転換を図ることになる。

また，供給曲線のシフトも同様な社会的必要性の変化を反映している。供給曲線が左上方にシフトする場合，その財を生産することがコスト的に割高になることを意味する。そうした高い生産コストを払ってまで，その財を生産するのが社会的に望ましいのは，そうした財に対する需要サイドでの評価が高い場合に限定される。価格の変化が需要の変化にあまり影響を与えず，需要曲線が非弾力的であれば，どんなにコストがかかっても，その財を生産することが望ましい。しかし，価格の変化以上に需要の変化が大きく，需要曲線が弾力的であれば，価格の上昇によって他の代替的な財へ需要が逃げていく。そのようなケースでは，高いコストをかけてまで，その財を生産しても社会的にはあまり意味がない。

逆に，供給曲線が右下方にシフトするときには，より安いコストで生産が可能になるから，その財の生産により資源を投入することが望ましい。もちろん，この場合も需要曲線の弾力性が高いほど，資源の投入が望ましい。需要曲線が非弾力的であれば，生産コストが割安になっても，それほど需要が拡大しないために，あえて資源をそれ以上投入する必要はない。

| Point——5 | 厚生経済学の基本定理とパレート最適 |

アダム・スミスの「見えざる手」の言葉で有名となった価格の資源配分機能は，「厚生経済学の基本定理」としてまとめられる。すなわち，競争均衡であれば，必ずパレート最適である（第1の定理）。また，パレート最適を満たすどんな資源配分であれ，適切に生産要素や消費財の経済主体間での初期保有配分が調整されれば，そうした資源配分を競争均衡として実現することも可能である（第2の定理）。

パレート最適とは，誰かの効用を下げることなしには，他の誰の効用も上げることができない状況である。たとえば，A，Bともにリンゴ1個目の効用が80，2個目は40，3個目は10で，ミカン1個目の効用が40，2個目は30，3個目は10だとする。Aがリンゴ3個，Bがミカン3個を持っている状況（ア）では，A，Bの効用はそれぞれ130と80である。ここで2人がリンゴとミカンを1個ずつ交換すると，Aの効用はリンゴ2個で120，ミカン1個で40の総計160，また，Bの効用はリンゴ1個，ミカン2個で同じく150になる（イ）。つまり，2人ともに効用が増加する。これは，当初の資源配分（ア）がパレート最適でないことを意味する。さらに，もう1個ずつ2人で交換すると，Aがリンゴ1個，ミカン2個，Bがリンゴ2個，ミカン1個となり，このときの効用はAが150，Bが160になる（ウ）。（イ）と（ウ）の資源配分を比較すると，どちらかの効用が増加すれば，どちらかの効用は減少する。したがって，（イ）（ウ）はともにパレート最適な資源配分である。

6.3　寡　占

■ 寡占と複占

表6.3にまとめているように，ある産業で財・サービスを供給する企業の数が少数に限定されており，したがって，それぞれの企業が価格支配力をある程度持っており，他の企業の行動によって影響される状態を，寡占という。寡占のなかでも特に企業の数が2つに限定されている場合が，複占である。

ある財の市場がどの程度の寡占的状況であるのかは，いろいろな要因に基づいている。たとえば，日本ではビールは事実上4社の寡占であるが，外国

表6.3　完全競争と寡占

	完全競争	寡　　占
企業の数	無数	少数：2つ以上（2つ＝複占）
価格支配力	なし	あり
余　　剰	消費者，企業ともに最大	消費者の余剰を犠牲にして，寡占企業の利潤が増加

では多くの企業がビールを生産している。他方で，日本酒の市場ではかなり多くのメーカーが競合している。これは歴史的な背景もあるだろうが，ビールの生産に対する規制の影響が大きい。

■ 同質財と差別財 ─────────────────────────────

　寡占市場で取引される財は，同質財と差別財の2つのケースがある。同質財の場合は，複数の企業の生産する財が需要者にとって同じ財であり，どの企業が生産したのかは無差別となる。これに対して，差別財の場合は，個々の企業の生産する財がたとえ機能的にはほとんど同じものであっても，需要者にとって無差別ではなく，どの企業が生産したかという情報もある程度意味を持ってくる。寡占市場では，通常，資本財や中間財など企業に対して販売される財には同質財のケースが多く，逆に，消費者に対して販売される財には差別財が多い。

　同質財の場合は，競争相手の企業がどのような価格を設定するかが，直接自分の企業の価格設定に影響する。他の企業よりも相対的に高い価格を設定すると，その財を市場で販売することは事実上できなくなるからである。これに対して，差別財の場合は，他の企業の価格設定も影響するものの，ある程度自由に自分の企業の価格を設定できる。競争相手の企業の価格よりも多少高い価格を設定しても，それでその企業が全く販売できないことにはならない。

■ 屈折需要曲線の理論 ───────────────────────────

　寡占市場での企業は，独占市場や完全競争市場での企業と異なり，他の企業

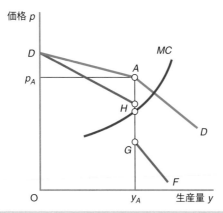

A点で屈折した個別需要曲線が屈折需要曲線 DAD である。
これに対応する限界収入曲線は，DHとGFの2つの曲線に
分かれる。HGの部分で限界費用曲線が交われば，この企
業の主体的均衡点での価格はp_A，生産量はy_Aとなる。

図6.8　屈折需要曲線

の行動に無関心ではいられない。企業間の相互依存関係が，寡占市場での価格形成や生産水準にも影響を与えるからである。最初に，差別財の寡占市場における価格硬直性を説明する有力な概念である屈折需要曲線を紹介しよう。

　いま，差別財を生産するある企業の直面する個別需要曲線が図6.8のような形をしていると想定しよう。個別需要曲線は，独占企業の直面する需要曲線と同様に，右下がりである。すなわち，その寡占企業がより多くの財を販売するには，価格を低下させなければならないし，逆に，生産を抑制すれば，ある程度価格を上昇させることができるだろう。ただし，独占企業と異なり，その企業の直面する個別需要曲線が他の企業の行動にも依存している。屈折需要曲線は，この個別需要曲線が図6.8にあるようにA点で屈折している曲線である。

　これは次のように説明される。現在のA点から価格をその企業が引き上げたとしよう。このとき他の企業は価格の引き上げに追随しないと考えると，その企業の財の価格だけが割高になってしまう。寡占市場では製品差別化などの理由で，価格が多少高くてもその企業に対する需要がゼロに落ち込むこ

とはないだろう。それでも価格を引き上げると，その企業の財の魅力は小さくなり，需要が大きく落ち込むことが予想される。そのために，需要曲線の傾きは A 点の左上方ではより水平に近くなる。

逆に，A 点からその企業が価格を引き下げるとしよう。今度は，他の企業は，自分たちの財の価格競争力がなくなるのを恐れて，同様に価格の引き下げを図るだろう。他の企業がある程度価格を引き下げれば，その企業の財の価格競争力がそれほど増すことにはならない。したがって，その企業が価格を引き下げても，その企業に対する需要はそれほど拡大しない。いい換えると，A 点の右下方では需要曲線の傾きはかなり急になる。

このような状況では，寡占企業の設定する価格は硬直的となり，少しのショックには反応しなくなる。寡占企業が価格を引き上げなくなるのは，自らだけが価格を引き上げると，その企業の需要が大きく落ち込むと考えるためである。また，価格の引き下げにも消極的になるのは，自らの価格の引き下げには他の企業も追随するので，あえて引き下げても自らの財に対する需要を拡大する効果が小さいと判断するからである。

企業の利潤最大化行動

このような企業の利潤最大化行動を，図を用いて説明しよう。以上 2 つの価格変化をまとめると，図 6.8 のように屈折した需要曲線 DAD が想定できる。こうした需要曲線を前提として，この寡占企業の利潤最大化行動を考えてみよう。利潤最大化条件は，独占企業同様に限界収入と限界費用が一致する点で与えられる。図 6.8 では，屈折需要曲線に対応する限界収入曲線 $DHGF$ も描いている。A 点で需要曲線が屈折している場合，限界収入曲線は DH と GF の 2 つの曲線に分かれて描かれる。すなわち，限界収入曲線は全体としてみれば，$DHGF$ という折れ曲がった形をとる。

さて，限界費用曲線 MC が図 6.8 のように HG のところで限界収入曲線と交わるとしよう。このとき企業の生産水準は y_A であり，価格は p_A である。ここで，何らかの外生的なショックが生じて限界費用曲線が少し下方にシフトしたとしよう。図 6.9 に示すように，限界費用曲線が少しシフトしても，まだ HG の間で限界収入曲線と交わっていることには変わりがない。その結果，生産水準も価格水準も当初と同じまま（y_A と p_A）である。

これは，限界費用曲線が少し上方にシフトした場合でも，同様に当てはまる。外生的なショックがあっても，価格や生産量を変化させないのは，A 点で需要曲線が

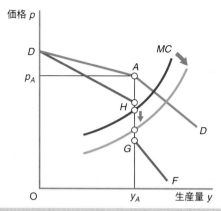

限界費用曲線が少しシフトしても，*HG*の部分で限界収入曲線と交わっている場合には，この企業の最適な価格はp_Aのままであり，生産量もy_Aのままである。

図6.9　価格の硬直性

屈折しており，限界収入曲線に HG の幅が生まれるからである。

■ カルテル ────────────────────────────

　寡占市場では，他の企業の行動によって自らの利潤が大きな影響を受ける。特に，独占企業と比べると，他の企業と価格や生産量をめぐる競争の可能性がある分だけ，企業は独占利潤を完全には手にすることができない。逆にいうと，もし寡占企業間で協力が可能であり，生産量や価格水準について合意形成ができるのであれば，かりにすべての企業が合併して単一の独占企業として行動した場合の独占利潤を，寡占企業全体としては獲得できる。それを企業間で分配すれば，そうした協力をしないで寡占企業がバラバラに生産や価格の決定を行う場合よりも，各企業にとっては利潤が大きくなる。

　したがって，寡占企業はカルテルを形成して，協調して価格を上昇させたり，生産量を抑制させたりする動機がある。特に，同質財を生産している寡占企業間では，価格競争が厳しくなると，お互いに損をすることになるから，カルテルを形成する誘因が大きい。

　しかし，カルテルは寡占市場で必ずしも常に生じて，しかも，安定的に維

表6.4　カルテルの意味

メリット	協調して価格を上昇させて，利潤を増大できる
デメリット	不安定：他の企業がカルテルを維持するのであれば，破棄して増産した方が利潤は増大する

持される現象とは限らない。カルテルを破棄する動機が個々の企業にある。他の企業がカルテルを維持しているとしよう。価格を高めに維持するために生産量を抑制しているケースである。このような状況で，ある1つの企業がカルテルを破棄して，生産を拡大したとしよう。他の企業がカルテルを維持し続けるとすれば，カルテルを破棄する企業の方が利潤は大きくなる。

なぜなら，カルテルは生産抑制行為であるから，その企業からみれば限界収入よりも限界費用の方が低い状態が生まれている。1つの企業だけが価格を引き下げて生産を拡大すると，その企業は大きな利潤を獲得する。もちろん，すべての企業が生産を拡大すれば，結果として，カルテルを全企業で維持するケースよりも，個々の企業が手にできる利潤は小さい。

しかし，1つの企業だけがカルテルから抜けることで，その企業は大きな利潤が得られる。こうした誘惑は，カルテルに参加しているすべての企業に共通である。したがって，カルテルは参加企業に強制力を持たせることがきわめて困難である。すなわち，表6.4に示すように，カルテルは不安定である。

■ 囚人のディレンマ ─────────────────────

実は，カルテル行為のこうした問題は，表6.5のようなゲーム理論で考えると，囚人のディレンマのゲームに他ならない。2人の囚人は取り調べに対して，「自白する」か「自白しない」か，という2つの戦略を持っている。自分が自白しないと，相手の囚人の利益になり，お互いに自白しないと，2人ともに利益を受ける。しかし，自分だけ自白して相手に罪をかぶせると，自分としては大きな利益が期待できる。自分にとって最も好都合なケースは，自分だけが自白して相手が自白しないケースである。したがって，2人のプ

表6.5　ゲーム理論

プレーヤー	ゲームをする主体
戦　略	プレーヤーの選択できる手段
ペイオフ	プレーヤーがある戦略を選択するときの，各プレーヤーの利得

表6.6　カルテルのゲーム

	協　力	非協力
協　力	10, 10	0, 20
非協力	20, 0	5, 5

レーヤーが合理的に行動するのであれば，2人とも「非協力」の戦略（＝自白する）を選ぶことになる。その結果，2人の囚人が共に損をする。

「囚人のディレンマ」というゲームの特徴は，カルテルにも当てはまる。いま，2つの企業がお互いに協力して，生産量を抑制し，価格の上昇を目的とするカルテルを形成するか，あるいは，協力しないで自らの生産量を拡大して，自らの利益のみの確保を図るか，2つの戦略があるとしよう。このゲームのペイオフ（各企業の利潤）は**表6.6**にまとめられている。カルテルを形成すれば，お互いに10のペイオフを手にすることができるが，カルテルに相手が入ってる状況では，自分だけ抜けることで20のペイオフを獲得できる。しかし，お互いにカルテルから抜けてしまうと，5のペイオフしか得られない。

こうした囚人のディレンマのゲームでは，結果としてすべての企業がカルテル破りを行い，カルテルは成立しない。

■ 長期的な運命共同体 ─────────────────────

ただし，もし無限の先まで考慮してカルテルが形成されている場合には，カルテルが長期的に維持可能である。前回までカルテルに入っていた企業が今回もカルテルに入るか，あるいは抜けるかという選択を考えてみる。前回相手が非協力でなければ（＝協力であれば），今回自分は協力する。しかし，前回相手が非協力であれば，今回以降永遠に自分も非協力を選択する。

表 6.7　長期的なゲーム

	1	2	3	4	5
非協力	20	5	5	5	5
協　力	10	10	10	10	10

　このような戦略を**表 6.7**で考えてみよう。今回カルテルから抜けると，20 の利潤がある。しかし，来期以降はカルテルがもはや形成されないので，自らの利潤は 5 に減少してしまう。他方で，今回もカルテルに入っていると，今回のみならず，来期以降もずっと 10 の利得を獲得できる。**表 6.7** が示すように，この 2 つの戦略の利潤を比較すると，現在の利得よりも将来の利潤を重視する限り，今回あえてカルテルから抜けない戦略の方が，得になる。カルテル破りをすると，将来他の企業から報復を受けるので，それを考慮すると，すべての企業にとって目先の利潤を拡大するために，あえてカルテル破りを行う動機は小さい。

　このような長期的なゲームが当てはまるのは，寡占市場での企業の数が固定されていて，同じ企業間で長期的にカルテル行為が可能な運命共同体としての市場であろう。逆にいうと，他の産業から企業が参入したり，他の産業へ企業が退出している市場では，長期的な視野でカルテルの損得を考えることは，困難であろう。そうした市場では，効果的な意味のあるカルテル行為は形成されにくい。

■ ゲーム理論の紹介：繰り返しゲームとフォーク定理 ──────────
　ゲーム理論ではプレーヤーと呼ばれる意思決定の主体が登場する。各プレーヤーが選択できる手を戦略と呼んでいる。そして，各プレーヤーがそれぞれ特定の戦略を選択した結果として，各プレーヤーが手にすることのできる利得をペイオフと呼んでいる。経済学の例であれば，家計のとる戦略としてはどの財をどれだけ消費するか，寡占的な企業の場合には，自社の生産量をどのくらいにするか，またその価格付けをどうするかなどであり，ペイオフは家計の効用や企業の利潤の大きさである。

　また，どのような戦略がお互いに選択可能であるのか，その結果どのような
なペイオフが実現するのかというゲームの構造や，さらにお互いに合理的に
行動するということを，各プレーヤーは知っていると考える。

　囚人のディレンマのゲームで実現する解は（非協力，非協力）であった。
しかし，1回限りであれば非協力しか考えないプレーヤーであっても，何度
も同じゲームを同じ相手と繰り返す場合には，お互いに協力し合って，とも
に利益を分かち合おうとする誘因が生まれるかもしれない。寡占企業間での
カルテル行為などにみられる協力行動は，交渉相手が固定され，何度も同じ
ゲームを行っている状況でみられる行動であろう。

　無限回の繰り返しゲームでは，今回協力することで，将来の損失を回避す
る誘因が生まれる。もちろん，このとき今回協力しなければ，すなわち，自
分だけ自白して相手が自白しなければ（非協力，協力），自分の利得はかな
り大きい。

　一般的にいうと，このような繰り返しゲームでのペイオフを u_t，将来の自
分のペイオフを現在評価するための割引率を r とすると，将来のペイオフの
価値を現在の価値で評価した割引現在価値（第5章 **Point—4** 参照）は

$$\sum_{t=1}^{\infty} \frac{u_t}{1+r}$$

となる。このとき，r が高くない限り（すなわち現在の価値を重視する傾向
が低い），協力するという解が生まれる。

　最適戦略としては，次のようなものが考えられる。前回相手が非協力でな
ければ（＝協力であれば），今回自分は協力する。しかし，前回相手が非協
力であれば，今回以降永遠に自分も非協力を選択する。これは，罰の戦略
（＝トリガー戦略）と呼ばれている。このときは，お互いに罰の戦略をとり，
結果としてずっと協力し続けるのが，最適戦略になる。将来のペイオフを割
り引く際の割引率が小さいほど，現在の利得よりも将来の利得の方を相対的
に重視するから，協力解がナッシュ均衡解になる可能性は高くなる（ナッシ
ュ（Nash, J. F.; 1928–2015）とはアメリカの数学者である）。

　このように，無限回の繰り返しゲームでは，囚人のディレンマゲームでの

非協力解以上のペイオフを，ナッシュ均衡として実現することができる。これは，フォーク定理と呼ばれている命題である。

Column ——— 8	ゲーム理論と経済分析

ゲーム理論は，ミクロ経済学の重要な分析用具である。ゲーム理論の分析は，1944年に刊行されたノイマン（Neumann, J. v.; 1903-1957）とモルゲンシュテルン（Morgenstern, O.; 1902-1977）の『ゲーム論と経済活動』に基づく。彼らは，ゼロ・サム・ゲームでの合理的な戦略を主として分析した。1950年代に入って，ナッシュは非協力ゲームの概念を用いて協力ゲームを再検討する試みを開始し，ナッシュ均衡の概念を定式化した。ナッシュ均衡の概念は，寡占市場の分析に応用されて，経済分析の有効な道具になった。さらに，1970年代により新しい概念が定式化され，さまざまな分野での適用可能性が明らかになって，ゲーム理論は経済分析に幅広く使われるようになった。最近では，限定された合理性のもとで，学習，認識，言語，進化という認知科学や心理学，生物学などとの関連も視野に入れて，人間の一見非合理的な行動もゲーム理論の枠組みを拡張して説明しようとする試みが展開されている。

まとめ

●完全競争市場では，社会的に必要とされる財・サービスの生産が十分に行われるように価格が調整される。その財の社会的な必要度が価格という客観的な尺度で市場で表明され，その価格をシグナルとして企業や家計が行動することで，結果として，社会的に最適な資源配分が実現する。これが，市場機能の持つ資源配分メカニズムである。

●ある産業で財・サービスを供給する企業の数が少数に限定されており，したがって，それぞれの企業が価格支配力をある程度持っている状態を，寡占という。寡占企業は協調して価格を上昇させたり，生産量を抑制する動機がある。これがカルテル行為の経済的な理由である。しかし，カルテルは囚人のディレンマのゲームであり，参加企業に強制力を持たせにくい。

重要語

□完全競争市場　　　□市場メカニズム　　　□競り人

□消費者余剰　　　　□生産者余剰　　　　　□社会的余剰

□見えざる手　　　　□寡占　　　　　　　　□屈折需要曲線

□カルテル　　　　　□囚人のディレンマ

問　題

■1　次の文章の（　）に適当な用語を入れよ。

（ア）　完全競争市場では，すべての経済主体が（　）として行動する。

（イ）　需要と供給を一致させる価格が，（　）である。

（ウ）　完全競争市場で需要と供給とを一致させる価格を設定する人が（　）である。

（エ）　消費者余剰は，（　）と均衡価格を通る水平線との間の面積である。

（オ）　完全競争市場で価格の持っている資源配分機能は，（　）とも呼ばれる。

■2　（　）のなかに適当な用語を入れよ。

（ア）　寡占のなかでも企業の数が2つに限定されている場合を，（　）と呼ぶ。

（イ）　屈折需要曲線の議論は，寡占市場での価格の（　）を説明している。

（ウ）　カルテルは，（　）のゲームと同じ構造を持っている。

（エ）　寡占市場では完全競争市場と比べて，生産量が（　）く，価格は（　）い。

（オ）　寡占市場では独占市場と比べて，企業間の競争がある分だけ，生産量は（　）く，価格は（　）い。

■3　次の文章のなかで正しいものはどれか。

（ア）　家計も企業も市場で取引することで，常に利益を上げているとは限らない。

（イ）　消費者余剰は供給曲線と均衡価格を通る水平線との間の面積であり，生産者余剰は需要曲線と均衡価格を通る水平線との間の面積である。

（ウ）　完全競争経済では，社会的に必要とされる財・サービスの生産が十分に行われるように価格調整が図られる。

（エ）　ある財の需要曲線が右上方にシフトするのは，社会的にその財・サービスに対する評価が小さくなることを意味する。

（オ）　寡占市場での企業も，独占市場や完全競争市場での企業と同じく，他の企業の行動とは独立に意思決定する。

■4　寡占市場でカルテルが形成されやすいのは，どのような場合か。

7 ミクロ政策

本章では，個別のある財やサービスの市場における市場メカニズムの欠陥や，政策的な介入のコストなどの問題を，ミクロ政策という視点から取り上げる。

1. 市場メカニズムがうまくいかない代表的な例として，公害を想定して，市場の失敗の意味とそれを是正するための対策を説明する。
2. 企業や家計などの複数の経済主体間で情報が非対称的に保有されている状況でも，市場メカニズムがうまく機能しないことを説明する。また，それに対する政策的な対応も説明する。
3. 政府が何らかの政策目的を持って市場に介入すると，間接的な負担が相当大きく生じることを説明する。
4. 独占企業に対する公的規制のあり方を考える。

7.1 市場の失敗：公害

■ 外部性

この章では市場における価格の調整機能がうまくいかないいくつかの例を取り上げ，ミクロ的な政策について分析する。この節では，まず最初に，市場が失敗する一つの例として，経済活動における外部性を想定しよう。表7.1にまとめるように，外部性とは，ある経済主体の活動が市場を通さず，直接別の経済主体の環境（家計であれば効用関数，企業であれば生産関数あるいは費用関数）にプラスかマイナスの影響を与えることである。外部性のうち，他の経済主体に悪い影響を与える外部性を外部不経済と呼び，よい影

表7.1 外部効果

外部経済	ある経済主体の行動が直接他の経済主体によい影響を与えること：借景，果樹園と養蜂業，情報通信ネットワーク
外部不経済	ある経済主体の行動が直接他の経済主体に悪い影響を与えること：公害，環境汚染

響を与える外部性を外部経済と呼んでいる。

　外部不経済の代表的な例は，公害である。1960年代の高度成長期には経済活動が活発になるにつれて，工場からの廃棄物が周囲の環境に悪影響を与えて，公害問題が顕在化した。水俣病などの大きな公害被害では，未だに後遺症に苦しんでいる人々も多い。また，自動車からの騒音や排気ガスによって，幹線道路の周囲で生活している人々の環境が悪化するというケースもある。さらには，タバコの煙による非喫煙者への健康被害，近所でのカラオケやピアノあるいはペットなどの生活騒音や暴走族による交通騒音など，生活に密着した公害も多い。最近では，二酸化炭素やフロンガスの蓄積，酸性雨など地球規模での環境汚染問題も，人類が直面する重要な課題になっている。

　しかし，ある主体の経済活動が他の主体の利益になるようなプラスの外部効果も存在する。近所の家に立派な庭があれば，周りの住民もそれを借景として楽しむことができる。あるいは，果樹園の生産者にとっては近くに養蜂業者がいると，果物の成長にプラスになるだろう。義務教育もこのようなプラスの外部効果を持っている。誰でも読み書き・算術ができることが，経済活動の円滑な運営にプラスに働くからである。最近では，通信技術の発展によるネットワークが経済活動でも重要な機能を果たしているが，このネットワークも外部効果の高い財である。

モデル分析

　いま2つの企業が生産活動を行っているとし，企業1は企業2に対して負の外部性（＝公害）を発生しているとしよう。たとえば，工場の排水により漁業者が被害を受けているような場合が考えられるだろう。すなわち，企業1はxという財を生産して，競争市場で販売して利潤を稼ぐが，この財の生産によって企業2はeだけの利潤の減少を被るとしよう。xとともにeは逓増する。

市場機構では，外部効果を無視して企業1の利潤が最大になる点で x の生産水準が決定される。第3章で説明したように，**図7.1**で価格 p と限界費用 MC が一致する点 M が，企業1にとっての最適な x の生産水準 x^* である。

■ 最適な資源配分

外部不経済のある世界では，モデル分析の企業については x の生産を拡大する際の社会的な限界費用を計算する際に，企業1が本来認識している限界費用 MC に加えて，企業2に与える公害の限界費用 MC_e も考慮する必要がある。この総限界費用 $MC + MC_e$ が，x を拡大する際の社会的にみた限界デメリット（＝社会的限界費用）であり，この限界デメリット曲線が x 財の社会的な限界評価である価格 p に一致する点が，x の望ましい生産水準である。**図7.1**では点 E に対応する x_e が社会的に望ましい x 財の生産水準である。

しかし，企業1が生産する際には，x 財の生産に要する私的なコストは考慮するが，企業2に迷惑をかけているという社会的なコスト e は考慮しない。市場では，私的な限界費用 MC と市場価格 p とが一致する水準で生産がなされる。そのために，社会的な最適水準からみると x 財は過大に生産される。これが市場の失敗である。

公害の超過負担

図7.1を用いて，公害の超過負担の大きさを表してみよう。企業1が自らの利益のみを考慮して生産活動をする場合，利潤の大きさは面積 pMA である。これに対して，社会的な最適点 E で生産をする場合，企業1の利潤は面積 $pELA$ である。両者を比較すると，利潤の大きさでみれば，前者の方が面積 EML だけ大きい。しかし，企業1は企業2に対して公害のコストを負わせている。その大きさは，前者では面積 $FMAB$，後者では面積 $ELAB$ である。

いま企業1が企業2に対してその被害額を完全に補償したとしよう。社会全体の総余剰は2つの企業の利潤の合計である。**図7.1**と**表7.2**に示すように，社会的な最適点 E での総余剰の方が，M 点での総余剰よりも，EFM だけ大きくなる。いい換えれば，市場均衡での社会総余剰は EFM の面積分だけ，社会的な最適点での総余剰よりも小さくなる。この三角形の面積 EFM が公害の超過負担（厚生損失）である。

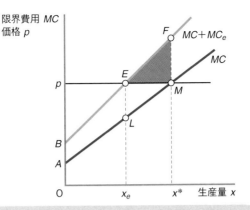

価格pと私的な限界費用MCが一致する点Mが，企業1の最適な生産水準x^*である。価格pと社会的な限界費用$MC+MC_e$が一致する点Eが，社会的に望ましい生産水準x_eである。点Eの方が点Mよりも，社会的な余剰はΔEFMだけ大きい。

図7.1 公害の超過負担

表7.2 公害の超過負担

M点での総余剰	$pMA - FMAB = pEB - EFM$
E点での総余剰	pEB
公害の超過負担	EFM

■ 外部経済の内部化

社会的な最適生産水準x_eを市場経済で実現する方法としては，以下の4つの方法が考えられる。

一つは，関連する2つの企業が合併する方法である。これは，外部経済の内部化として理論的には最も簡単な方法である。しかし，現実的な解決方法としては，合併は容易でない。そこで，それぞれの経済主体が独自性を維持しつつ外部経済を内部化する方法として，古くから主張されてきたのが，政府による外部効果を相殺させる課税（＝ピグー課税）である（ピグー（Pigou, A. C.; 1877–1959）とはイギリスの経済学者）。

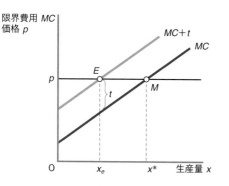

企業1の生産xに1単位あたりtだけ課税するとき，うまくtを設定できれば企業1の最適点をx*からxₑへと変化させることができる。

図7.2　ピグー課税

政府は，企業1のx財の生産1単位当たりtだけの課税をする。政府はtを社会的に最適なx財の生産水準x_eが実現するように決定する。図7.2に示すように，企業1の課税後の限界費用曲線がちょうどE点を通るように上方シフトすると，企業1の最適点はx^*からx_eへと変化する。x財を生産する私的な限界コストMCに加えて，外部効果の限界コストMC_eが上乗せされており，社会的な限界コストが企業1にとっても認識されている。

ピグー課税は，外部不経済を出す企業に対して，その外部効果を課税という形でコストとして認識させることで，市場機構のもとでも最適な資源配分（＝x財の生産量）を実現させる。ただし，ピグー課税は資源配分の効率性を達成する手段であり，所得再分配については何も議論していない。政府はピグー課税によって税収を確保できるが，その使い道については何ら限定されない。たとえば，その税収を外部不経済を被っている企業2のために使用しないで，企業1に返還する場合でも，資源配分の効率性は実現される。

■ コースの定理

ピグーの課税では，政府が政策的に介入することで，市場の失敗という弊害が是正された。これに対して，政府が介入せず民間の経済主体の自主性に任せておくだけで，市場の失敗が解決できる可能性を強調したのが，コース（Coase, R. H.; 1910–2013）である。

コースは，交渉による利益が存在する限り，当時者間での交渉が行われる

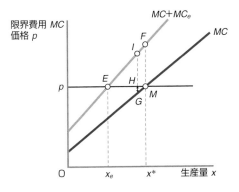

x*よりも生産量を少し減少することで、企業1はHGの損害となるが、企業2はIGの利益となる。2つの企業間で交渉することが有利となり、x_eの最適な生産量が実現する。

図7.3 コースの定理

動機が存在し、その結果、交渉の利益が消滅するまで資源配分が変更され、最終的には市場の失敗も解決されることを明らかにした。さらに、コースの定理は、当事者間で交渉に費用がかからなければ、どちらに法的な権利を配分しても、当事者間での自発的な交渉は同じ資源配分の状況をもたらし、しかもそれは効率的になることを主張する。市場機構に問題があっても、当事者間の自発的交渉という新しい点を考慮することで、最適な資源配分が達成されることを示したことは、理論的にも政策的にも貴重な貢献であり、コースはこの定理によってノーベル経済学賞を受賞した。

企業1に環境汚染の権利があるケース

いままでと同様の2つの企業間での外部不経済のモデルで考えてみよう。図7.3において、企業1にxを生産する環境汚染権があれば、企業1の利潤が最大となるM点に対応するx^*点で生産が行われている。しかし、x^*点ではxを少し減少させると、企業1の利潤の減少分（価格pと限界費用MCとの乖離分）よりも企業2の損害の減少分（公害の限界費用MC_e）の方が大きい。したがって、企業2は企業1にお金を払ってでも、xの生産を減少させようという動機が働く。

どれだけのお金を企業2が支払うかは、2つの企業間での交渉力に依存して不確定であるが、MC_eよりは小さく、$p-MC$よりは大きなものになる。そして、この2つの限界損失の減少幅と限界利潤の減少幅の大きさが等しくなる点E

$$MC_e = p - MC$$

で、それ以上のxの減少を企業2が企業1に働きかける動機がなくなり、均衡が実現する。この条件は社会的に望ましい条件に他ならない。

企業2に環境維持の権利があるケース

次に環境維持の権利を企業2が持っている場合を想定しよう。今度は，企業1が生産活動のため企業2から環境を汚染する権利を購入する。当初の均衡点では $x=0$ であるが，そこでは企業1の限界利潤（$p-MC$）の方が企業2の限界損失（MC_e）を上回っているから，企業1は企業2にお金を支払ってでも，生産を開始する動機を持つ。どれだけのお金を実際に企業1が企業2に支払うかは，2つの企業間での交渉力に依存して不確定であるが，MC_e よりは大きく，$p-MC$ よりは小さいものになる。そして，この2つの大きさが等しくなる点 E

$$MC_e = p - MC$$

で，それ以上の x の拡大を企業1が企業2に働きかける動機がなくなり，均衡が実現する。この条件は企業1に環境汚染権があるケースと同じである。

■ コースの定理の意義と限界

政府が直接介入する場合には，当事者の利益や不利益に関する情報が政府に十分に開示されていないと，適切なピグー課税はできない。そのような場合でも当事者間に任せておくだけで，市場の失敗が回避できるのであれば，政府の役割はかなり小さくなる。市場が失敗しているからといって，政府が直接介入する必要のないことを示したのは，コースの定理の重要な貢献である。

しかし，コースの定理にも問題がある。まず，当事者間で交渉をする場合にどちらの側に法的な優先権があるのかという権利関係が確定している必要がある。しかし，現実には権利の確定は困難である。特に，不特定多数に被害を与える公害の場合には，当事者を確定するだけでかなりの時間と費用がかかる。また，交渉それ自体に費用がかかるとすれば，市場の失敗が回避できても，別のコストが浪費されることになる。

■ 市場の創設

以上は市場の失敗への重要な対処方法だが，これらが効果を持つためには，各経済主体が外部効果に関する情報をきちんと把握している必要がある。たとえば，完全情報の世界ではピグー課税はうまくいくが，政府がこうした情報を知らないという，より現実的な世界では，ピグー課税は必ずしも利用可

表 7.3 外部経済の内部化

方　法	意　味	問　題　点
合　併	当事者同士で1つの主体として行動する	利害の対立する当事者が合併するのは困難
ピグー課税	政府が外部効果を相殺するように課税で調整	適切な課税の大きさを政府が認識するのは困難
コースの定理	当事者間で交渉すれば，効率的な水準に到達	権利の確定が困難交渉のコストが大きい
市場の創設	新たな市場をつくって外部性をなくす	すべてのケースで市場をつくるのは困難

能な政策にならない。

　公害を出す企業同士の合併やピグー課税・コースの定理に基づいた政策以外で，資源配分の効率性を回復する第4の方法として，新たな市場を創設して外部性自体をなくすというものがある。外部性は市場を通さないで，直接ある経済主体から別の経済主体に影響が及ぶことであるから，そうした影響を市場を通す形に修正することで資源配分の最適性を実現させるのである。

　市場の創設は，現在排出権取引として現実にも応用されている。排出権取引というのは，汚染物質の排出量の上限を各国（各事業所）ごとに設定し，上限を超えた国（事業所）が，上限に達していない国（事業所）から余剰分を買い取ることができる制度である。

　その例として二酸化炭素の排出権取引がある。すなわち現実の二酸化炭素の排出量が過大であれば，最適な排出量を各国に割り当てて，その権利を売買できるようにする。途上国に多く割り当てれば，途上国はその権利を市場で先進国に売却して，経済発展の財源に回すこともできる。このようにして，最適な水準まで二酸化炭素の排出を抑制することが期待されるのである。1997年に採択された京都議定書でも，地球温暖化防止対策のために地球規模で温室効果ガスを低減できる削減対策の一つとして，この二酸化炭素の排出権取引が位置付けられている。実際の排出権取引としては，EUにおいてEU域内排出権取引制度，アメリカにおいてシカゴ天候取引所が設けられており，日本でも2005年から環境省の主導によって国内企業間での自主参加

型国内排出権取引制度が行われるようになった。COP21（2015 年）で採択された パリ協定では，先進国か途上国かを問わず，削減目標は自主的に決められる。温室効果ガス排出量の削減事業で，従来の排出量（ベースライン）と比べて，削減された分（クレジット）を取引することができるベースライン＆クレジット方式が採用された。

7.2 市場の失敗：情報

■ 情報と経済分析

　経済主体間で情報が非対称に保有されるという意味で，情報が不完全であるときには，さまざまな市場の失敗が生じる。特に，経済的な取引や契約の対象となっている相手がどのように行動するか監視できない場合，あるいは，財がどんな品質であるのかがわからなかったり，相手がどのようなタイプの経済主体であるかがわからなかったりする場合が，問題となる。前者のケースでは相手の行動に関する非対称情報であり，後者の場合では相手のタイプに関する非対称情報である。

　したがって，表 7.4 に示すように，情報の経済分析については，相手の行動が監視できないケースと相手のタイプがわからないケースに分けて，情報の非対称性を考察する。それぞれの場合について，どのような市場の失敗が生じるのか，あるいはそれに対応するために，情報を非対称的に保有する経済主体はどのような行動をとるのかを分析しよう。

表 7.4　情報の不完全性

何の情報が非対称か	相手の行動	相手のタイプ
問題点	モラル・ハザード：道徳上のあるべき行為がゆがめられる	逆選択：本来必要な相手が市場から逃げ出す
対応策	モニタリングにコストをかける	よいタイプの主体がシグナルを出す

■ モラル・ハザード ────────────────────

　まず最初に，相手の行動が監視できないケースでどんな市場の失敗が生じるのか考えてみよう。以下では，保険の契約を想定する。保険は将来に不確実な事件が予想されるときに，それに備えて保険料をあらかじめ払い込むことで，実際に不幸な事件が発生したときの被害を最小限度にとどめるものである。保険の加入者はリスクを回避したいので，そうした保険に入る。保険会社はさまざまな保険の契約者のリスクをプールすることで，実際に事故が起きた契約者に対してその損害を補償する形で支払い，かつ正常な利潤を確保するだけの保険料を集めることができる。

　いま保険会社が，火災保険を販売するとしよう。家計はある所定の保険料を負担して火災保険を購入し，もし火災になれば全額保険で損害が補われる。火災は，契約者の故意，過失などの不注意な行動によっても生じるし，契約者の通常の行動では回避できない理由でも発生する。後者は不確実な要因であり，契約者の行動とは独立に発生する。図 7.4 で示すように，これら 2 つが重なり合って火災が発生する。

　しかし，保険会社は火災が発生したことは把握できても，その原因がどこまで契約者の不注意によるのかはわからない。実際に火災が起きれば，かりに過失があっても契約者は常に自分は注意していたと自らの潔白を主張するだろうし，保険会社にとって契約者の行動をチェックするのは容易なことではない。ここに契約者の行動に関する情報の非対称性がある。

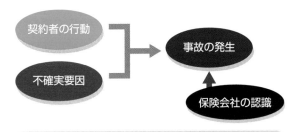

契約者の行動と不確実要因が重なり合って事故が発生する。
しかし，保険会社は2つの要因を識別できない。

図7.4　保険の契約

このような契約では，結果として火災が生じれば，（故意または重過失が立証されない限り）保険会社はすべての損害を負担する。家計は，少しくらいの過失があっても保険会社にはそれが把握できないという情報の非対称性を織り込んで行動する。その結果，保険契約をすることで，火災に対する注意をおろそかにする傾向が生まれる。すなわち，保険に入っていないときには，火事になればすべてを失うので，火の元などの注意を厳重にしていただろう。

これに対して，保険に入っていれば，火事の実質的な被害の程度が小さくなる分だけ，それまでよりも火の元に注意を払わなくなってしまう。被保険者にとっては，注意を払わなくても実質的な損害があまり生じないからである。これが，道徳上のあるべき行為（火の元をきちんと管理する）がゆがめられるというモラル・ハザードである。

その結果，経済全体では火災の発生件数が増加して，家屋が多く消失して損失を被る。これは火災保険料の上昇という形で，間接的に家計全体にかかってくる。もし，保険会社が火災に対する個別の家計の注意の程度を監視できれば，火災の損害を算定する場合に，そうした情報を上乗せして保険金の額を減額することができる。その場合にはモラル・ハザードは生じにくい。しかし，そうした監視が不可能であれば，モラル・ハザードは回避できない。

■ 他の例でのモラル・ハザード

こうしたモラル・ハザードの現象は，保険に限らず幅広くみられる。たとえば，金融機関や大企業の救済にみられるように，企業が倒産しそうになると公的な援助が投入されるとすれば，経営努力をしなくても倒産することはないと経営者が考えて，きちんとした経営を行わない可能性がある。

7.4節で説明するように，公営企業では自然独占が生まれやすく，また，限界費用に等しい価格設定をすると，赤字になる状況が十分に考えられる。そうした場合，赤字を税金で補填せざるを得ないが，どんなに赤字を出しても常に補填されるなら，公営企業は放漫経営をするだろう。たとえば，必要以上に店舗の設備を立派にしたり，従業員の福利厚生に金をかけすぎたりする。これは，公営企業の経営内容が監督官庁や国民にはよくわからないとい

う情報の非対称性によるモラル・ハザードである。

　なお，赤字補塡をしないで独立採算制を採用しても，同様の問題は回避できない。なぜなら，独立採算制を維持するために，料金の改定が認められるからである。自然独占であるから，料金を上げても需要はあまり逃げない。放漫経営をしても料金さえ改訂すれば，独立採算を維持できる。金融機関などの規制産業，公営企業の経営には，こうしたモラル・ハザードが存在する。

■　逆選択 ────────────────────────────────

　相手のタイプがわからない場合には，逆選択という問題が生じる。中古車市場の売り手と買い手について，この問題を考えてみよう。中古車の売り手は，自分の車がどの程度の品質の車であるのか，よく知っている。車の外見だけではなく，故障の起こりやすさや起こったときの程度についても，いままでの経験からかなり詳細な情報を持っている。これに対して中古車の買い手の方は，車を外見のみで判断するしかない。したがって，その車の質に関してあまり情報を持っていない。

　このように，売り手と買い手とでその財の質＝タイプに関して情報の格差があるときには，市場がうまく機能しない可能性がある。買い手は欠陥車をつかまされるかもしれないと用心して，中古車を買いたくても買わないかもしれない。その結果，市場全体の規模が小さくなり，最悪のケースでは市場そのものが成立しない。

■　中古車の市場以外の例 ──────────────────────────

　逆選択は，中古車の市場以外でも多くの経済活動にみられる現象である。保険であれば，契約者の健康状態（たとえば，喫煙者であるか非喫煙者であるか）が会社にとってはわからないケースが，これに相当する。このとき，病気に対する保険を設定しようとしても，健康状態の悪い人しか応募しなくなり，保険会社は採算上ますます保険料率を上げざるを得ない。そうすると，それでも応募してくる人は健康状態の悪い人に限定されるから，さらに保険料率が上昇し，結果として保険そのものが成立しなくなる可能性がある。逆

にいうと，医療保険は強制加入の公的な保険制度でないと，成立しない可能性が高い。

　銀行が企業に資金を融資する場合も，企業がよい企業であるのか，悪い企業であるのかの区別が銀行にできない場合もある。銀行の審査が完全でなければ，逆選択の問題が生じる。悪い企業に貸す可能性を考慮すると，貸出利率は高くせざるを得ないが，そうすると，よい企業は借りるのをあきらめる。悪い企業はそれでも借りようとして，ますます銀行の貸出利率が上昇し，よい企業は完全に閉め出される。そうすると，企業への貸出自体も成立しなくなる。

■ 政策的な対応：中古市場の例

　このような逆選択の問題に対しては，いくつかの政策的な対応が考えられる。中古市場の例で説明しよう。

　第1は，供給を強制することである。中古車の市場が成立しない一つの原因は，中古車の価格が低下するにつれて，中古車の売り手がいなくなることである。ある一定年数を経た中古車すべての売却が強制されれば，価格が低下しても中古車の供給は減少しないから，中古車の市場が存在できる。

　第2は，車検制度の整備である。中古車の品質が管理でき，かなり均一であれば，平均的な質を知ることは，個々の中古車の質を知ることと同じになり，情報の非対称性の問題は解消される。

　第3は，ある一定価格以下での売買を禁止することである。これは，中古車の価格が低下するのを防いで，良質な中古車が市場に供給されるようになる。

　第4は，売り手の側での自発的な対応である。自分の車が良質であるとわかっている売り手は，そうでない売り手と区別するために，良質の車の売り手しかできないことを行う動機がある。たとえば，一定の走行距離の範囲で故障に対する保証をつけることなどである。これは，悪い車を売ろうとしている売り手には採用できない手段であるから，結果として，そうした保証制度のある車はよい車であるというシグナルを買い手に提供している。これは，シグナリングという方法で，逆選択の問題を解消するものである。

　第5は，買い手側の要求である。事故が起きたときの保証を買い手側が要

求すると，良質の車の売り手はそれに対応できるが，悪い車の売り手はそうした要求をのめない。買い手が高いハードルを設定して，良質な売り手のみがそれを越えられるようにすれば，結果として良質の車の売り手とそうでない車の売り手を区別できる。これは，自己選択あるいはスクリーニングと呼ばれている。

7.3 政策介入のコスト

　政府は，いろいろな政策手段で市場に介入している。その直接的な目的はもっともらしいとしても，市場メカニズムに介入することで間接的な負担を生じさせる。しかも，間接的な負担の方が直接的な便益よりも大きく，その結果，社会的余剰は減少するケースが多い。この節では**表7.5**に示すいくつかの政策を想定して，政策介入のコスト（厚生損失）を考えてみよう。

■ 間接税

　ある財の消費に間接税を課すケースを想定しよう。公共サービスの財源を確保するという意味では，課税は最も標準的な政策手段である。しかし，課税によって市場価格が変化すると，間接的な負担が発生する。

　ある財（たとえばビール）の販売に対して1単位当たりt円の消費税がかかるとしよう。**図7.5**において，間接税がなければ，均衡点は需要曲線y_Dと供給曲線y_Sの交点Eである。間接税は企業が納税するから，1単位ビールを生産するのにいままでよりもt円だけ余計なコストがかかる。これは，

表7.5　政策介入のコスト

	メリット	コスト
間接税	税収の確保	消費者余剰と生産者余剰の減少
最低賃金政策	既存の労働者の賃金の上昇	新規雇用の減少
価格維持政策	購入できる家計の消費者余剰の増加	購入できない家計の消費者余剰の減少

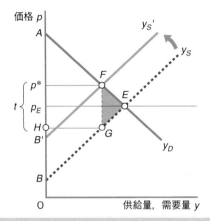

間接税によって消費者価格がp_Eからp^*へ上昇すると，消費者余剰は面積p^*FEp_Eだけ減少する。生産者余剰は面積p_EEGHだけ減少する。間接税収はp^*FGHだけ生じるが，これは生産者余剰と消費者余剰の減少分よりもΔEFGだけ小さい。

図7.5　間接税

限界費用がt円だけ増加したのと同じである。したがって，間接税によって供給曲線はt円だけ上方にシフトする。新しい均衡点は新しい供給曲線$y_S{}'$と需要曲線y_Dとの交点Fになる。

　この政策によって生産者余剰，消費者余剰，税収は，どのように変化するだろうか。ビールの市場価格がp_Eからp^*に上昇すると，家計の消費者余剰は減少する。消費者余剰の減少の大きさは面積p^*FEp_Eで表される。間接税の負担によって，企業の利潤も減少する。利潤の減少の大きさは面積p_EEGHで示される。ここで，間接税後の利潤p^*FB'は面積HGBに等しいことに注意したい。したがって，間接税を課税する前の利潤p_EEBよりも面積HGBだけ差し引いた面積p_EEGHが，企業の利潤の減少分である。

　これに対して，間接税による政府の税収はp^*FGHの大きさで表される。$p^*H=t$が税率であり，p^*Fが課税後のビールの販売量だからである。政府の税収は間接税政策のメリットであり，消費者余剰と生産者余剰の減少分は間接税政策のデメリットである。これらの大きさを比較すると，**図7.5**からも明らかなように，社会的な余剰は三角形EFGの大きさだけ減少する。

これが，間接税の超過負担である。政府が後で間接税収を家計と企業に還元しても，この超過負担の大きさだけは相殺できない。

■ ラムゼイのルール

では，一定の税収を確保しつつ，超過負担をなるべく小さくするには，どのような課税が考えられるだろうか。このような最適課税問題の解は，ラムゼイのルールとして知られている。ラムゼイのルールは，次の2つの命題にまとめられる（ラムゼイ（Ramsey, F. P.; 1903–1930）とはイギリスの経済学者である）。

（1） 逆弾力性の命題

この命題は，価格に対して非弾力的な財に対して，より高い税率をかけることを主張する。図 7.6 で示すように，非弾力的な財ほど，課税しても超過負担はそれほど大きくならないから，高い税率をかけても，資源配分の非効率性はあまり生じない。この命題は，図 7.6 でいうと，税収と超過負担の比率が各財で同じになるように課税することを意味している。

（2） 均一税率の命題

この命題は，価格に対する需要量の反応の大きさを示す代替効果が同じ程度であれば，異なる財にあまりバラバラな税率を適用すべきでないことを意味する。なぜ

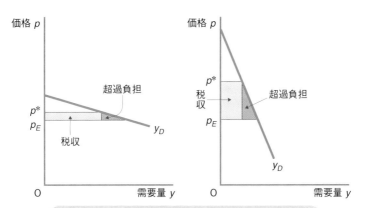

図7.6 逆弾力性の命題

171

なら，税率を大きく変化させると，超過負担の方はそれ以上に変化するからである。特に税率の高い財の超過負担は，税率の高さ以上の規模で大きくなり，これが全体としての超過負担を大きくする。したがって，すべての消費財に対して同じ税率で，すなわち，均一税率で課税するのが望ましくなる。

■ 価格維持政策

次に，価格を均衡価格以外の水準に維持する政策のコストを考えてみよう。価格を均衡価格よりも高い水準に維持する政策には，労働市場での最低賃金政策などの例がある。この政策の目的は市場で決まる水準よりも賃金を引き上げることにあるから，雇用されている労働者の待遇改善には直接的な効果があるが，同時に，市場価格に介入することで，間接的な負担も生じさせている。

図 7.7 において均衡価格 p_E で，均衡点 E という状況を考える。政府が価格を p^* に維持できたとすると，新しい均衡点は F 点となる。消費者余剰は面積 $p^* F E p_E$ の大きさだけ減少する。生産者余剰は価格の上昇による利益の拡大効果と，生産量の減少による利益の縮小効果の両方が生じる。前者の拡大効果は面積 $p^* F I p_E$ であり，後者の縮小効果は面積 IEG である。生産者の利害を反映して価格の維持政策が採用されると，拡大効果の方が縮小効果よりは大きいだろう。

さて，消費者余剰と生産者余剰の合計である社会的余剰がどう変化するかを考えよう。図 7.7 からも明らかなように，生産者余剰の拡大効果 $p^* F I p_E$ は消費者余剰の減少分の一部しか相殺できないから，社会的な余剰は必ず減少する。そして，その減少分は三角形 EFG の面積に等しい。これが，価格維持政策の超過負担である。

なお，賃金維持政策の場合には，生産者余剰の増加が家計の所得の増加分，消費者余剰の減少分が企業の利潤の減少分に対応している。最低賃金政策によって，たしかに雇用されている家計の所得は増加するが，企業の雇用意欲を阻害するために，雇用水準は減少する。また，企業の利潤も減少する。企業利潤の減少分は家計所得の増加分よりも大きい。

均衡価格よりも取引価格を人為的に抑え込む政策もよく採用される。これ

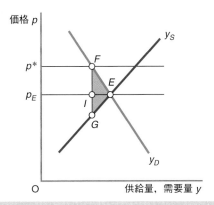

価格維持政策によって価格がp_Eからp^*へ上昇すると, 消費者余剰は面積p^*FEp_Eだけ減少し, 生産者余剰は面積p^*FIp_EマイナスΔIEGだけ増加する。しかし, 社会的余剰はΔEFGだけ減少する。

図7.7 価格維持政策

は, 生活必需品などで採用される政策である。この政策の効果は, 上でみた価格維持政策の効果とよく似ている。直接的な目的はもっともらしいとしても, 間接的な負担の方が大きい。

Column——9	ダイナミックプライシング

　旅館などの宿泊施設で平日が安くて休日が高いのは, 価格が高めでも休日の方にそもそも需要が集中するので, あえて料金を引き下げて, さらに需要を喚起する必要がないからである。逆に平日はすいているから, 多少値引きをしても部屋を埋める方が得策である。価格が需給に応じて変動する設定は, ダイナミックプライシング（DP）と呼ばれる。

　企業からみると, 需要の多い時期や曜日, 時間帯は料金を高くすることで, 需要をあまり減退させずに売上を増大させて, 収益を拡大できる。逆に, 需要の少ない時期に価格を低くすると需要を大きく喚起できるので, 売上金額も収益も増加できる。消費者にとっては, 需要が多い繁忙期に利用すると負担が増すが, その分だけ繁忙期に利用したい需要（＝競合する消費者）が減るので, 価格の高さを甘受できれば, 予約しやすくなるメリットがある。逆に, 日時にこだわらない消費者は, 安い価格設定の日時を選ぶこともできる。

　ところで, 我が国の高速道路の料金は認可制で規制されているため, 税金と同

じような扱いであり，これまでダイナミックプライシングは導入されていなかった。しかし，2021年の東京オリンピック開催では混雑時に首都高の料金が上乗せされた。また，我が国ではタクシー運行自体もタクシー料金も公的に規制されており，自由な料金設定ができない。諸外国ではuberなどの自家用車での個人運送が自由に展開されているが，そこでの料金設定は需給に応じて変動する。総じて安価な料金で手軽に利用できるため，利用者のメリットは大きい。今後はダイナミックプライシングの一環として，高速道路料金の規制緩和と合わせて，公共交通機関の運賃もより柔軟に変更できるようにすべきだろう。

7.4　独占と公的規制

■ 自然独占

　第3章では，なぜ独占が存在するのかは議論しないで，独占企業の行動を分析した。独占が経済的な理由で存在するとすれば，規模の経済が最も重要な理由であろう。電力，ガスなどの公益産業では規模の経済の影響が大きく，生産量を拡大すると平均費用が低下するので，事実上1つの企業が供給を独占している。このような独占を自然独占と呼んでいる。

限界費用価格形成原理

　自然独占企業にはどのような規制が必要であろうか。まず自然独占に対して何ら規制しないケースから考えよう。図7.8においてHDは市場需要曲線，MRは限界収入曲線，LACは長期平均費用曲線，LMCは長期限界費用曲線を意味する。第3章でもみたように，独占企業は限界収入が限界費用と一致する点Mを選択するから，生産量はy_M，価格はp_Mとなる。ここでの社会厚生の大きさは，HGMFの大きさで与えられる。

　社会厚生を最大にするためには，生産量をy_E，価格をp_Eに設定して，限界費用が市場需要と一致するE点を選択する必要がある。このときの社会厚生は，HEGで与えられる。これが限界費用価格形成原理である。しかし，図7.8に示すように，この際にCEp_EIの大きさの損失が独占企業に発生している。この損失は，政府からの補助金で穴埋めせざるを得ない。

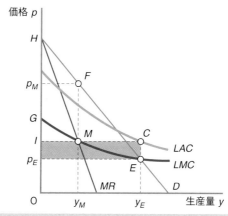

限界費用と価格を一致させる限界費用価格形成原理では，
価格はp_E，生産量はy_E，社会的余剰は面積HEGとなる。
しかし，企業に面積CEp_EIの損失が生じる。

図7.8 限界費用価格形成原理

■ X非効率性

　独占企業の価格を抑制して社会的余剰を最大にするとき，規模の経済が大きいと，独占企業が赤字になる。限界費用に相当する価格では，固定費用分がカバーできないからである。したがって，赤字分は税金を投入して，企業の補助金を与える形で処理せざるを得ない。

　しかし，いくら赤字を出してもそれが補助金で穴埋めされることを，企業が前もって理解していれば，費用を最小にする（＝費用曲線の上で生産活動をする）動機が乏しくなるかもしれない。たとえば，独占企業は必要以上に豪華な店舗をつくったり，従業員の福利厚生に金をかけすぎる誘惑にかられる。このような非効率性の発生を，X非効率性と呼んでいる。

　損失補填のために補助金が利用できないときは，政府による規制として，価格を限界費用に等しく設定することはできない。その場合，価格を平均費用に一致させることで生産量を決定し，損失をゼロにするという収支均衡の料金政策も考えられる。

　このルール（平均費用価格形成原理）での社会的余剰は，限界費用価格形成原理のときの余剰よりも，小さい。しかし，独占企業が利潤最大化行動で

生産量と価格を決定する場合よりも，社会的余剰は大きくなる。独立採算制であるから，政府からの補助金は不要である。ただし，常に独立採算が保障されていれば，赤字を回避するための価格の引き上げが保障されているのと同じであり，X非効率性は排除されない。

■ ピーク・ロード料金と二部料金

　貯蔵が困難な財の場合，ある時点で発生する最大需要を満たすような水準に生産能力が決定されることが多い。航空，鉄道，高速道路などの交通料金，ホテル，電力や電話などがその例である。このような財の場合には，同一料金を維持するよりは混雑するピーク時の料金を高く，混雑しない非ピーク時の料金を低く設定することが社会的な最適料金設定（ピーク・ロード料金）となる。

　ピーク・ロード料金と似た料金体系に，二部料金制度がある。これは，基本料金と従量料金の2つの部分からなる料金体系であり，日本でも電力，電気，ガス，水道料金などの公共料金や会員制のスポーツ・クラブ，レジャー施設で幅広く用いられている。基本料金で資本費用（＝固定費用）を徴収し，従量料金で運営費用（＝可変費用）を徴収するのが，二部料金の意図である。したがって，基本料金で固定費用を徴収するとともに，従量料金を限界費用価格形成原理で設定すれば，二部料金のもとでもピーク・ロード料金のケースと同様に，最適な資源配分が達成される。

■ 参入をめぐる競争

　2種類以上の生産物を生産する自然独占産業への参入の問題を考えよう。独立採算制，すなわち，公企業が生産する生産物全体についての収支均衡が制約としてある場合，公企業はある生産物の販売で得た利潤を別の生産物の販売に伴う損失を穴埋めするために使う可能性がある。これを内部補助という。たとえば，旧国鉄が首都圏の路線で得た利益で，地方の赤字ローカル線を維持していた例などがある。

　もし，需要者の一部を保護するために，政策当局によって既存独占企業の

内部補助が要求とされ，かつそうすることが社会的にも望ましいとすれば，参入規制も必要となる。なぜなら，参入規制がなければ，既存独占企業は収益の高い上述の生産市場で参入企業に利益を奪われながら，なおかつ収益性の低い市場でも生産を続けざるを得ない。その結果，既存独占企業の経営は悪化する。これを，クリーム・スキミングという。たとえば旧国鉄の場合，大都市圏で私鉄と競合したためにそこであまり大きな利益を確保することが困難になり，赤字ローカル線の重荷で全体としても採算が苦しくなり，ついには分割して民営化された。

競争可能市場

産業への参入，退出が自由であり，かつ退出する際に参入したときの費用や投下された設備などの固定費用を完全に回収できるとしよう。このような市場は，競争可能市場と呼ばれる。参入，退出の自由はその市場での規制がないことを意味しており，固定費用を完全に回収できることは，市場から撤退する際の埋没費用（サンクコスト）が存在しないことを意味する。

サンクコストとは，事業用に投下された費用のうち，事業の縮小あるいは廃止に際して直ちには回収不可能な費用である。企業が撤退する際に設備などの資産を転売したり転用しようとしても，うまくいかないときに，それらの費用は容易には回収できないサンクコストになる。

自然独占市場が競争可能市場であれば，潜在的な競争の可能性のために，既存独占企業は超過利潤がゼロで効率的な生産を行うようになる。このとき，参入，退出が自由という条件のもとで内生的に企業の数が決定され，市場内の企業は利潤極大化行動のもとで供給を行うので，次のような均衡が実現する。

(1)　価格は平均費用に等しい。

(2)　生産は効率的に行われ，価格＝平均費用＝限界費用が成立する。

(3)　企業の数は，産業全体として総生産量が最も効率よく生産される水準になる。
すなわち，人為的な参入，退出の規制を廃止すれば，このような望ましい状況が自然に達成される。

■　規制産業の企業行動 ─────────────

ここで，**表7.6** のような自然独占産業への規制についてまとめておこう。企業による独占力が問題であり，それから消費者の利益を擁護するのであれば，料金規制や独占企業の X 非効率性を改善する規制が必要となる。また，

表7.6 料金規制の方法

限界費用価格形成原理	限界費用＝価格：補助金が必要，Ｘ非効率の可能性
平均費用価格形成原理	平均費用＝価格：独立採算，Ｘ非効率の可能性
ピーク・ロード料金	ピーク期の料金を非ピーク期よりも高く設定
二部料金	基本料金＋従量料金

料金規制以外にも，設備投資規制や参入規制なども考えられる。政策的な内部補助が望ましければ，それを維持する参入規制も必要となる。

しかし，参入規制によって保護された自然独占企業は，費用削減，技術開発，設備投資，消費者サービスなどの面で努力を怠る可能性も否定できない。しかも，独占企業は規制をする政策当局に対しても，そのような技術に関する情報面で優位に立っているだろう。情報を恣意的に操作することで，規制産業での企業では従業員の給料の高水準，役員の高待遇，非効率的な生産などの問題が発生しやすい。

■ 既得権と国民の利益

規制による既得権はどのような意味で問題となるだろうか。表7.7にまとめたように，規制産業では超過利潤が生じても他の産業からの参入が起きないので，長期的に超過利潤（＝レント）が保護されている。わが国では金融産業や運輸産業などで，政策的に新規参入が規制され，超過利潤が長期にわたって保護されてきた。こうした利潤もレントの一つである。

その結果，規制産業では高級官僚の天下り先になっているとともに，政府の政策に影響を与えるような賄賂・汚職事件がたびたび発生してきた。これ

表7.7 既得権

原　因	参入規制
結　果	レントの発生
問題点	所得分配の不公平 資源配分の非効率

まで規制を受けていた時代にパイロットや銀行員の給料が高額だったのは，彼らの生産性が高かったからではなく，給料の中身の多くの部分が「護送船団方式」によって保護された既得権＝レントだったからである。

　規制された分野では，人為的な理由でレントが発生する。専門的な財・サービスの中身を普通の消費者が判断するには無理があるため，財・サービスの品質を管理するという意味では，医者や弁護士などで資格取得を厳しくして参入を制限するのは，消費者にとってプラスになる場合もある。しかし，逆に，単なる供給制限でしかないケースも多い。そうした場合では，供給水準を抑制することで，均衡での価格を上昇させて，既存の供給者の所得を増大させるだけに終わっている。これは，既得権が擁護され，潜在的な供給者や消費者の利益が損なわれる代表的なケースである。

　参入規制は供給を抑制して，家計＝需要者の利益を損ねる一方で，利益団体＝供給者の利益を拡大する。また，価格規制でも，結果として生産者を擁護して，消費者の利益を損ねるケースは多い。消費者が損なう利益は一人当たりでみればごく小さなものであるから，拡散して，なかなか政治的な圧力としては結実しにくい。一方で，利益団体＝供給者の利益の方はより少数の経済主体に集中して発生するから，それらの団体に属する人々にとっては死活問題である。したがって，政治的にはそちらの方が大きな圧力団体になる。

Column——10	選挙制度と既得権

　都道府県別の生活の質のレベルでのいくつかの指標でみて，北陸地方など地方の県が，住環境の面でも公的な学校・病院その他の設備の面でも高水準以上であるのに対して，最も生活環境の立ち遅れているのは，埼玉，千葉県などの大都市周辺県である。しかし，90 年代後半の公共事業による景気浮揚政策では，地域間の財政的な資金は都市圏から地方圏へと流れ，地方圏ではあまり有益とも思われないホールなどの「箱もの」が建設され続けた。

　これは，国会議員の定数が地方に重く配分されているという，選挙制度での地方の既得権の結果である。わが国ではこれまで議員の定数配分が地方の農村部に相対的に多く割り当てられたために，議員の多くがそうした地方の住民の利害を代表して行動してきた。その結果，国民経済的にみれば本来望ましくない支出が，政治的な圧力のもとに行われてきた。それらが既得権化していることが，日本の経済構造改革を困難にしている。その意味では，選挙区の定数是正により地方地域から選出される国会議員の既得権を削減することが，重要な検討課題である。

まとめ

●社会的に最適な資源配分が市場メカニズムで実現しないことを，市場の失敗という。市場が失敗する一つの例として，経済活動における外部性がある。ピグー課税は，政府が政策的に介入することで，市場の失敗を是正する。政府が介入せず民間の経済主体の自主性に任せておくだけで，市場の失敗が解決できることを強調したのが，コースの定理である。

●経済主体間で情報が非対称に保有されるときには，さまざまな市場の失敗が生じる。相手の行動が監視できないケースでは，モラル・ハザードが生じる。相手のタイプがわからないときには，逆選択が生じる。

●政府は，いろいろな政策手段で市場に介入している。その直接的な目的はもっともらしいとしても，間接的な負担を生じさせている。しかも，間接的な負担の方が直接的な便益よりも大きく，その結果，社会的な余剰は減少する。

●規模の経済性が大きく，自然独占の状態にある産業では，公的な規制が必要で

ある。しかし，公的規制が既得権となって，経済の活性化の障害になることも多い。

重要語

- □外部性
- □外部経済
- □外部不経済
- □市場の失敗
- □ピグー課税
- □コースの定理
- □モラル・ハザード
- □逆選択
- □ラムゼイのルール
- □自然独占
- □Ｘ非効率性
- □ピーク・ロード料金
- □二部料金制度
- □クリーム・スキミング
- □競争可能市場
- □レント

問　題

■1　次の文章のうち，正しいものはどれか。

（ア）　モラル・ハザードは社会全体の損失であるから，これをなくすように監視のコストを最大限にかけるべきである。

（イ）　中古車の市場では逆選択が生じるので，通常，取引は全然行われない。

（ウ）　逆選択の問題に対しては，政策的に介入することで解決可能である。

（エ）　外部性のうち，他の経済主体に悪い影響を与えるものを，外部経済という。

（オ）　ピグー課税は，自発的な交渉により市場の失敗が解決されることを示している。

■2　次の文章の（　）に適当な用語を入れよ。

（ア）　独立採算制を認めても，（　）は排除できない。

（イ）　最適なピーク・ロード料金は，通常（　）期の料金を低く設定している。

（ウ）　高速道路が混雑しているときには，料金を（　）くする方が望ましい。

（エ）　レントが発生する大きな理由は，その産業への（　）が規制されているためである。

（オ）　規模の経済性が大きくて，（　）にある産業では，市場が失敗する。

■3　コースの定理の意義と限界を説明せよ。

■4 以下の文章のうちで正しいものはどれか。

(ア) 逆弾力性の命題は，価格に対して非弾力的な財に対して，より高い税率をかけることを主張する。

(イ) 均一税率の命題は，価格に対する需要量の反応の大きさを示す代替効果が同じ程度であれば，異なる財にあまりバラバラな税率を適用すべきでないことを意味する。

(ウ) 最低賃金政策は労働者の待遇を改善する効果があり，そのメリットは市場価格に介入する間接的なデメリットよりも大きい。

(エ) 電力，ガスなどの公益産業では規模の経済性が大きく，生産量を拡大すると平均費用が低下するので，事実上1つの企業が供給を独占している。

(オ) 参入規制によって保護された自然独占企業は，費用削減，技術開発，設備投資，消費者サービスなどの面で努力を怠る可能性も否定できない。

Column——11　消費の二極化

　日本では最近，小売り各社の業績が二極化している。最大手の企業が大幅な減益となる一方で，小幅ながら営業利益が過去最高となった企業もある。価格に敏感な消費者が多い一方で，より品質にこだわる消費者も増えている。株価の上昇や失業率の低下など，マクロ経済に明るい兆しがみえると，質の高い商品を提供することで，価格を引き上げた「脱デフレ型」の企業が増益となる。「価値ある」高額商品は好調に売れる。単なる消費の二極化なら，安売りの商品もそこそこ売れるはずだが，消費行動はそう単純ではなくなってきた。

　消費の二極化は，消費者の二極化を反映している。所得や資産が増加する裕福な人は，贅沢品の需要を増大させる。他方で，所得や資産が増加しなかった普通の人は，安い価格の財の消費を増やす。

　ただし，価格志向の強い普通の消費者の方が数としては多いはずだから，消費者の二極化だけなら，価格を引き下げることで，十分に消費者の需要に対応できるだろう。しかし，日本の現実では業種別でみると，食料品や衣料品などを幅広く扱う総合スーパーが総じて厳しい。

　大手小売りでは一括発注によるコストの低減を狙い，本社が仕入れ機能の大半を担っている。そうした効率性を追求することで実現する全国一律の品ぞろえと価格の安さは，デフレ期には集客力につながっていた。しかし，消費者の選好が洗練，成熟化し，高齢化も進展することに加え，若者が地元を離れない"土着化"が進む現在，価格が安くとも画一的な品ぞろえは競争力を失いつつある。全国に店舗網を持つ小売り大手の強みだった大量仕入れと大量販売という効率的な販売手法は，多様化した顧客の嗜好に十分に応えることができなくなっている。他方で，地元のニーズに機敏に対応できる地域スーパーやコンビニはそこそこ堅調である。

　多くの消費者は，安いだけでは商品を買わなくなり，品質を伴った値ごろ感を求めている。品質に納得すれば，多少値段が高くても購入する消費者が多くなってきた。たとえば，具材を追加したり食材の質を上げたりしたコンビニ弁当は，販売価格を上げても売れている。

　消費者の二極化が生じているとともに，所得が伸びないなかで，1人の消費者の消費行動にも，こだわるものにはお金をかけ，他のものには極力お金をかけないという消費の二極化が起こっている。たとえば，魅力ある商品（携帯端末など）が市場に供給されると，それを消費するためには，他の財の消費が押しのけられる（クラウド・アウトされる）。所得が増えない普通の消費者にとっては，魅力ある商品＝付加価値のある商品を購入するには，そうでない商品の購入を減らすしかない。

　所得制約がきつい場合，魅力ある商品はごく一部に限定される。しかも，消費者の好みや属性が多様化すると，そうした付加価値のある商品開発は企業にとって容易ではない。こうした消費動向のもとでは，中央集権のメリット（効率化，画一化によるコスト削減）が薄れる一方で，地方分権のメリット（きめの細かいニーズへの柔軟な対応）が大きくなる。

　価格以外の付加価値を求める消費者が多くなり，かつ，その付加価値が消費者の属性（年齢，性別，住所，所得，選好，家族形態など）で微妙に異なる場合は，地方分権で商品供給する方が望ましい。企業の販売戦略でも，地方分権できめ細かく対処する方が，一見非効率であるが，住民や消費者のニーズに的確に対応できるだろう。

8 マクロ市場

本章では，国民経済全体の活動水準がどのようにして決定されるのかを，マクロ的な視点で取り上げる。

1. 国民経済全体の活動水準を最も的確に数値化している GDP の概念を説明する。
2. GDP の大きさがどのようにして決定されるのかについて，ケインズ経済学の基本的な考え方を説明する。
3. 貨幣と金融の役割を考慮に入れた標準的なマクロ・モデルである *IS–LM* モデルを説明する。財市場と貨幣市場を同時に満たすように，GDP と利子率が決定されることを説明する。

8.1 GDP の概念

■ GDP

　国民経済の活動を全体的に分析するのがマクロ経済学の課題であるが，そのためには，国民経済全体の活動がどの程度活発であるのかを判断する必要がある。その指標として，国内総生産は最も有益である。

　ある国の GDP（国内総生産）は，ある一定期間（たとえば1年間）にその国で新しく生産された財やサービスの付加価値の合計である。付加価値の生産とは，生産者が生産活動によってつくり出した生産額から，その企業などの生産者が購入した原材料や燃料などの中間投入物を差し引いたものである。国内総生産は，ある一定の期間のうちにどの程度国民経済にとって利用可能な資源が増加したかを示す。したがって，それぞれの経済主体がその生産活動によって，新しくつけ加えた付加価値のみが対象となり，単純にそれ

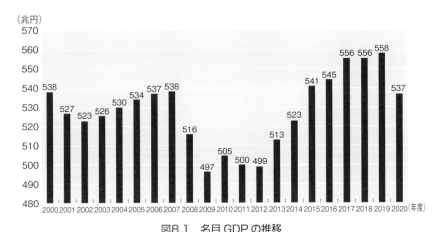

図8.1　名目 GDP の推移

（出所）内閣府「令和3年度　経済財政白書」長期経済統計より作成。

ぞれの企業の生産額を合計したものではない。

　たとえば，あるパソコン・ソフト企業は，1年間に材料費を1億円，パソコンを1億円投入して，4億円のソフトを売り上げるとしよう。この企業の付加価値は，4−1−1＝2億円になる。4億円の売り上げがあっても，そのうちの2億円はすでに他の企業で生産されていたものであるから，新しく生み出されたものではない。他の企業の生産物に新しく人を投入して，ソフトという新しい生産物をつくり出すことで，このソフト企業は2億円だけ経済全体の生産活動を増加させたと考えることができる。

　国内総生産の概念について，以下の点に注意したい。まず，第1に，GDP はある一定期間というフローの概念である。わが国は1960年代から高度成長の時代に入り，1970年代前半まで毎年の国内総生産が10％を超えるスピードで上昇したが，90年代以降は成長のスピードは大きく下落し，マイナスの成長率になった年もみられる（**図8.2**）。21世紀に入って経済大国になったとはいえ，生活関連資本や社会資本の蓄積（＝ストック）をみると，住宅についてうさぎ小屋と呼ばれる程に貧しいわが国の住宅状況が問題になるように，まだまだ遅れている面も多い。**表8.1** にまとめたフローとストックの概念を区別するのは重要である。

図8.2　実質 GDP 成長率の推移

（出所）内閣府「令和3年度　経済財政白書」長期経済統計より作成。

表8.1　ストックとフロー

	ストック	フロー
定　義	ある1時点での大きさ	ある一定期間の間に生じる大きさ
例	資本ストック，貨幣残高	GDP，消費，投資

　第2に，付加価値を合計するときには，(1)純額で計算するのか，(2)粗の額で計算するのかの2通りがある。純額で計算する場合には，生産に使われる機械などの資本ストックに対する減耗分を控除しなければならない。生産に資本設備を使うと，それだけ磨耗し，資本の価値が減少する。これは，その分だけ経済全体にとっての利用可能な資源が減少することを意味するから，付加価値をネットで合計をするときには，資本の減耗分を差し引くべきである。国内総生産をある一定の期間につくられた経済的な価値の合計と考えると，純額で合計する方がもっともらしい。

　しかし，資本が実際にどれだけ経済的に減価したのかを客観的に推計するのは，困難である。いったん生産活動に投入された資本は，市場で取引されることがあまりなく，減耗するとしてもその経済的な大きさは，市場という客観的な場所で評価されない。資本の減耗を差し引かない粗の額で国内総生

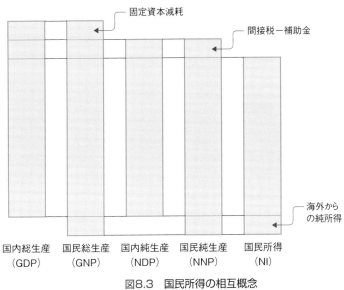

図8.3　国民所得の相互概念

表8.2　代表的な指標の定義

国内総生産（GDP）	一国の国内で産み出された付加価値の合計。外国人が日本で稼いだ所得は日本のGDPに含む。日本人が外国で稼いだ所得は日本のGDPには含まない。最近では，GDPの方がGNPよりも用いられる傾向にある。
国民総生産（GNP）	一国の居住者が稼いだ付加価値の合計。日本人が外国で稼いだ所得は日本のGNPに含む。外国人が日本で稼いだ所得は日本のGNPには含まない。
国内純生産（NDP）	GDP－固定資本減耗
国民純生産（NNP）	GNP－固定資本減耗
国民所得（NI）	NNP－（間接税－補助金）

産を測れば，減耗を評価するという難しい仕事は回避できる。一般に，国内総生産（GDP）という場合には粗の額で，また，国内純生産（NDP: Net Domestic Product）という場合には，何らかの間接的方法で減価を差し引いて純額で測っている。**図8.3**と**表8.2**を参照されたい。

名目GDPは単に市場価格で評価したGDPの大きさを示す。これに対して，

かりにすべての財・サービスの値段が一定であったとしてモノの生産量の大きさとして経済活動を測るのが**実質 GDP** の概念である。名目 GDP が増加しても，実質 GDP が増加しなければ，経済活動が活発になったとはいえない。

Column ―― 12　物価指数

　一国全体の価格水準を指標化するものが物価指数である。物価指数としては，消費者物価指数と卸売物価指数がある。前者は，消費財から構成される物価指数であり，後者は，原材料や輸入・輸出財など企業の生産活動に用いられる財から構成される物価指数である。

　また，GDP デフレーターは，名目 GDP と実質 GDP の比率として計算される物価指数である。たとえば，名目 GDP が 10％上昇し，実質 GDP が 4％上昇すれば，GDP デフレーターで表される物価水準は約 6％上昇したことになる。

　なお，2003 年より，従来の卸売物価指数を衣替えし，新しく「企業物価指数（2000 年基準）」が作成されている。価格調査の方法も一部変えるなど，内容面でさまざまな修正が加えられた結果，国内企業物価指数は旧卸売物価指数に比べ，1％程度前年比下落幅が拡大しており，デフレ実態を一段と鮮明に反映するようになっている。

　最近注目されている東大日次物価指数（CPINow（CPI ナウ））は，日次の物価指数である。日本の消費者物価指数は総務省統計局によって作成されており，ある月の計数は翌月の月末に公表されるが，東大日次物価指数では，ある日の物価をその翌々日に公表している。これは，スーパーマーケットの POS システム（スーパーのレジで商品の販売実績を記録するシステム）を通じて，日本全国の約 300 店舗で販売される商品のそれぞれについて，各店における日々の価格，日々の販売数量を収集し，それを原データとして使用し，購買取引の行われた日の翌々日までにデータを収集し，日次で作成・公開している物価指数である。東大日次物価指数は物価に関する最新の情報を迅速，かつ豊富に提供することにより，投資家が物価の先行きを予想する際の精度を高める効果が期待されている。

■ GDP と GNP

GDP とは，国内総生産（Gross Domestic Product）の略語である。GDP は，ある一定期間にある国の国内で新しく生産された財やサービスの付加価値の合計である。これに対して，GNP（Gross National Product）とは，国民総生産のことである。これは，一国の国民が国の内外を問わず，稼いだ付加価値の合計である。昔は GNP がよく用いられていたが，現在では一国国内の経済活動を表す適切な指標として，GDP が用いられている。国民経済全体として，マクロ経済活動が活発であるのかそうでないのかを判断する基準として，国内総生産の大きさが最も有益な指標と考えられているからである。

なお，以下の分析では，国民全体が得る所得の総額としての広義の国民所得を意味する用語として，GDP と国民所得を区別しないで用いることにする。

■ GDP に含まれないもの

ところで，市場で取引されないために，国内総生産を測る際に問題となるものも多い。資本の減耗の場合には純額を間接的に計算しているが，推定できないという理由で国内総生産から除外されているものもある。表8.3 に示すように，市場で取引されない家庭内での掃除，洗濯，料理などの労働サービスがその代表例である。お手伝いさんや便利屋に頼んだりして，実際にお金が取引されれば，その金額から家事サービスを測定することはできる。しかし，家庭内でのすべての家事をその内容に応じて金銭的に評価するのは，難しい。

表8.3　GDP の意味

GDP に含まれるもの	付加価値（生産物－中間投入物）：市場価格で計測 政府支出：かかった費用で計測 自家消費，帰属家賃：推計
GDP に含まれないもの	家庭内での家事労働 地下経済の非合法活動 公害などの経済活動

■ 三面等価の原則 ────────────────────

　この章では，マクロ経済モデルの最も基本的な考え方となっているケインズ・モデルを用いて，マクロ財市場において広義の国民所得（＝GDP）がどう決定されるか検討する。ケインズ経済学の基本的な考え方である有効需要の原理を，最も単純なモデルを用いて説明する。

　これまで，国内総生産を生産における付加価値の合計として生産面からみてきたが，生産されたものは，誰かに分配され，誰かの所得になっているし，何らかの形で使われているはずである。**表8.4**にまとめているように，国民所得，あるいは，国内総生産を計測するときに，三面等価の原則が成立する。三面等価の原則とは，国内総生産あるいは国民所得を生産面からみても，分配面からみても，支出面からみても，すべて等しいことを意味する。これは，企業が計画通りに販売できなかったものを在庫品の増加として，意図せざる在庫投資の形で投資に含めることで，貯蓄と投資を事後的に等しくさせているものである。

　三面等価の原則はあくまでも，ある一定期間の経済活動が終了した事後的な統計上の関係であって，ある時点で新しく経済活動を始める際の事前的な意味で，すなわち，個々の企業や家計の意思決定のレベルで，常に均衡が成立しているわけではない。企業の財の望ましい供給水準と家計の財に対する望ましい需要水準は，常に一致しているわけではない。

表8.4　GDPの三面等価

生　産	付加価値の合計
分　配	雇用者所得＋固定資本減耗＋生産輸入品にかかる税－補助金＋営業余剰
支　出	民間消費支出＋政府消費支出＋国内総固定資本形成＋在庫品増加＋財サービスの純輸出

8.2 GDP の決定

■ 需要とケインズ経済学

ケインズ経済学の基本的な立場では，需要と供給との差を調整するものが，価格ではなく数量である。すなわち，財市場において需要の方が供給より少ない超過供給の状態にあるとしよう。企業にとっては生産物があまり売れず，まだ在庫があふれている。このとき価格メカニズムがうまく働けば，価格が下落して，需要を刺激し，供給を抑制して，超過供給を解消する方向に動くだろう。しかし，価格の調整スピードがあまり早くなければ，短期的には，超過供給は解消されない。企業は生産量を縮小することで，超過供給の解消に動くだろう。ここで需要が増加すれば，それだけ生産も増加する。企業にとっては生産の拡大が望ましいからである。つまり，ケインズ経済学では価格の調整スピードが遅く，需要と供給の調整は，短期的には数量，特に需要に応じた生産の調整によると考えている。

これは，生産能力に余裕があり，現在の価格水準のもとで，需要があるだけ生産するのが企業にとって採算上有利である状況を想定している。価格の調整スピードが短期的に遅く，また，企業の生産能力があり余っている不況期に当てはまる考え方である。1930年代の大不況を背景としてケインズ経済学が生まれてきたことを考えると，当時としては，自然な発想であったといえよう。したがって，**表8.5**にまとめたように，ケインズ経済学では，財市場において総需要がどう決まるかが最大の問題となる。財に対する各経済主体（家計，企業，政府）の需要に見合うだけ生産が行われると考えている。

■ 国民所得の決定

さて，財市場における総需要 A は，消費 C と投資 I と政府支出 G の合計で与えられる。

$$A = C + I + G$$

表8.5　ケインズ・モデルの特徴

調整プロセス	数量調整
財市場	超過供給：需要に応じて供給が決まる
労働市場	非自発的失業：市場の賃金率で働きたい労働者が失業
モデル	$Y = A,\ A = C(Y) + I + G$
シフト・パラメーター	I（投資），G（政府支出）

第2章で説明したように，消費 C は国民所得 Y（＝GDP）の増加関数である。投資はある水準で変化しないと想定する。政府支出は政策的に決定される。したがって，総需要 A も Y の増加関数となる。また，所得が1単位増加するときに何単位総需要が増加するか，その比率 $\Delta A / \Delta Y$ を考えると，これは限界消費性向 $\Delta C / \Delta Y$ に等しい。限界消費性向は1より小さいから，所得の増加ほどには総需要は増加しない。

　財市場の均衡条件は，この総需要に等しいだけの生産が行われることである。

$Y = A$

　国民所得の決定メカニズムを，図8.4 で考えてみよう。図8.4 では，縦軸に総需要 A を，また，横軸に生産量である国民所得 Y を表したものである。45度線は $Y = A$ で与えられる財市場の均衡条件を，また，AA 線は総需要線を示している。上述したように，AA 線は右上がりであり，その傾きは1より小さい。この AA 線が45度線と交わる点 E が，財市場の均衡点である。なぜなら，E 点で総需要が供給と等しいからである。

　図8.4 で示したように，AA 線は，45度線よりその傾きが小さくなっている。これは，限界消費性向 c が1より小さいからである。したがって，両曲線の交点で与えられる均衡点 E は，必ず1つだけ存在する。E 点の右側では $A < Y$ であり，総需要より総供給の方が上回る超過供給の状態にあるから，意図せざる在庫が発生する。企業は売れない在庫を抱えるよりは生産量を縮小させるため，最終的に E 点まで生産を縮小して，ちょうど需要に見合った生産が可能となる。逆に，E 点の左側では $A > Y$ となっている。企業は需

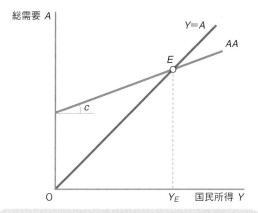

AA 線は，消費と投資と政府支出からなる総需要を示し，
Y＝A 線は 45 度線である。両曲線の交点で，財市場は均
衡しており，総需要に見合った国民所得が生産される。

図8.4　国民所得の決定

要があるだけ生産を拡大するのが有利だから，生産量は増加し，E 点まで生
産が拡大して，財市場が均衡する。

　このように，総需要の大きさにちょうど見合うだけの生産が行われると考
えるのが，有効需要の原理と呼ばれるケインズ経済学の基本的な国民所得の
決定メカニズムである。

8.3　*IS–LM* モデル

■ 貨幣の役割 ────────────────────────────────

　第 1 章で述べたように，ケインズが 1930 年代に『一般理論』を公刊する
以前の時代に支配的な考え方であった古典派の経済学では，貨幣という名目
変数は生産量や雇用量などの実質的な変数に影響を与えないという，貨幣の
中立性が想定されていた。これに対して，ケインズ経済学では，貨幣は中立
ではなく，実質的な経済変数に影響を与える。5.1 節で考察した貨幣的側面
と前節で考察した財市場の均衡とを同時に考慮するのが，マクロ経済学の標

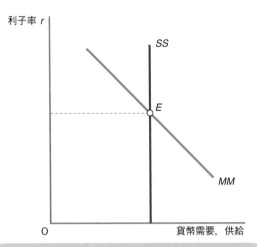

MM 曲線は貨幣需要が，所得を一定とすれば，利子率の減少関数であることを示す。SS 曲線は，外生的に与えられる貨幣供給水準である。両曲線の交点 E で，ある所得水準のもとでの貨幣市場を均衡させる利子率が求められる。

図8.5　貨幣市場の均衡

準的モデルとなっている *IS–LM* 分析である。この *IS–LM* 分析を説明するために，まず最初に，貨幣がどのようにして実質的な経済変数に影響を与えるのか，そのメカニズムを検討してみよう。

図による説明

いま，国民所得は財市場の方で決まるとして，さしあたって一定としよう。このとき貨幣市場での需要と供給を等しくさせるのは，利子率の調整である。以下では，図 8.5 を用いて貨幣市場の均衡を検討しよう。この図は，縦軸に利子率を，横軸に貨幣の需要と供給を示したものである。図 8.5 で，*MM* 曲線は，貨幣に対する需要を示している。資産需要と利子率の間に第 5 章で述べた負の関係があるから，利子率が上昇すれば貨幣需要は減少する。すなわち，*MM* 曲線は右下がりの曲線となる。この右下がりの *MM* 曲線は流動性選好表と呼ばれる。*MM* 曲線のシフト・パラメーター（*MM* 曲線の位置を変化させる数値）として，国民所得（＝GDP）が入っている。

他方，貨幣の供給は政策変数であり，モデルの外で説明される外生変数であるから，簡単化のために，一定と考えておこう。供給曲線 *SS* は，利子率とは独立であ

り，**図 8.5** では垂直線となる。貨幣市場の均衡は，両曲線の交点 E である。E 点の上方では，貨幣に対する需要より貨幣の供給の方が上回っており，貨幣市場が超過供給の状態にある。これを債券市場の方からみると，債券に対する超過需要の状態にある。なぜなら，人々の資産（＝総資産蓄積水準）は，貨幣か債券かの 2 種類であって，その時点での債券と貨幣の需要の合計は一定だからである。したがって，債券市場と貨幣市場を合計して考えると，必ず，総需要は総供給に等しい。

貨幣市場が超過供給で債券市場が超過需要であれば，利子率は低下し，債券の価格は上昇するだろう。利子率の低下は，貨幣市場で需要と供給が等しくなる E 点まで続く。逆に，E 点の下方では，貨幣の需要が供給を上回る超過需要の状態にある。このときは，債券の価格が低下し，利子率が上昇して，均衡点の E 点が実現する。

■ *IS–LM* 分析

前節の国民所得の決定理論では，利子率を所与として，財市場で需給が一致するように国民所得が決まることを説明した。また，国民所得を所与として，貨幣市場で需給が一致するように利子率が決まることを上で説明した。実際には，財市場と貨幣市場とは完全に分離されているのではなく，お互いに影響している。国民所得，あるいは国内総生産は，貨幣市場で決まる利子率の動向にも依存しているし，利子率も，財市場で決まる国民所得の動向にも影響される。投資需要を通して生じる両市場の相互依存関係を考慮することで，国民所得と利子率を同時に説明するのが，ケインズ経済学の標準的な理論的枠組みである *IS–LM* 分析（**表 8.6**）である。

表 8.6　*IS–LM* 分析

	IS 曲線	*LM* 曲線
市　　場	財市場	貨幣市場
定　　義	財市場を均衡させる Y と r の組み合わせ	貨幣市場を均衡させる Y と r の組み合わせ
均衡条件式	$Y = C(Y) + I(r) + G$	$M = L(Y, r)$
傾　　き	右下がり	右上がり
シフト・パラメーター	G（政府支出）	M（貨幣供給）
内生変数	Y（所得）と r（利子率）の同時決定	

■ *IS* 曲線

まず最初に，*IS* 曲線の方から説明しよう。*IS* 曲線とは，財市場が均衡するような国民所得と利子率の組み合わせを意味する。式で書くと，次のように定式化される。

$$Y = C(Y) + I(r) + G$$

ここで，Y は国民所得，C は民間消費，I は民間投資，r は利子率，そして G は政府支出である。$C(Y)$ は消費関数であり，消費が国民所得に依存して決まることを示す。第2章でも述べたように，消費は国民所得の増加関数と考えられるが，1単位の所得の増加に対して消費は1単位以下しか増加しない。限界消費性向 $\Delta C / \Delta Y$ は，0と1の間にある。

$I(r)$ は，第3章で説明した企業の資本需要から導かれる投資関数である。投資は，利子率の減少関数である。ケインズ経済学では，追加的な投資から得られる限界的な収益のことを，投資の限界効率と呼んでいる。さまざまな投資プロジェクトには，それぞれに対応する収益が計算できる。利子率が上昇すれば，いままでより高い収益を確保できる投資プロジェクトしか採算がとれなくなるから，投資量は抑制される。逆に，利子率が低下すれば，いままでより低い投資の収益を持っているプロジェクトでも採算がとれるようになり，投資が刺激される。よって，**図8.6** に示すように，投資は，利子率

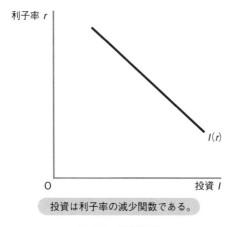

投資は利子率の減少関数である。

図8.6 投資関数

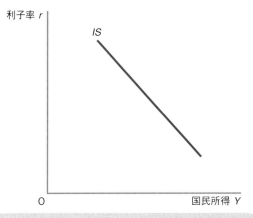

利子率 r

IS

0

国民所得 Y

IS 曲線は，財市場を均衡させる所得と利子率の組合せを意味している。利子率が低下すれば，投資需要が拡大するから，財市場の均衡を維持するには生産も拡大する必要がある。したがって，IS 曲線は右下がりとなる。

図8.7　IS曲線

の減少関数となる。

　さて，IS 曲線は，財市場を均衡させる Y と r の組み合わせである。これを図示したものが，図 8.7 の IS 曲線である。この図では，縦軸に利子率 r を，また，横軸に国民所得 Y をとっている。図 8.7 に描いてあるように，IS 曲線は右下がりとなる。利子率が上昇すれば，投資需要が減少するから，いままでと同じ国民所得のままでは，財市場が超過供給になってしまう。財市場の超過供給を解消するには，生産が減少しなければならない。よって，利子率の上昇と生産量の減少という組み合わせで，財市場の均衡が維持される。

　もちろん，生産が減少すれば消費も減少するが，限界消費性向が 0 と 1 の間にあるから，生産の減少ほどには消費は減少せず，財市場の超過供給は解消される。逆に，利子率が低下すれば，投資需要が刺激されるから，財市場の均衡を回復するには，生産量が増加しなければならない。利子率の低下と国民所得の増加という組み合わせも，財市場の均衡を維持するものである。したがって，IS 曲線は右下がりとなる。

投資の利子弾力性

利子率が1%低下したとき，投資が何%増加するかは，投資の利子弾力性と呼ばれる。投資の利子弾力性が大きいほど，わずかな利子率の変化に対して，投資が大きく変化する。投資の利子弾力性が低いと，IS曲線はどうなるだろうか。利子率が変化しても，それほど投資需要は変化しないから，財市場はそれまでの国民所得のままでもそれほどの不均衡にならない。したがって，財市場の均衡を維持するために，国民所得はそれほど変化する必要がない。利子率の変化に対して，国民所得がそれほど変化しない組み合わせが，IS曲線となるから，IS曲線の傾きはより垂直になる。逆に，投資の利子弾力性が大きいと，利子率が低下すると投資がかなり増大するから，国民所得も大きく増大しなければ財市場の均衡は維持できず，IS曲線の傾きはより水平になる。

■ 貨幣市場の均衡

次に，LM曲線を定式化しよう。LM曲線は，貨幣市場を均衡させる国民所得と利子率の組み合わせを意味する。式で書くと，

$$M = L(Y, r)$$

と表される。ここで，M は貨幣供給，L は貨幣需要を示す。貨幣需要は取引需要と資産需要の合計からなり，国民所得の増加関数であるとともに，利子率の減少関数でもある。**図8.5**と対比させると Y が増大して MM 曲線が上方にシフトすると，貨幣市場の均衡を維持するために，r も上昇する。したがって，Y と r とは同じ方向に変化する。この関係を図示したのが LM 曲線である。

さて，**図8.8**に LM 曲線を描いてみよう。利子率が上昇すると，いままでの国民所得では貨幣需要が減少するから，貨幣市場は超過供給の状態になる。貨幣供給は一定であるから，貨幣市場の均衡を回復するには，貨幣需要がもとに戻るように，国民所得が増大して，貨幣の取引需要を刺激しなければならない。したがって，利子率の上昇に対して国民所得も増加することで，貨幣市場の均衡は維持される。いい換えると，LM 曲線は右上がりとなる。あるいは，いま国民所得だけが均衡から離れて低下したとすると，利子率がもとのままでは，貨幣市場は超過供給になる。利子率も低下して貨幣需要を刺激してはじめて，貨幣市場は均衡に戻る。このように考えても，LM 曲線

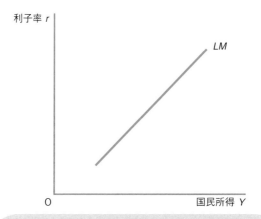

LM 曲線は，貨幣市場を均衡させる利子率と所得との組み合わせである。利子率が上昇すれば，貨幣需要が縮小するが，貨幣市場はそのままでは超過供給になる。貨幣市場の均衡を維持するには所得の拡大による貨幣需要の増大が必要となる。したがって，*LM*曲線は右上がりである。

図8.8 *LM*曲線

は右上がりとなる。

貨幣の利子弾力性

利子率が1%上昇したとき，貨幣の資産需要がどれだけ減少するかで，貨幣の利子弾力性を表すことができる。貨幣の利子弾力性が大きければ，利子率のわずかな変化で貨幣需要は大きく変化する。では，貨幣の利子弾力性が大きくなると，*LM*曲線の形はどうなるだろうか。いま国民所得だけが上昇したとしよう。貨幣の超過需要が発生するが，これを解消するには，利子率が上昇しなければならない。

貨幣の利子弾力性が大きいと，利子率が少しだけ上昇すれば，容易に貨幣需要は減少して，貨幣市場の均衡を回復できる。よって，*LM*曲線はより水平に近くなる。逆に，貨幣の利子弾力性が小さいと，利子率を大きく変化させないと，均衡が回復できない。*LM*曲線の傾きはより垂直に近くなる。

■ 一般均衡モデル

以上の *IS* 曲線と *LM* 曲線の両方を用いて，財市場と貨幣市場の両方の均衡を考えてみよう。財市場と貨幣市場が同時に均衡する利子率と国民所得の

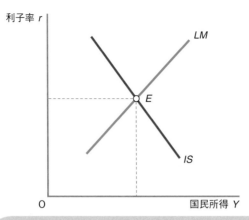

IS 曲線は，財市場を均衡させる所得と利子率の組み合わせを示す。LM 曲線は，貨幣市場を均衡させる所得と利子率の組み合わせを示す。両曲線の交点 E は，財市場と貨幣市場を同時に均衡させる利子率と所得の組み合わせを示す。

図8.9　*IS–LM* モデル

組み合わせは，どのようなものであろうか。

　IS 曲線が財市場の均衡を，また，*LM* 曲線が貨幣市場の均衡を表している。両市場が同時に均衡するのは，**図8.9** での両曲線の交点 *E* である。財市場と貨幣市場を同時に均衡させるように，国民所得と利子率が決定される。それに応じて，均衡での消費，投資，貨幣需要などのマクロ変数も決定される。*IS* 曲線が右下がり，*LM* 曲線が右上がりであるから，均衡点 *E* は１つしか存在しない。

　労働者を完全雇用して生産される GDP を完全雇用 GDP と呼ぶ。しかし，*IS*，*LM* 曲線の交点で求められる均衡 GDP が完全雇用 GDP に一致する保障はない。一般的に不況期では，均衡 GDP は完全雇用 GDP よりも小さい。そのギャップに相当する労働者が，働く意欲はあるにもかかわらず雇用されない非自発的失業者である。ケインズ経済学の主要な関心は，マクロの総需要を適切に管理することで，完全雇用 GDP を実現して，非自発的失業者を解消することである。

まとめ

●国民経済全体の活動指標として，GDP（国内総生産）は有益な指標である。マクロ経済学の標準的な考え方であるケインズ経済学では，需要と供給との差を調整するものは，価格ではなく数量である。総需要の大きさにちょうど見合うだけの生産が行われると考えるのが，有効需要の原理と呼ばれるマクロ経済学の基本的な国民所得の決定メカニズムである。

●*IS-LM* 分析は貨幣市場も考慮したケインズ経済学の標準的な理論的枠組みであり，投資需要を通して生じる財，貨幣両市場の相互依存関係を分析することで，国民所得と利子率を同時に説明する。

重要語

□ GDP（国内総生産）　□ 付加価値　　　　□ 三面等価の原則
□ 有効需要の原理　　　□ *IS* 曲線　　　　□ *LM* 曲線
□ 完全雇用 GDP

問　題

■1　次の文章のなかで正しいものはどれか。
　（ア）　GDP は市場で取引される財・サービスを対象としているから，経済活動の水準を示す指標となっている。
　（イ）　GDP には含まれない経済活動も多いので，GDP は経済的な指標としてもあまり有益ではない。
　（ウ）　三面等価の原則は，必ずしも常に成立するわけではない。
　（エ）　有効需要の原理では，需要よりも供給サイドが重要である。
　（オ）　財市場で GDP が決定されれば，完全雇用も必ず実現している。

■2　次のうち正しいのはどれか。
　（イ）　*Y* は *IS* 曲線上で決定されるから，*LM* 曲線がシフトしても変化しない。
　（ロ）　*Y* は *LM* 曲線上で決定されるから，*IS* 曲線がシフトしても変化しない。
　（ハ）　*r* は *IS* 曲線上で決定されるから，*LM* 曲線がシフトしても変化しない。

（ニ）　r は LM 曲線上で決定されるから，IS 曲線がシフトしても変化しない。

（ホ）　Y と r とは LM，IS 両曲線の交点で決まるから，それ以外の IS，LM 曲線の点は均衡としての経済的意味はない。

■3　限界消費性向が上昇すると，IS 曲線はどう影響されるか。

（ア）　IS 曲線の傾きが緩やかになる。

（イ）　IS 曲線は変化しない。

（ウ）　IS 曲線の傾きが急になる。

（エ）　IS 曲線の傾きが変化するが，どう変化するかは不確定である。

■4　次のようなモデルを想定する。

$$I = 40 - 5r$$

$$S = -15 + 0.2Y$$

$$M = 95$$

$$L = 85 + 0.2Y - 10r$$

ここで，I は投資，r は利子率，S は貯蓄，Y は所得，M は貨幣供給，L は貨幣需要である。

（ア）　IS 曲線を求めよ。

（イ）　LM 曲線を求めよ。

（ウ）　均衡での所得と利子率を求めよ。

Column ── 13	GDP と経済厚生

　GDP は市場で取引される財・サービスがその対象であるから，市場で取引の対象とならない財・サービスは含まれない。また，経済活動によって環境が破壊されても，その損害額は考慮されない。そこで生活により密着した指標として，国民経済の福祉水準を数量化した国民純福祉（国民福祉指標，NNW: Net National Welfare）が提唱されている。具体的には，国民総生産から環境破壊などマイナス面のコストを差し引き，市場で評価されていない家事労働や余暇を金銭面で評価して加えたものである。しかし，数量化が困難なため，十分には用いられていない。

　また，最近では経済的な豊かさの代表的な指標である所得とともに，持ち家比率や教育水準，公園などの社会的資本の整備状況などいくつかの分野別のランキングを用いて，各地方公共団体別の暮らしやすさの指数も作成されている。しかし，全体としてどういう評価基準が望ましいのかについて，一致した意見はない。限界はあるにせよ，GDP は市場の客観的な評価に基づいているという点で，経済規模の大きさを示す指標として最も有効なものである。

9 マクロ政策

　本章では，前章で説明したマクロ・モデルを前提として，最も標準的なマクロ政策である財政・金融政策の効果を考える。

---

1. 財市場での GDP 決定モデルを前提として，財政政策の乗数効果を説明する。
2. IS-LM のモデルを用いて，財政政策の効果を分析する。
3. 財政赤字の経済的な意味について考える。
4. IS-LM のモデルを用いて，金融政策の効果を分析する。
5. マクロ経済政策をどのような視点で評価すべきかについて，説明する。

9.1　財政政策：財市場のモデル

■ 乗　数

　前章のマクロ・モデルを前提として，総需要管理政策としてのマクロ政策の効果について考察しよう。まず最初に，財政政策の効果から検討したい。たとえば，景気対策として公共事業などの政府支出が 1 兆円だけ増加したとしよう。これは何兆円の GDP の拡大をもたらすだろうか。この大きさは政府支出の乗数効果と呼ばれている。

　図 9.1 は，財市場のモデルを用いて乗数メカニズムを示したものである。縦軸に総需要 $A = C + I + G$ を，横軸に生産＝国民所得 Y をとっている。ここで，C は消費，I は投資，G は政府支出である。マクロ財市場の均衡条件は 45 度線 $(Y = A)$ 上であり，総需要曲線 $(= C + I + G)$ は AA 線を意味する。

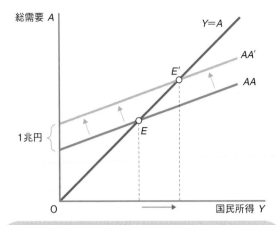

政府支出の 1 兆円の増大により，総需要曲線 *AA* は上方に
1 兆円の大きさだけシフトする。*Y*=*A* 線との交点で与え
られる均衡点は，*E* から *E'* へと移動する。

図9.1　政府支出の乗数効果

　政府支出の拡大によって，**図 9.1** では *AA* 線が 1 兆円だけ上方にシフト
する。*AA* 線は *G*+*I* のある一定値に対応して描かれているから，*G*+*I* が変
化すれば，別の *AA* 線を描く必要がある。*AA* 線をシフトさせる外生変数 *G*
+*I* は，シフト・パラメーターと呼ばれる。当初の均衡点 *E* から 45 度線上
を右の方に移動した点 *E'* が，新しい均衡点である。図に示すように，国民
所得は増加する。限界消費性向（＝追加的な 1 万円の所得の増加がどのくら
いの消費の拡大をもたらすかを表す比率）*c* が大きいほど，乗数は大きく，
1 から限界消費性向を引いた限界貯蓄性向の逆数 $1/(1-c)$ で与えられる。こ
の乗数は 1 よりも大きい。

政府支出の増加と国民所得

　では，なぜ，1 兆円の外生的な政府支出の増加によって，限界貯蓄性向の逆数の
大きさだけ国民所得が増加するのだろうか。まず 1 兆円の政府支出が増加した分だ
け所得も増加し，それに誘発された消費が限界消費性向 *c* 円だけ増加する。この誘
発された消費の増加は財市場では需要の増加となるから，さらに所得を *c* 円だけ増
加させる。そして，この *c* 円の所得の追加的な増加により，それに限界消費性向を
掛け合わせた c^2 の大きさだけさらに消費が増加する。そして，これがまた所得を増

加させ，さらに消費を拡大していく。

こうした累積的な需要の拡大の合計は，

$$1 + c + c^2 + c^3 + \cdots = \frac{1}{1-c}$$

の大きさとなる。すなわち，外生的に需要が1兆円だけ増加すると，国民所得は $1/(1-c)$ 兆円だけ増加する。この限界貯蓄性向 $(1-c)$ の逆数値だけ，政府支出の外生的な変化は増幅されて国民所得を増大させる。

AA 曲線の傾きは限界消費性向 c の大きさに対応しており，45度線の傾きよりは小さい。図 9.1 からわかるように，AA 曲線の傾き（限界消費性向）がより1に近くなるほど，乗数の値は大きくなる。

[数値例]

　限界消費性向 c が 0.8 であれば，限界貯蓄性向の逆数 $1/(1-c)$ は5となり，外生的な需要の5倍だけの所得増となる。1兆円の政府支出の増加は5兆円の所得の増加を生み出す。

■ 税制の自動安定化装置

　乗数効果は，政府支出 G ではなく民間投資 I が外生的に変化した場合でも，同様に成立する。なぜなら，投資需要が外生的に変動したとき，乗数倍だけ有効需要も変動するからである。外生的なショックの変動で所得（＝生産活動）があまり大きく変動しない方が，体系は安定的と考えられる。民間投資が変化するとき，乗数の値の小さい方が有効需要の変動も小さく，より安定な体系になる。

　所得税が組み込まれていると，そうでない場合よりも，乗数は小さくなる。これは，所得が増大しても，税負担が同時に増大することで，消費の増大が少し相殺され，総需要の増大効果が小さくなるからである。乗数が小さくなるという意味で体系はより安定的になる。これが税制の自動安定化機能（ビルト・イン・スタビライザー）である。

　所得税，法人税などの税制以外にも，失業保険などの社会保障制度も同様の安定化効果を持っている。すなわち，景気が悪くなり失業者が増大すると，

失業保険の給付も増加して，失業者の消費の落ち込みを最小限にとどめる。これは，景気の悪いときに消費を下支えして，さらに景気が悪化するのを緩和する効果を持っている。逆に，景気がよくなると失業者は減少するから，失業保険の給付も減少し，消費が拡大するのを抑制する。これは景気の過熱を抑制して，経済を安定化させる効果を持っている。

■ 減税乗数 ─────────────────────────────

　上のケースでは政府支出を政策変数と考えた。次に，税収を政策変数と考えて，政策的に1兆円減税する場合の総需要に与える大きさを調べてみよう。減税によって総需要が増大するのは，減税による可処分所得（＝税金を差し引いた家計が自由に処分できる所得）の拡大のために，消費が刺激されるからである。このとき減税の乗数は，$c/(1-c)$ となる。

　減税の乗数 $c/(1-c)$ と政府支出の乗数 $1/(1-c)$ を比べてみると，政府支出乗数の方が必ず大きい。ここで，その理由について考えてみよう。政府支出が増加すると，財市場で直接需要の増加となるが，減税の場合には，可処分所得の増加が消費を刺激するという間接的な効果でしかない。1兆円の政府支出の増加は1兆円の総需要を直接増加させるが，1兆円の減税は1兆円だけ可処分所得を増加させても，消費は1兆円以下しか増加しない。限界消費性向は1以下である。つまり，c 兆円の政府支出の増加と1兆円の減税とは，ともに総需要を直接的に c 兆円だけ増加させる点で，同じ効果を持つ。

　1兆円の減税の場合，そのうちの $(1-c)$ 兆円は貯蓄に回され，有効需要の増加とはならない。したがって，減税の総需要拡大効果は，この分だけ政府支出増より小さくなる。直接的な需要増の大きさは違うけれども，それ以降のプロセスでは，生産が増大し所得が増大するにつれて，可処分所得も消費も増大し，それがさらに生産増加を引き起こすという乗数過程を生み出す点では，同じである。

[数値例]

　たとえば，限界消費性向 c が 0.8 とすると，減税乗数の値は $0.8/(1-0.8)=4$ となる。1 兆円の減税によって 4 兆円だけの有効需要が創出され，国民所得も 4 兆円増大する。

均衡予算乗数

　では，税収 T と政府支出 G を同額だけ増加させるという均衡予算の制約のもとで乗数の大きさはどうなるだろうか。政府支出を増加させるとともに，増税する場合は，均衡予算を維持しながら政府支出の規模を拡大させる政策である。

　政府支出増それ自体の乗数の大きさは，限界貯蓄性向の逆数 $1/(1-c)$ であった。また，増税は減税のちょうど反対の政策であるから，増税それ自体の乗数は，$-c/(1-c)$ となる。均衡予算を維持しながら政府支出を増大させる場合であるから，両方の乗数を足し合わせると，

$$\frac{1}{1-c} - \frac{c}{1-c} = 1$$

となる。すなわち，均衡予算の制約のもとで政府支出を増加させる乗数は，消費性向とは独立に常に 1 になる。この結果は，均衡予算乗数の定理と呼ばれている。**表 9.1** は以上の結果をまとめている。

表 9.1 財政政策と乗数

政府支出乗数：政府支出を拡大するときの GDP に与える効果	$\dfrac{1}{1-c}$, $c =$ 限界消費性向
減税乗数：税負担を減税するときの GDP に与える効果	$\dfrac{c}{1-c}$
均衡予算乗数：政府支出と税収を同額だけ増加させるときの GDP に与える効果	1

■ 完全雇用財政赤字

　財政収支は，政府の支出と税収との差額である。財政支出が税収を上回っていれば財政赤字であり，逆に，税収が政府支出を上回っていれば財政黒字である。伝統的な財政運営の考え方では，財政収支を均衡させることが，重要な政府の政策目標とされてきた。しかし，ケインズ・モデルでは，完全雇用を達成するように総需要を管理することが重要な政策目標であって，必ずしも財政収支を均衡させる必要はない。

　ここで，完全雇用財政赤字という概念を説明しておこう。完全雇用財政赤字とは，税制や政府支出構造が所与で変わらないとき，もし国民経済が完全雇用水準で生産活動が行われたとすると実現したであろう，財政赤字の大きさをいう。つまり，現実の国民所得ではなく，完全雇用のもとでの国民所得でみた財政収支の大きさを問題としている。式で書くと，次のように定式化される。

$$FED = G - T(Y_F)$$

ここで，FED は完全雇用財政赤字，Y_F は完全雇用国民所得，G は政府の財政支出，T は税収，$T(\ \ )$ は租税関数を意味する。政府支出は経済活動の動向にかかわらず一定と考えると，財政赤字の動向にとって問題となるのは，税収の動きである。所得税に代表されるように，国民所得が増えると，税収は大きくなる。したがって，かりに国民所得が完全雇用水準にあったとしたときに，どのくらいの税収が得られるのかわかれば，完全雇用財政赤字を求めることができる。

　図 9.2 に示すように，現実の財政赤字が大きくても，完全雇用水準で財政赤字が解消するのであれば，特に財政赤字を問題にする必要はない。ケインズ経済学では，この完全雇用財政赤字をゼロにすることを，政策目標としている。

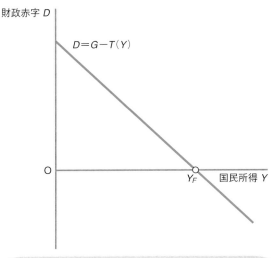

財政赤字 *D*

D＝*G*－*T*(*Y*)

O　　　　　　　　　　　　*Y_F*　　国民所得 *Y*

> 政府支出 *G* は外生的に一定であるが，税収 *T* は所得水準 *Y* の増加関数である。*Y* が拡大すると税収が増加するので，財政赤字は小さくなる。完全雇用国民所得 *Y_F* のもとでの財政赤字を完全雇用財政赤字という。この図では，完全雇用財政赤字はゼロになっている。

図9.2　完全雇用財政赤字

9.2　財政政策：*IS–LM* のモデル

■ 政府支出の拡大

　本節では総需要管理政策としての財政金融政策の効果を，前章で説明したマクロ経済学の理論的な枠組み＝*IS–LM* の枠組みを用いて，分析したい。

　まず最初に，財市場だけではなく，貨幣市場も考慮した *IS–LM* の枠組みを用いて，財政政策の効果を分析しよう。**図9.3** は，財市場の均衡を示す *IS* 曲線と貨幣市場の均衡を示す *LM* 曲線を描いたものである。財政政策の変数である政府支出を与件として（シフト・パラメーターとして），*IS* 曲線は描かれている。すなわち，ある特定の政府支出の値に対応して，1つの *IS* 曲線が描かれるのであり，政府支出が変化すれば，*IS* 曲線自体がシフトする。

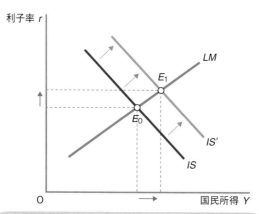

政府支出の拡大によって，IS 曲線は右上方にシフトするから，新しい均衡点は E₀ から E₁ へ移動する。国民所得は増大し，利子率は上昇する。

図9.3　政府支出の拡大

　政府支出拡大の効果から分析しよう。政府支出が増大すれば，これまでの利子率のもとでは，財市場が超過需要になる。財市場の均衡を維持するためには，国民所得も増加しなければならない。これは，IS 曲線が右上方にシフトすることを意味する。その結果，IS，LM 両曲線の交点で与えられる均衡点は E₀ から E₁ へ動く。財政政策が変化しても，LM 曲線はシフトしないから，均衡点は LM 曲線上を移動する。E₀ 点と E₁ 点とを比べてみれば明らかなように，国民所得は増大し，利子率も上昇する。政府支出の増加は直接総需要を増加させて，均衡国民所得を増加させるのは，前節と同じである。

　では，貨幣市場も考慮する IS–LM の枠組みでは，なぜ利子率が上昇するのだろうか。政府支出の増加により，財市場で超過需要となり，生産が刺激され，国民所得が増大すると，貨幣の取引需要が増加する。第5章でも述べたように，国民所得が増大すると，取引需要が活発になり，貨幣需要も拡大する。したがって，いままでの利子率のままでは，貨幣市場はもはや均衡せず，超過需要が発生する。このため，貨幣市場の均衡を回復するように，利子率が上昇する。貨幣供給が一定である以上，利子率が上昇して初めて貨幣需要が抑制され，貨幣市場の均衡が維持される。

■ クラウディング・アウト効果 ─────────────

ところが，利子率が上昇すると，投資需要が抑制される。これは，財市場で総需要を抑制する方向に働く。したがって，利子率が全く上昇しない場合より，政府支出乗数の値は小さくなる。図 9.4 で A 点は，利子率がもとの E_0 のままであるときの財市場の新しい均衡点を示している。これは，前節における政府支出増加の乗数の値 $1/(1-c)$ に対応している。

A 点から E_1 点への動きは，利子率が上昇したために，投資需要が抑制される効果を反映している。財政政策の拡張効果は，利子率の上昇によって，

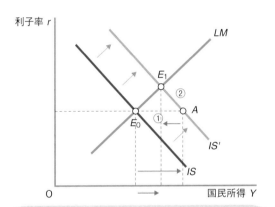

政府支出の拡大による E_0 から E_1 への動きは，① E_0 から A への動きと，② A から E_1 への動きに分解して考えられる。E_0 から A への動きは，当初の利子率のままでの政府支出拡大の効果（前節の乗数モデルの効果）を表し，A から E_1 への効果が利子率の上昇による投資抑制効果（クラウディング・アウト効果）を表す。

図9.4　クラウディング・アウト効果

表 9.2　クラウディング・アウト効果

	意　味	乗　数
① r（利子率）一定上の動き	投資需要が変化しないときの GDP に与える効果	$\dfrac{1}{1-c}$
② r（利子率）が上昇する動き	利子率の上昇によって投資需要が減少する効果	マイナス

部分的に相殺されて小さくなる。これは，政府支出の増加によって，部分的に民間投資が抑制される効果であるから，**表9.2**にまとめたように，政府支出のクラウディング・アウト効果（押し退け効果）と呼ばれる。IS 曲線やLM 曲線の傾きが極端な場合には，クラウディング・アウト効果が全然発生しないか，あるいは完全に発生することもある。

極端なケース

利子率の少しの低下に対して貨幣需要が極端に刺激される（貨幣需要の利子弾力性がきわめて大きな）ケースは，流動性のわなのケースと呼ばれている。このケースでは，**図9.5**が示すように LM 曲線が水平となる。このとき，財政政策によって IS 曲線がシフトしても，利子率は全然変化しない。所得が増大して，取引需要のための貨幣需要が増大しても，利子率は上昇することなく，貨幣市場は均衡する。したがって，投資が抑制されることもない。

クラウディング・アウト効果が全然生じないもう一つのケースは，**図9.6**が示すように，利子率に対して投資が何ら反応しないケースである。このとき，IS 曲線は垂直となる。財政政策によって IS 曲線がシフトすると，利子率は上昇するが，利子率が上昇しても投資は何ら抑制されないため，クラウディング・アウト効果は生じない。

これに対して，完全なクラウディング・アウト効果が生じるケースとしては，まず，**図9.7**が示すように，貨幣需要が利子率に全く反応せず，LM 曲線が垂直となる場合がある。このとき，拡張的な財政政策によって IS 曲線がシフトしても，利子率が上昇するだけで，投資が同額減少して，国民所得は全然増加しない。

また，**図9.8**が示すように，利子率の少しの上昇で投資が極端に減少すれば，IS 曲線が水平となる。このときも，完全なクラウディング・アウト効果が生じる。なぜなら，財政政策によって IS 曲線が何らシフトしないからである。投資が利子率に無限に反応すれば，政府支出の増加は利子率をほとんど変化させることなく投資を同額だけ減少させて，財市場は均衡する。

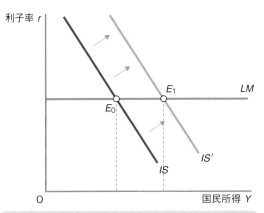

LM 曲線が水平となる流動性のわなのケースでは，利子率が上昇しないから，政府支出拡大のクラウディング・アウト効果は生じない。

図9.5 流動性のわなのケース

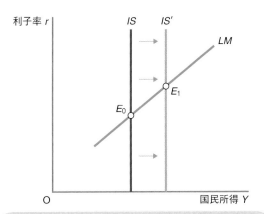

投資の利子弾力性がゼロのケースでは，IS 曲線は垂直となり，利子率が上昇しても投資は抑制されない。政府支出拡大のクラウディング・アウト効果は生じない。

図9.6 投資が利子率に反応しないケース

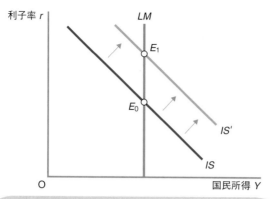

貨幣需要が利子率に反応しないケースでは，*LM* 曲線が垂直になり，政府支出の拡大による総需要刺激効果は，利子率の上昇による投資需要削減効果によって完全に相殺される。所得はまったく拡大しない。

図9.7　貨幣需要が利子率に反応しないケース

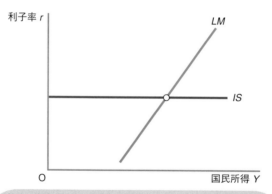

投資の利子弾力性が無限大のケースでは，*IS* 曲線が水平になり，政府支出が増大して，*IS* 曲線はシフトしない。利子率がごくわずかでも上昇すれば投資需要が大きく落ち込むので，利子率も所得も変化しないで，政府支出の拡大は投資需要の減少で完全に相殺される。

図9.8　投資の利子弾力性が無限大のケース

9.3 財政赤字の経済的な意味

■ 財政赤字と公債発行

さて，これまで財政政策を考えるときには，政府の予算制約を明示的に考慮してこなかった。たとえば，増税をしないで政府支出が増加すれば，財政赤字（政府支出 − 政府収入 > 0）が発生するが，それが何でまかなわれるのか，明示的に考慮しなかった。以下では，この点を考えてみよう。

財政赤字は貨幣の増発によってまかなわれることもあるが，通常は公債の発行によってまかなわれる。すなわち，公債を市場で消化し，その財源で政府支出を行うのが一般的である。したがって，財政政策の効果をより深く分析するためには，公債の発行がどういう経済的な効果を持つかを検討しなければならない。

いったん発行された公債は，いずれは償還される。わが国の法律では60年で償還すると定められている。したがって，当面は増税しないとしても，60年間の長い期間でみると，いずれは増税をせざるを得ない。公債を償還する財源は結局のところ税金である。現在世代が公債を発行して得た財源で何らかの政府支出なり減税政策を行ったその後始末を，60年かけて処理している。したがって，現在世代の政策に直接かかわってこない将来世代の人々がその一部を負担する。

■ 基礎的財政収支

では，政府はいくらまでなら借金をして公債を発行できるだろうか。家計の場合であれば，当初の借金残高が返済期間全体での収入と生活費との差額の合計額に一致する必要がある。つまり，返済期間全体で借金の返済に回せるお金の合計額分だけしか，当初借りることはできない。したがって，現在の財政システムを前提とした公債発行が将来返済可能であるためには，これから将来にかけての税収と政府支出の差額の総額が，公債残高の初期水準に一致しなければならない。

　ここで，利払い費を除いた財政赤字，すなわち，利払い費を除いた歳出マイナス税収で定義される「ネットの収支の赤字幅」を，「プライマリー・バランスの赤字幅」＝基礎的財政赤字という。これは，公債の新規発行額マイナス公債の利払い費にも等しい。家計の例であれば，収入から生活費を差し引いたものがプライマリー・バランス（基礎的財政収支）の黒字額になる。基礎的財政収支は，財政収支が長期的に維持可能であるかどうかを判断する基準として有益である。

　現在すでに公債を発行していて，政府がネットで借金を抱えているのであれば，将来の返済のためには，今後長期的にみれば，逆に税収が政府支出を必ず上回らなければならず，基礎的財政収支（プライマリー・バランス）は長期的に必ずプラスでなければならない。しかし，税収を政府支出が上回る状態を長期的に続けることはできない。

■ 公債の負担

　公債の負担のもっともらしい定義は，ある世代の人が一生の間に消費できる大きさがどれだけ減少するかで捉えるものであろう。すなわち，課税調達のときより公債発行のときの方がその世代の人々の消費量が減少すれば，その世代に公債の負担があることになる。ところで，公債を発行すると，それを償還するためにやがては増税をしなくてはならない。この増税が自分の生きている期間のうちに行われなければ，将来の世代の人々がその増税を負担する。このように考えると，公債の負担が将来世代に転嫁される可能性は否定できない。

　また，より長期的な視点では，資本蓄積の減少で公債の負担を定義し，公債発行によって将来世代に負担が発生することを主張する議論もある。ノーベル経済学賞を受賞したモディリアーニ（Modigliani, F.; 1918-2003）によると，公債発行の場合，民間貯蓄の一部が公債の消化に当てられるから，その分だけ資本蓄積が減少する。課税調達の場合には，民間の貯蓄とともに消費の一部も減少するから，資本蓄積の減少分はそれほど多くない。なぜなら，課税によって可処分所得が減少すると，貯蓄も消費も同様に減少するからである。

したがって，課税調達と比べて公債発行では，資本蓄積がより減少する分だけ将来世代の利用できる資本ストックが小さくなり，将来世代に負担が生じる。

■　中立命題 ──────────────────────────────────

　このように，公債発行によって将来世代に何らかの経済的な負担が転嫁されることは，財政当局のみならず経済学者の常識であった。しかし，公債発行によっても将来世代に何ら負担が転嫁されないとする主張（公債の中立命題）が一部の理論的な経済学者によって主張され，かつ，実際の経済にも当てはまるという実証研究も存在する。以下ではこの公債の中立命題を検討しよう。

　公債発行と公債償還とが同一の世代に限定されているなら，ある一定の政府支出を公債発行と課税調達とでまかなうのは，全く同じ効果を持つだろう。課税調達の時と現在の価値でみて同じ税金を支払うのであれば，公債発行と課税調達とに実質的な差はない。この議論は，リカードの中立命題と呼ばれている（リカード（Ricardo, D.; 1772-1823）とはイギリスの経済学者）。

リカードの中立命題の証明

　リカードの中立命題を表 9.3 の簡単な数値例で考えてみよう。政府支出を一定とし，今年 1 兆円の減税を実施し，その財源として公債を発行するとしよう。公債は，1 年満期であり来年に償還すると想定する。また，公債の利子率は民間貯蓄につく利子率と同じと考える。いま，利子率を 5% とすると，今年の 1 兆円の減税の代わりに，来年には 1 兆 500 億円だけ償還のために増税しなければならない。人々の税負担の総額はどう変化するだろうか。表 9.3 が示すように，国民にとっては税負担の現在価値はゼロである。

表 9.3　税負担の現在価値

（単位：億円）

	今　年	来　年	再来年	現在価値
来年償還する場合	− 10000	10500	0	0
償還しない場合	− 10000	500	500	0

　すなわち，今年の減税と来年の増税とは，ちょうど相殺されてネットではゼロとなる。税負担の総額が変わらなければ，その人の長期的な可処分所得も変化せず，したがって，今年と来年の消費も変化しない。今年の減税政策によって今年の消費は刺激されず，また，来年の増税政策によっても来年の消費は変化しない。

　では，公債の償還が来年に設定されるのではなく，もっと先まで延ばされるときは，上の議論はどうなるだろうか。極端なケースとして償還しないで政府は毎年毎年利子だけを支払い続けるとしよう。来年以降，政府は毎年 500 億円だけ利子を支払うから，その分だけ増税しなくてはならない。したがって，今年 1 兆円減税する代わりに，来年以降 500 億だけ毎年増税が行われる。税負担の総額の現在価値を求めると，今度のケースでも，今年の減税と来年以降の増税とはちょうど相殺されて，ネットではゼロとなる。公債をいつ償還するかは，利払いのための増税をきちんと考慮に入れると，それほど重要なことではない。

　ところで，公債の償還を先送りし，借り換え債をどんどん発行していけば，現在の世代が死んでから現在の公債が償還される。あるいは，上の数値例での償還しないで利払い分だけ増税が行われるケースのように，無限の先まで増税が及ぶこともある。このとき公債を発行し，それを先送りする現在世代は償還のための増税という負担を将来世代に転嫁できる。世代の枠を考慮すると，リカードの中立命題は成立しない。これまでの標準的な議論では，こうした状況が念頭に置かれていた。

　この場合にも課税と公債の無差別を主張するのが，遺産による世代間での自発的な再配分効果を考慮するバローの中立命題である。バロー（Barro, R. J.; 1944–）は，親の世代が利他的な遺産動機を持つことで，子の効用＝経済状態にも関心を持つことを指摘し，その結果，子の子である孫の世代，さらに孫の子であるひ孫の世代の効用にも関心を持つことを示した。これは，結局無限の先の世代のことまで間接的に関心を持つことを意味するから，いくら公債の償還が先送りされても，人々は自らの生涯の間に償還があるときと同じように行動する。とすれば，公債発行と償還のための課税が同一の世代の枠を超えても，中立命題が成立する。

■ 世代会計 ─────────────────────────

　ここで公債発行による減税政策の効果をまとめてみよう。ケインズ的な立場では，減税によってその年の可処分所得が増加すれば，その年の消費は刺激され，限界消費性向を限界貯蓄性向で割った値（これは１よりも大きい）だけの乗数効果が期待される。公債の中立命題を主張する新古典派の立場では，公債発行は単に税金を徴収するタイミングを将来に延期したのみであるから，家計の長期的な可処分所得には何の影響もない。したがって，消費は刺激されず，乗数はゼロになる。

　どちらの立場がもっともらしいだろうか。減税されたときに，公債発行でまかなわれるとしても，やがてはその公債を償還するために増税が行われるのは確かであるから，将来の増税の可能性を全く考慮しないケインジアンの立場は，非現実的であろう。同時に，現在の減税と将来の増税とを完全に同じとみなす新古典派の立場も，非現実的であろう。現在の確実な減税と将来いつあるかわからない増税とを同じに評価すると考えるのは，かなり極端な想定である。

　この問題への一つの現実的な対応は，自分の生涯の間に行われる増税と自分が死んだ後に回される増税とを区別して，自分が生きている間での増税だけを考慮することである。そして，各世代別に，［政府からの受け取り（＝年金給付，補助金，公債の償還金など）］マイナス［政府への支払金（＝税負担，年金負担，公債の購入など）］で定義されるネットの負担の現在価値がどうであるのかが，家計にとって重要であり，これが経済政策の効果を分析する上でも，重要な情報を与えると考える。そのために，各世代別の財政政策によるネットの現在価値の変化を推計するのが，世代会計である。

■ 世代とマクロ政策 ─────────────────────────

　最近，世代会計を用いた世代別損得勘定が注目されるようになった背景には，次のような状況がある。第１に，現実の再分配政策の多くの部分が，意図するか意図せざるかを問わず，世代内の再分配ではなく世代間での再分配政策に重点を移してきた。特に，次章で説明するように，年金制度は次第に

賦課方式的な色彩が強くなるとともに，年金給付額，負担額とも上昇して，世代間で巨額の再分配を行うようになっている。また，公債が大量に発行され，その償還のための課税が将来予想される以上，これも世代間の再分配政策とみなすことができる。

　第2に，政策指標としての財政赤字に対する限界が指摘され，その代替的な指標として世代会計が登場したという理論的な背景もある。財政赤字は1年という短期のフロー財政収支の状況を表しているが，人々がより長期的な視点で経済的な意思決定をするようになると，財政赤字と経済活動とはあまり関係がなくなり，財政赤字の大きさは財政政策の指標として有益ではなくなる。

拡張的な財政政策と財政赤字

　たとえば，今年公債を発行してその財源で減税したとしよう。発行された公債は将来償還する必要があるが，さしあたっては借換債で食いつないで現在世代が死んだ後で将来世代に償還のための増税が行われるとしよう。現在世代は公債発行によって減税の恩恵を受けるから，消費が拡大する。これは財政赤字が消費を刺激するというケインズ的な財政政策の効果とみなすことができる。

　しかし，こうした拡張的な財政政策は，財政赤字を全く発生させなくても，つくり出すことが可能である。すなわち，青年世代の負担を増大させて，老年世代への給付を増大させる政策を近い将来（現在世代が老年期に入った時点で）実施すると決定すればよい。こうした政策が予想されれば，現在世代はネットで得をするから，それを見越して現在から消費を拡大する行動をとる。したがって，現在時点で財政政策が何ら変化しなくても，現在の消費は拡大する。公債発行による財政赤字の拡大と同じ効果が，財政赤字を生じさせなくても生まれる。

　こうした状況では，表9.4にまとめたように，フローの指標である財政

表9.4　財政赤字と世代会計

	財政赤字	世代会計
意　味	政府支出－税収	世代別ネットの負担の現在価値
期　間	1年間：フロー	世代の一生：ストック
目　的	ケインズ政策の有益な指標	世代間の再分配の指標

赤字よりもストックの指標である世代会計の方が有益な財政政策の指標となる。なぜなら，上の例ではいずれのケースでも世代会計では現在世代のネットの受益がプラスに，将来世代のネットの受益がマイナスになり，財政政策の指標として有効に機能しているからである。

■ 世代会計のメリット・デメリット ─────────────────

では，世代会計はもっともらしい財政政策の指標だろうか。経済主体がどの程度の長期的な視点で経済行動をしているかが，ポイントになる。人々が毎年の可処分所得に関心があり，将来の政府の財政行動や年金の将来の負担や受益に無関心であれば，財政赤字は有益な指標である。そのような短期的な可処分所得に関心のある家計を主として前提しているのが，標準的なケインズ・モデル（第2章参照）である。したがって，ケインズ・モデルが有益であるとすれば，世代会計よりは財政赤字を重視すべきであろう。逆に，ケインズ・モデルが現実性を欠くほど長期的な視点で経済主体が行動すると考えれば，財政赤字よりも世代会計を重視すべきであろう。

ただし，経済主体が世代間の枠を超えて合理的に行動するというバロー的な王朝モデル（第2章参照）の世界では，財政赤字とともに世代会計も意味を持たなくなる。そのような世界では，世代間の政府による再分配政策は，遺産による民間部門の自発的な再分配政策によって完全に相殺されるため，世代という分類自体が意味を失う。また，世代会計はネットの受益に焦点を当てるために，財政制度が支出面や徴税面それぞれグロスの大きさとしても

表9.5 財政政策の考え方

	リカードの中立命題	世代間再分配政策	目 的
ケインズ的な立場	成立しない	有効	総需要を管理して完全雇用を実現
世代会計	成立する	有効	世代間での不公平がない政策を実現
バローの中立命題	成立する	無効	政府支出を効率的に行う

たらすマクロ的な効果や、税率の変化による価格効果などのミクロ的な効果についてはあまり有益な情報を与えない。**表9.5**はそれぞれの立場からみた財政政策のあり方をまとめている。

9.4 金融政策

■ 貨幣供給の増加

金融政策の総需要に与える効果について、IS-LM の枠組みを用いて考えてみよう。図9.9 は、縦軸に利子率 r を、また、横軸に国民所得 Y をとって、財市場の均衡を示す IS 曲線と貨幣市場の均衡を示す LM 曲線を描いたものである。当初の均衡点 E_0 が、拡張的な金融政策によってどのように動くか、検討してみよう。

金融政策として、中央銀行による貨幣供給の増加を想定する。貨幣供給 M が増加すると、LM 曲線は右下方にシフトする。なぜなら、いままでの利子率と国民所得のままでは貨幣市場で超過供給の状態となり、この超過供給を解消するには、利子率が低下して貨幣の資産需要を拡大させるか、あるいは、国民所得が増大して貨幣の取引需要を拡大させる必要があるからである。

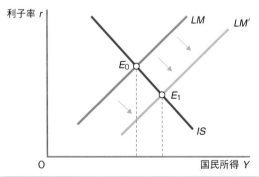

貨幣供給の増大により、LM 曲線が右下方にシフトする。
新しい均衡点 E_1 では、利子率が低下し、所得が増大する。

図9.9 貨幣供給の増加

金融政策によって *IS* 曲線は何らシフトしない。*LM* 曲線が右下方にシフトすると，均衡点は E_1 に移動する。E_1 では E_0 と比べて，利子率が低下し，国民所得は増加する。すなわち，貨幣供給の増加は総需要を拡大させる。

■ 貨幣の支出乗数

　貨幣供給の増加が総需要を拡大させる効果は，貨幣の支出乗数と呼ばれる。この乗数のメカニズムを考えてみよう。貨幣供給が増大すると，上でもみたように，まずは貨幣市場で超過供給となる。したがって，利子率が低下する。この利子率の低下は投資需要を刺激して，財市場で総需要を拡大させる。それに応じて，企業の生産活動が活発になり所得も増大する。所得の増加は消費の増加を引き起こし，それがまた財市場を刺激して，所得のさらなる拡大をもたらす。このようにして，国民所得が増大していく。

貨幣の支出乗数と利子弾力性

　貨幣の支出乗数の大きさは，貨幣供給の増加に対応してどのくらい利子率が低下するのか，また，利子率の低下に対応してどのくらい投資需要が刺激されるのかに，大きく依存している。貨幣需要の利子弾力性が小さいほど，貨幣供給の増大は利子率の低下を引き起こしやすく，また，投資需要の利子弾力性が大きいほど，利子率の低下は投資を拡大しやすい。

■ 金融政策の 3 つの手段

　金融政策とは，中央銀行が貨幣供給をコントロールして，民間の経済活動水準や物価に影響を与えることである。金融政策は，大きく分けると，価格政策と数量政策に分かれる。ここで，中央銀行が貨幣供給をコントロールする方法について，表 9.6 のようにまとめておこう。貨幣供給をコントロールする手段としては，

　　(1) 公定歩合政策，

　　(2) 公開市場操作，

　　(3) 法定準備率操作

などがある。

表9.6　金融政策の手段

公定歩合政策	価格政策 貸出利子率の変更 アナウンスメント効果
公開市場操作	数量政策 債券の売り（売りオペ），買い（買いオペ） 日常的に対応可能
法定準備率操作	民間金融機関に対する法定準備率を操作 簡単には変更できない

■ 公定歩合政策

　まず最初に，公定歩合政策から説明する。中央銀行は民間の銀行に対して貸出を行っている。中央銀行からお金を借り入れることができれば，民間の銀行がそれをもとにして，乗数倍の貨幣供給をつくり出せることは，第5章でみた通りである。

　公定歩合の操作は価格政策の代表的なものであり，価格である貸出利率を直接操作して，貨幣供給を調整している。すなわち，公定歩合とは，銀行が保有する商業手形のうち，特に信用度の高い適格手形を中央銀行が割り引くのに用いられる割引率のことである（**Close Up**——**1**参照）。

　公定歩合が引き上げられると，銀行にとっては，中央銀行からの借入れのコストが上昇するから，企業に対する手形の割引需要が減少したり，企業に対する貸出需要が減少する。したがって，利子率は上昇する。これは総需要を抑制するから，景気の過熱を防ぐのに役立つ。逆に，公定歩合が引き下げられると，利子率が低下し，総需要を刺激するのに役立つ。したがって，景気の過熱を抑制する手段としては公定歩合の引き上げが，また，景気の回復を促進する手段としては公定歩合の引き下げが有力である。

　公定歩合の変更が現実にどのくらいの効果を持つかは，そのときの経済状態に依存するだろう。民間の投資需要がそれほど活発でない不況期には，そして，投資の利子弾力性があまり大きくないときには，民間の資金需要は大きくなく，しかも，利子率の低下によっても投資需要は刺激されない。このようなときに，公定歩合が引き下げられても，市中の銀行は中央銀行から資

金をあまり借り入れようとしない。金融緩和期には，金融引き締め期と比較して，景気刺激策を目的とする公定歩合政策があまり有効ではない。

　最近では，国債などの公債の流通市場（＝満期前の債券を売買する市場）が発達しており，わが国の中央銀行である日本銀行は，これらの公債を担保にして銀行に対して貸出をするようになっている。このときの貸出に対する利子率も，公定歩合によって決められている。

　公定歩合は，中央銀行の持つ政策上の態度を反映する指標でもある。すなわち，公定歩合が引き上げられると，中央銀行が引き締め的な金融政策をこれから実施することを意味する。このように民間の経済主体が考えると，単に公定歩合が引き上げられただけで，ほかに何の政策の変更が行われなくても，民間の投資，消費行動が変化して，強力な引き締め効果をもたらす。公定歩合の変更は，民間の経済主体の期待形成に直接影響を与える。このような公定歩合の持つシグナルとしての効果を，アナウンスメント効果と呼んでいる。

❖Close Up──1　わが国における公定歩合の役割

　わが国では1994年に金利が完全に自由化されたが，それ以降公定歩合と預金金利との連動性がなくなったこともあり，最近では公定歩合の政策としての地位は低くなっている。

　すなわち，日本銀行は，金融市場調節における操作目標を短期金融市場の金利（無担保コール翌日物の金利）と設定して，金利水準を操作しようとしている。その結果，日本銀行が金融機関に直接資金を貸し出す際の基準金利（公定歩合）に，預貯金金利や銀行の貸出金利の目安となる政策金利としての意味合いが薄れてきた。また，日本銀行は2006年8月に「公定歩合」に関する統計上の名称変更を行い，その後は基準割引率および基準貸付利率と呼ぶことになった。

❖Close Up──2　ゼロ金利政策

　わが国では1990年代に入って，バブル経済崩壊後のマクロ需要を刺激し，金融不安を解消して信用秩序を維持するために，金融緩和政策が採用された。公定歩合も徐々に引き下げられ，銀行が企業に貸し出す金利も低下した。なかでも，日本銀行は1999年4月より直接の誘導目標であるコールレート（銀行間での資

金の融通に関する金利）を実質ゼロ％の水準で安定的に推移させる政策を実施した。短期の資金需要を満たすように中央銀行が資金を供給することで，市場参加者の資金手当てのリスクをなくそうとしたのである。これがゼロ金利政策である。

ただし，景気後退期には将来に対して弱気の企業が多いので，金利が低下しても，投資の利子弾力性が低いため，投資需要はそれほど刺激されない。さらに，当時の日本経済のように，物価水準が下落してデフレの状況にあると，名目金利がゼロであっても実質金利（＝名目金利－物価上昇率）はプラスの水準でとどまっている。デフレが進行する限り，実質金利も下がらないため，金融政策でマクロ需要を刺激する効果には限界がある。

■ 公開市場操作

金融政策のうち数量政策とは，貨幣供給量を直接コントロールするものである。このうち，公開市場操作とは，中央銀行が手持ちの債券や手形を市場で売ったり（売りオペ），買ったり（買いオペ）する方法を意味する。公開市場操作は，アメリカやイギリスでは最も重要な金融政策の手段とみなされている。わが国でも，金融自由化が進むにつれて金融市場が整備されており，公開市場操作の役割は大きい。現在では，金融政策の中心となっている。

ここで，売りオペの効果を検討してみよう。中央銀行が，たとえば，1兆円の売りオペを実施したとする。中央銀行は，債券と交換に現金を1兆円だけ市中から吸収する。これは，銀行にとって手持ちの現金の減少となるから，もし法定の支払準備金しか銀行は保有していなかったら，準備金が不足することになる。したがって，銀行は企業や家計に対する信用の供与を減らさざるを得ない。その結果，極端な場合には，貨幣供給は準備金の減少の乗数倍だけ減少する。

中央銀行が債券を市場から買い入れる買いオペの場合には，売りオペとは逆のケースだから，信用は拡張される。

■ 法定準備率操作

次に，法定準備率の操作を取り上げよう。民間の金融機関は受け入れた預金の一定割合を準備金として，保有しなければならない。この法律で決められた一定割合が，法定（預金）準備率である。そして，中央銀行が法定準備

率を変更する政策が，法定準備率の操作である。

第5章で説明したように，法定準備率の操作は急激な貨幣供給の変化をもたらす。ただし，信用乗数の値が外生的に一定でなければ，準備率を変えてもその政策的な効果は，定量的にははっきりしない。特に，法定準備以上の準備を銀行が持っている場合には，法定準備率の変更は，単に中央銀行への預け金とそれ以上の準備金との振替に終わるだけかもしれない。また，法定準備率の変更は，毎日のように行うわけにはいかない。法定準備率の操作は，貨幣供給の微調整に適した政策手段ではなく，金融政策の大きな流れを決定するのに適した手段である。

■ 金融政策の考え方

マクロ的な金融政策の代表的な考え方には，**表9.7**にまとめたように，3つある。一つは，総需要を適切に管理するように貨幣供給を操作するのが望ましいとするケインズ的な立場である。逆に，総需要管理政策を否定して，貨幣供給をある外生的な率で成長させる政策が望ましいというのが，マネタリストの立場である。多くのマネタリストは，裁量的な金融政策が短期的には総需要の管理に効果があることは認めているが，長期的には裁量的な政策よりは，ある決められたルールで金融政策を維持する方がメリットが大きいと考えている。しかし，短期的にも裁量的な金融政策は効果がないばかりか，攪乱的な悪影響を持っているという立場（新マネタリスト）の人もいる。

こうした相違は，貨幣の中立性に対する考え方の相違に基づいている。貨幣供給が増加したとき，物価水準も即座に調整されれば，消費，投資，GDPなどの実質的なマクロ経済変数に何の効果もないだろう。これが，貨幣の中立命題である。しかし，人々は将来の価格がどのように変化するかについて，

表9.7 金融政策の考え方

ケインズ的な立場	総需要を管理して完全雇用を実現
マネタリスト	貨幣供給を管理して，インフレ率を安定
新マネタリスト	裁量的な金融政策は，攪乱的な悪影響をもたらす

どの程度完全に予想できるだろうか。ケインズ的な立場では，将来の価格予想＝期待インフレ率の形成があまり合理的に行われないと考える。新古典派あるいはマネタリストの立場では，期待インフレ率は利用可能な情報を駆使して最大限合理的に予想されると考える。その結果，マネタリストは裁量的な金融政策の効果について懐疑的である。

❖*Close Up* ──3　非伝統的金融政策

　2013年以降，日銀は2％のインフレ目標を掲げている。安倍政権の経済政策＝アベノミクスを金融面から支える黒田総裁の「異次元金融政策」は，それまでの「ゼロ金利政策」と一線を画した非伝統的金融政策である。それは大量の長期国債を購入してベースマネー（日銀が供給する通貨の量）を積み上げ，金融を大規模に緩和させることで民間のインフレ予想への働きかけを意図している。積極的な財政出動のために発行される国債を中央銀行が事実上無制限に引き下げることで，企業や家計の資金需要を刺激して，経済を活性化させるとともにデフレ心理をインフレ心理に転換させることを狙っている。

　金融当局が2％までインフレ率を引き上げることに拘るのは，標準的な金融政策からみれば，非伝統的で異端の理念である。本来，金融当局はインフレ抑制という保守的な理念を持つ。日銀はデフレが止まらない非常時だからという理屈で，政府（政治家）が主導する政策（＝アベノミクス）に従って，短期の利益を追求する異次元の金融政策を志向している。2021年現在，2％のインフレ率で経済活動が活性化できるという楽観的なシナリオは，実現していない。異次元金融政策は中央銀行の政治的独立性を損なったが，その代償としての経済活性化効果は十分に発揮されていない。

　日本経済に成長エンジン（＝新規のイノベーション）が乏しいままだと，過度な金融緩和はお金の運用先が株や土地などの資産に集中し，資産価格の高騰という資産バブルだけで終わってしまう。経済低迷とデフレを脱却するには，投資機会を増やして，実物の経済活動を活性化させることが重要である。実力ベースのGDPを引き上げるのに，金融緩和政策は限界がある。

　さらに，非伝統的で大胆な金融緩和やマイナス金利という非常手段が当面成功したとしても，やがては普通の金融政策に戻る出口戦略が必要になる。入り口で大幅な金融緩和を実施するほど，出口での引き締め政策も厳しいものになる。財政規律を維持できていない常況で，金融政策で出口戦略をとり，日銀が国債買い入れ額を縮小し始めると，国債の引き受け手がいなくなり，国債価格の暴落という財政破綻が顕在化する。

9.5 マクロ政策の評価

■ 評価のポイント

　マクロ経済政策の評価は，**表9.8**のように，(1)有効であるか，(2)適切な時期に行われるか，(3)政策担当者がどのような目的で用いるのか，の3つの視点で考えることができよう。(1)の有効性については，アカデミックな研究の最大の関心事であり，ケインズ的な総需要管理政策が本当に総需要を管理できるのか，またその場合の乗数がどのくらいかが論争の対象であった。(2)の政策のタイミングについては，政策のラグをどの程度深刻と考えるかによって，ルールか裁量かという経済政策上の争点を評価することになる。(3)の政策担当者の目的については，マクロ経済政策の立案から実施にいたるプロセスで政権政党＝与党の利害を反映した政策がどのように決定されるのかが問題となる。かりに(1)(2)の点でマクロ経済政策が有益であっても，実際に採用される政策には望ましくないこともある。

■ マクロ政策の有効性

　ケインズ的な総需要管理政策が有効であるのかどうかは，ここ数十年に及ぶケインズ的立場と新古典派的立場との最大の論点であった。最初は，長期的にも総需要管理政策が有効であり得るのかが議論されたが，今日の標準的な見解では，長期的には総需要管理政策は実物経済変数に影響を与えないこと，すなわち，財政金融政策が長期的に中立的であることに関しては意見の一致がみられる。これは，長期的には，需要側の要因よりも供給側の要因でGDPが決定されると考える方がもっともらしいからである。需要サイドを

表9.8　マクロ政策の評価

有効か	総需要管理政策が本当に効くのか
適切か	政策のタイミングが適切に行われるのか
目　的	もっともらしい目的で行われるのか

刺激するマクロ政策は，同時に労働供給や資本蓄積を刺激しない限り，長期的にはその拡張的な効果がなくなるだろう。

問題は，短期的な総需要管理政策がどの程度効くかである。金融政策の場合であれば，期待インフレ率と現実のインフレ率との乖離を短期的にどの程度認めるのがもっともらしいか，また，財政政策の場合であれば，減税と将来の増税という組み合わせに対して，民間部門が将来の増税をどの程度現実的な視野のもとで予想しているかという問題である。これは，まだ評価の定まらない点である。

■ 適切なタイミング ────────────────────────────

政策のタイミングについては，古くから政策のラグという概念で多くの議論が交わされてきた。金融政策の場合は発動するまでのラグは小さいが，それが効果を持つまでのラグは大きい。これに対して，財政政策の場合は発動するまでのラグは大きいが，いったん発動されると直ちに効果をもたらす。どちらの政策も，政策を発動する必要性が認識されてから，実際に発動されて効果を持つまでかなりの時期を要する。いずれの政策でも，正確にタイミングを予想して，適切に政策を発動するのは困難である。

裁量的な政策の場合

また，裁量的な政策の場合には，民間部門の行動を所与として最適な政策を決定する場合が多い。このとき，民間部門が政府の裁量的な政策を織り込んで（＝予想して）行動すると，裁量的な政策が結果として無効になる可能性もある。たとえば，減税の乗数効果を考えてみよう。過去の消費行動から，減税による可処分所得の拡大が消費を刺激する効果が大きかったとする。したがって，これからも減税政策の効果は大きいと考えたくなるだろう。しかし，減税の後では少し時間がたって，増税が行われており，民間の経済主体も次第にそれを予想するようになったとすると，これまでほどには減税の乗数効果は大きくならなくなる。

民間の期待形成は，長期的にはかなり合理的に行われるとすれば，過去のデータに基づく実証分析の結果は，将来の政策の効果を予想する際にはあまり信頼がおけなくなる可能性がある。実証分析で推定されたパラメーター自体が，期待形成によって変化し得るのである。ルーカスは，将来の政策の効果を議論する際には，民間部門が将来にどのような予想をするのかを明示的に考慮する必要があることを，強

調した（ルーカス批判）。

こうした裁量的な政策の問題点を回避するのが，ルールとしての政策である。短期的な経済環境の変化にかかわらず，ある決められたルールのもとで財政金融政策を実施すると，裁量的な政策の持っている撹乱的な悪影響を回避して，長期的には望ましい状況を達成できる。たとえば，毎年 k%の率で安定的に貨幣供給を増加させる金融政策などが提案されている。しかし，ルールの最大の問題点は，長期的なトレンドの指標として何を選択するかである。

■ 政策担当者の目的

政策担当者は基本的に与党である。与党の目的は政権を獲得してそれを維持することと，自らにとって何らかの望ましい政策を実現することである。政党が単に政権の獲得と維持にのみ関心がある場合には，マクロ経済政策は選挙対策としてしか行われない。選挙の前に補正予算を作成して減税や公共投資を増額し，その財源対策を公債発行で先送りする誘因が生まれるだろう。そうした政治環境では，マクロ経済政策は短期的な利益の追求のみとなり，長期的な視点からは正当化できないものが実施されやすい。このときには短期的な利益をあまり追求できないような制度的な仕組み（たとえば，均衡財政を義務づけるなどの法的制約）も必要となろう。

まとめ

●財市場の均衡で国民所得の決定を考える 45 度線のモデルでは，政府支出拡大の乗数効果は限界貯蓄性向の逆数になる。増税で政府支出を拡大する均衡予算乗数は，常に 1 になる。ケインズ的な立場では財政赤字は完全雇用の GDP のもとでゼロになればよい。

● *IS–LM* のモデルではクラウディング・アウト効果が生じるために，政府支出の拡大の乗数効果は，限界貯蓄性向の逆数よりも小さくなる。これは利子率の上昇によって，投資が抑制されるためである。財政赤字は公債の発行を意味するが，公債がマクロ的な効果を持つかどうかが，中立命題として議論されている。最近

では，財政政策の指標として世代会計が注目されている。

●貨幣供給を増大させると，利子率が低下して，総需要が刺激される。金融政策の手段としては，公定歩合政策（基準割引率操作），公開市場操作，法定準備率操作などがある。

●マクロ経済政策の評価は，有効であるか，適切なタイミングで行われるか，政策担当者がどのような目的で用いるのかという観点から，考えることができる。

重要語

☐乗数　　　　　　　　☐自動安定化装置　　　　☐均衡予算乗数

☐完全雇用財政赤字　　☐クラウディング・アウト効果　☐財政赤字

☐基礎的財政収支　　　☐中立命題　　　　　　　☐世代会計

☐貨幣の支出乗数　　　☐公定歩合政策　　　　　☐公開市場操作

☐法定準備率操作　　　☐政策のラグ

問　題

■1　次のうち正しいのはどれか。

（ア）　政府支出を拡大したときの乗数は，通常は1より小さい。

（イ）　ケインズ・モデルでは，財政赤字の発生はなるべく回避すべきであると考えられている。

（ウ）　公定歩合が引き下げられると，利子率が低下する。

（エ）　法定準備率を引き上げると，貨幣供給は増加する。

（オ）　政策のラグが不確実であっても，適切なマクロの経済政策は可能である。

■2　世代会計のメリット・デメリットは何か。

■3　財政政策に関する次の記述のうち，正しいものを1つ選べ。

（ア）　ケインズ・モデルで，限界消費性向が0.8であれば，1兆円の政府支出の増加は4兆円のGDPの増加をもたらす。

（イ）　ケインズ・モデルで，限界消費性向が0.8であれば，1兆円の減税は4兆円のGDPの増加をもたらす。

（ウ）　ケインズ・モデルで，限界消費性向が0.8であれば，1兆円の政府支出と同額（1兆円）税収の増加を両方行うとき，4兆円のGDPの増加をもたらす。

（エ）　ケインズ・モデルで，限界消費性向が 0.8 であれば，2 兆円の政府支出と 1 兆円の税収の増加を両方行うとき，4 兆円の GDP の増加をもたらす。

（オ）　ケインズ・モデルで，限界消費性向が 0.8 であれば，1 兆円の政府支出と 2 兆円の税収の増加を両方行うとき，3 兆円の GDP の増加をもたらす。

■4　公債発行に関する次の記述のうち，正しいものを 1 つ選べ。

（ア）　公債の中立命題によると，財政赤字の拡大は金利を上昇させるが，民間貯蓄は影響を受けない。

（イ）　公債の中立命題によると，課税調達と比べて公債発行で資本蓄積がより促進されるから，将来世代に負担は転嫁しない。

（ウ）　公債発行によるクラウディング・アウト効果とは，公債増発による金利の上昇によって民間投資が押し退けられる効果である。

（エ）　財政赤字の景気調整機能を重視するケインズ政策では，景気が過熱しているときに財政赤字を拡大させて，GDP を抑制しようとする。

（オ）　公債発行によるクラウディング・アウト効果とは，金融緩和による金利の低下によって民間投資が誘発される効果である。

Column──14	日本でのマクロ財政政策の評価

　わが国では，政府支出増加政策の効果を示す乗数の値が最近かなり小さくなっている。その理由としては，(1)税率（＝租税負担率）が上昇しているので，所得が増加しても追加的な消費に向けられる割合が小さい，(2)日本経済の国際化が進展して，輸入が増大しているので，所得が増加してもそのうちの一部が外国の財の購入＝輸入に向けられ，国内での需要を刺激する効果が小さい，(3)変動為替レート制度のもとでは，景気がよくなると金利の上昇圧力が生まれるが，これは円高要因となり，日本の輸出を抑制し，輸入を刺激して，日本の総需要の拡大を相殺する方向に働く（マンデル・フレミング・モデル（第 11 章参照）），(4)公共投資拡大の財源として公債を発行してまかなっているが，これが将来の増税の可能性を予想させて，消費よりは貯蓄意欲の方を充実させようと家計が行動するので，追加的な消費の拡大効果が生じない（公債の中立命題），等のいくつかの説明が考えられる。したがって，需要サイドからの公共投資の拡大のメリットは小さくなっている。

10 日本経済

本章では，日本経済における様々な出来事を取り上げて，これまで学んだ経済学の道具を用いて，その経済的な意味と今後の経済政策の課題を考える。

1. 日本が経験した高度成長とバブル経済のメカニズムを検討する。
2. 1990年代以降の日本経済の低迷とそれへの政策対応を検証する。
3. 日本経済の大きな特徴である日本型労働環境を取り上げ，人的資本形成のあり方を考える。
4. 少子高齢化社会における社会保障制度の問題と改革の道筋を考察する。
5. 東日本大震災などの自然災害への対応と社会資本整備のあり方を検討する。
6. 2020年のコロナ感染危機を踏まえて，今後の日本経済を再生する道筋を考える。

10.1 経済成長とバブル経済

■ 高度成長

表10.1は，戦後日本経済のマクロの変化について，簡単にまとめたものである。この期間前半で最大の出来事は，高度成長を経験したことだろう。1955年頃から1970年代はじめにかけて，日本経済は著しく成長した。実質国民総生産は，平均して年率10％という国際的にもきわめて高い率で成長し，1955年からの15年間で4.2倍になった。この間の好景気は，神武景気（1955–57），岩戸景気（1958–61），いざなぎ景気（1965–70）と呼ばれた。

表 10.1 戦後日本経済のあゆみ

年	事 項	年	事 項
1946	農地改革・財閥解体	1997	消費税 5％，山一證券経営破綻
1949	ドッジ・ライン（1 ドル＝ 360 円）	1998	改正外為法，改正日銀法施行
1950	朝鮮戦争による特需景気	1999	日銀ゼロ金利政策導入
1951	対日平和条約・日米安保条約	2001	完全失業率 5.4％，構造改革開始
1952	IMF 加盟	2002	ペイオフ解禁
1955	神武景気始まる（-1957）	2003	日本郵政公社発足
1957	新長期経済計画	2005	道路公団民営化移行
1958	岩戸景気始まる（-1961）	2006	日銀量的緩和政策解除
1960	国民所得倍増計画	2007	食品偽装事件，年金記録問題
1961	農業基本法	2008	リーマンショックが日本に波及
1962	オリンピック景気始まる（-1964）	2009	民主党政権誕生
1964	IMF 8 条国，OECD に加盟	2010	JAL 経営破綻，中国に抜かれ GDP 世界 3 位に
1965	いざなぎ景気始まる（-1970）	2011	東日本大震災，貿易収支 31 年ぶりの赤字
1966	赤字国債発行	2012	竹島・尖閣諸島問題，政権再交代
1971	金・ドルの交換停止	2013	日銀異次元緩和開始
1973	変動相場へ移行，第 1 次石油ショック	2014	消費税 8％
1974	狂乱物価	2015	訪日外国人数過去最多
1977	200 海里宣言，独占禁止法改正	2016	日銀マイナス金利を初導入，TPP 署名
1979	第 2 次石油ショック，新経済社会 7 年計画	2017	トランプ大統領就任，初来日
1985	男女雇用機会均等法	2018	働き方改革関連法成立，西日本豪雨
1986	平成景気始まる（-1991）	2019	消費税 10％
1989	消費税の導入	2020	新型コロナ感染拡大，緊急事態宣言発令
1990	バブル経済の崩壊，長期の不況へ	2021	コロナ禍でのオリンピック・パラリンピック開催
1995	金融機関の破綻相次ぐ		

1968 年には日本の GNP が西ドイツ（当時）を追い抜き，自由世界でアメリカに次ぐ地位を占めるようになった。

この高度成長を支えたものは，活発な民間設備投資と輸出の拡大であった。欧米の進んだ技術が効率的に導入され，技術革新のための投資によって，雇

用も増大した。需要の増大が乗数効果によって所得を増加させ，これがまた投資を誘発して，長期的な高成長を可能にした。

　また，政府の国民所得倍増計画，税制優遇措置，財政投融資による設備投資の促進なども，大きな要因となった。企業の設備投資に必要な資金の多くは，市中金融機関からの間接金融によってまかなわれ，かつての財閥に代わって，有力都市銀行を頂点とした金融系列と呼ばれる企業集団が成長した。企業集団は，融資，株式の持ち合い，役員の派遣などで結びついた。

■ 安定成長と変動

　1970年代に入ると10％の成長率を記録した高度成長は終わり，5％の成長率に落ち着く安定成長の時代となった。同時に，日本経済は国際経済の大きな変動に影響されるようになった。1971年のニクソン・ショックにより，1ドル＝360円の固定為替レートが廃止され，1973年に変動相場に移行した。また，1973年秋に第4次中東戦争が始まって，石油輸出国機構（OPEC）が原油価格を4倍に引き上げた（第1次石油ショック）。これにより1974年の消費者物価は急上昇し，狂乱物価と呼ばれた。

　この激しいインフレーションを抑制するため，厳しい総需要抑制政策が実施され，インフレーションは鎮静したが，景気は低迷した。日本経済は欧米諸国と同様に，インフレと景気の後退を同時に経験するというスタグフレーションに直面した。また，1979年のイラン革命に際して，OPECは3倍近くも原油価格を引き上げ，第2次石油ショックが生じた。

　1980年代に入ると，財政赤字の累積額が巨大になったために，財政運営は抑制策に転じた。企業は需要を外国に求めて輸出を伸ばし，大幅な貿易黒字が発生し，欧米諸国との貿易摩擦が深刻化した。円高と貿易摩擦の対応策として，外国への直接投資が急増し，現地生産が進んだ。強い円を反映して，日本企業がアメリカで大きな不動産や企業を買収したり，海外に工場を移転したりすることも珍しくなくなった。

■ バブル経済とその崩壊 ──────────────

　20世紀末の日本経済の大きな経験は，1980年代後半のバブル経済と90年代に入ってからのバブルの崩壊である。1980年代後半に土地の価格＝地価と株の価格＝株価が急激に値上がりし，そして1990年代に入ってから，バブルの崩壊といわれるように地価や株価が急激に値下がりした。不良債権問題などバブル経済の後遺症は，その後も日本経済に大きな影響を与えた。

　1985年の為替レートに関する先進諸国間でのプラザ合意以降，円高不況対策，貿易摩擦解消のための内需主導型経済成長を目的として，低金利政策がとられた。当時の政策金利である公定歩合は記録的な低水準に抑えられた。その結果，企業の経済活動は活発になり，預貯金などの金融資産から土地や株などキャピタル・ゲインが期待できるリスク資産へと需要が変化し，地価，株価が高騰した。

　逆に，1990年代に入って，高金利政策に変化したことで景気は減速して，株価，地価が急落した。バブルが崩壊し，資産価格の低下によるマイナスの資産効果は景気の足を引っ張った。地価と株価の値下がりが連鎖反応を引き起こし，信用不安が加速され，人々の期待も悲観的となり，マクロ経済活動も低迷した。90年代半ばから金融機関の破綻が相次ぎ，住宅金融専門会社が整理・廃止され，次第に不良債権処理が本格化したが，その過程で多額の税金投入が政治問題となった。こうした金融不安の原因は，80年代に土地を担保に行われた多額の融資が90年代の地価の下落により，不良債権化したことによる。

■ バブルの理論 ──────────────

　バブルとは投機と同じであり，実態を伴わない泡のようなはかないものを指す言葉である。表10.2にまとめているように，経済学ではきちんとしたバブルの定義を用いている。ただし，現実の資産価格の変化がバブルかどうかを実証することはかなり困難である。たとえば，1980年代後半に公定歩合が低下して，市場金利が下落したり，企業の予想収益が増加したりしたことで，現実の資産価格の上昇が説明されるなら，そのような動きは経済理論

表10.2 バブル

ファンダメンタルズ	資産価格の理論値 毎期毎期の収益の割引現在価値 割引率が上昇すれば，理論値は下落
バブル	現実の資産価格の変動のうち，理論値の変動で説明できない部分 ネズミ講のような無限数のゲームなどが生ずる可能性あり

で説明可能なため，バブルとみなすことはない。

　ここで，株価などの資産価格がどのように形成されるか，簡単な理論を紹介しよう。資産を保有すると，現在のみならず将来に渡ってその資産からの収益が手に入る。資産は，通常の消費財と異なり，現在限りで消滅しない。市場で売らない限り，いったん資産を手に入れるとその所有権はその保有者のものとなる。いま，代表的な資産として株式を想定しよう。

　株式を所有すると，今期のみならず将来に渡ってその企業の利益の配分を受け取る権利を有する。企業から株主への利益の還元は，通常は配当という形でなされる。したがって，株式保有のメリットは現在から将来までの配当を手に入れることである。言い替えると，株式取得の利得は，現在から将来の先までの配当の割引現在価値に等しい。株式取得のコストは市場での株式価格だから，株式価格＝株価は，配当の割引現在価値で与えられる。

　もし，株価が配当の割引現在価値よりも大きければ，その株を持つコストよりもメリットの方が少ないから，株は売られ，株価は低下する。もし，逆に，株価が配当の割引現在価値よりも小さければ，その株を持つコストよりもメリットの方が大きいから，株は買われ，株価は上昇する。均衡では，株価は配当の割引現在価値に等しくなる。これが株価決定の配当仮説である。

　株価の配当仮説は，資産一般の価格の決まり方に適用できる。土地の場合に応用すれば，地代の現在から将来までの割引現在価値で地価の理論値が決まる。債券であれば，現在から将来までの利子支払の割引現在価値で債券価格の理論値が決まる。しかし，現実の株価が配当の割引現在価値で決まる理論的な水準とかけ離れている状況も少なくない。

　資産価格の理論値（＝ファンダメンタルズ）と現実の値との乖離が，バブ

ルである。バブルは，一種のネズミ講のような無限数のゲームでもある。これは，他人の資金を先に借り入れた人がその返済をどんどん先送りする状況に対応しており，無限の参加者が存在すれば，バブルの創業者利得が可能となる。

10.2　日本経済の低迷と政策対応

■ デフレと景気回復

　90年代後半以降，日本経済は緩やかなデフレに陥った。この結果，日本経済はデフレと不良債権問題という2つの問題に直面した。デフレ下では一般物価水準が継続的に下落するため，売り上げの伸び悩みによって企業の収益も減少した。資本設備，雇用の両面で生産要素（資本と労働）に過剰感が強くなって，失業率は上昇した。実質金利が上昇して，設備投資も停滞し，マクロ経済活動は低迷した。

　同時に，デフレが債務の実質負担を増加させたことで，借りた資金がきちんと返済できないという不良債権問題がより深刻化した。不良債権の処理が遅れた結果，企業間，産業間での移動や新陳代謝も進まず，労働や資本が非効率な部門にとどまった状態が続いた。その結果，日本経済全体の生産性も低下した。

　こうした状況の中で，政府は90年代後半に公共事業を増大させて，財政面からマクロ経済の需要を刺激しようとし，また，日本銀行は1999年にゼロ金利政策，2001年にはゼロ金利のもとで資金供給を増加させる量的緩和政策を採用して，金融面からマクロ需要を支えようとした。

■ 1990年代の不良債権

　1990年代に入って，バブルの崩壊とともに多くの金融機関で多額の不良債権が表面化した。しかし，こうした不良債権の処理は先送りされ，1997年11月に山一證券や北海道拓殖銀行が破綻して，金融混乱が生じた。それ

まで抜本的な対応のないままに，不良債権処理を先送りしてきた分だけ，いったん金融不安が顕在化して金融市場が混乱すると，その傷口は大きくなった。

　不良債権が大量に発生した直接的な理由は，バブルの崩壊による地価や株価の低下で，銀行の担保資産価値が減少したことにある。しかし，その背後には，金融機関が放漫経営で，1980年代後半のバブル時代にきちんとした審査なしで，バブル景気に便乗して無理な融資を拡大したことがある。

　護送船団方式といわれたように，効率の悪い金融機関もみんなで保護し，「銀行は一行たりともつぶさない」方針だったことが，銀行が放漫経営をした誘因になった。放漫経営でバブル期に無理な融資を増大させた結果，バブル崩壊後1990年代前半に大量の不良債権が表面化した。

　1970年代前半までの高度成長期には，日本経済全体が拡大していたので，ある金融機関が不良債権を抱えて破綻の危機にあったときでも，その金融機関は別の金融機関に吸収合併されることで，破綻を処理することができた。最も弱い機関をみんなで守っていくという「護送船団方式」である。しかし，金融のグローバル化が進展し，国際的な金融大競争の時代になると，大手の金融機関も量的に預金を集めて貸し出す業務では生きていけなくなって，破綻した金融機関の面倒を見る余裕がなくなった。護送船団方式という救済合併の手法に限界がみえた。

■ 不良債権処理の遅れ

　1990年代に金融機関の不良債権処理が遅れた理由は，いくつか考えられる。将来また地価や株価が上昇するだろうという甘い期待を銀行経営者や金融当局が持ったことで，処理が先延ばしにされたし，不動産取引や紛争処理にかかわる法律上の制約のために，処分しようとしても時間がかかってしまった。

　わが国の法律では借り手の権利が過度に優遇されており，既得権化している。明治時代の経済環境を前提とした法律が未だに有効であり，土地や中古住宅の流通市場の発展を妨げている。これが不良債権処理の障害となった。

　さらに，不良債権の処理が遅れた背景には，財政再建におけるのと同様，

ただ乗りの誘因もあった。すなわち，不良債権を処理して，円滑な信用秩序を維持するために，各金融機関がどれだけ負担をするかという問題を考えてみよう。信用秩序の維持は公共財という側面があり，各金融機関は安定的な信用システムによって大きなメリットを受ける。不良債権のために，ある金融機関が破綻すると，他の金融機関が何らかの支援をしない限り，あるいは，公的資金が投入されない限り，金融不安が増幅されて，信用秩序の維持が困難になる。

　それぞれの金融機関にとって都合がいいのは，他の金融機関の負担（あるいは公的資金の投入）で破綻した金融機関の処理が行われることである。このとき，自らは懐を痛めることなく，信用秩序の維持というメリットを享受できる。我が国では1990年代まで，ある金融機関での破綻が表面化するたびに，破綻した金融機関に対して，他の金融機関がどれだけ支援するかをその都度裁量的に決める「奉加帳」が採用されてきた。その結果，金融システム全体としての不良債権の処理が遅れて，金融不安も長期化してしまった。

Column──15	地方銀行の再編

　1980年代まで13あった大手銀行は，金融のグローバル化と自由化の波を受けて，最終的に5つに再編されたが，地方銀行の数はほとんど減っていない。銀行は預金で集めたお金を企業などに融資し，その利ざや（預金金利と貸出金利の差）で稼ぐ。長引く低金利で貸出金利は低下したが，預金金利はゼロ以下に低下できない。その結果，預金と融資の利ざや（貸出金利－預金金利）は縮小し，無理して預金を集めても，その有利な運用先がなくなった。特に，地銀はこれまで預金を都銀に貸したり，国債や地方債などの債券で運用したりしてきたが，大手都銀も資金需要は減退しており，また国債はほとんどゼロ金利であり，さらに，資金需要が旺盛な地元企業も少なくなっている。

　地方では人口減少が進み，地場企業の廃業・倒産も多く，地銀を取り巻く経営環境は厳しい。地銀にさらなる経営努力を求めることは，国民経済全体からみて望ましいが，地元にとっては既得権が削減されるため，政治的抵抗もある。

■ 小泉構造改革とその後

2001年から5年間にわたって政権を担当した小泉内閣の構造改革は，「官」から「民」へというスローガンに象徴されるように，郵便局や道路公団を民営化し，政府の公的な関与を小さくしようとした。金融機関の不良債権の処理もようやく進展し，90年代の負の遺産は一応解消された。多くの国民もこうした「小さな政府」を目指す理念に賛成した。

■ リーマンショック

小泉構造改革を経て，2000年代中盤に日本経済は回復基調にあったが，2008年後半からリーマンショックと呼ばれた金融危機が世界を揺るがした。2000年代に金融工学が急速に発達したことで，金融機関の経営者や投資家，金融市場の関係者にバブルの発生やそれを加速させる誤ったインセンティブが生じた。米国では金融工学を駆使した金融商品（デリバティブ）を用いて，住宅市場で過大な貸し付けが行われ，住宅バブルが生じた。リーマンショックは，マクロ金融政策の誤りとミクロの金融システムの問題という複合要因でその規模が拡大した。

図10.1に示すように，日本への最初のダメージは少なかったが，グローバルな景気後退が輸出に依存する割合の高いアジア経済を直撃した。情報面でもグローバル化が進展し，金融市場の国際的相互依存が大きくなると，米国の住宅金融という1つの金融市場での不安定なショックが国際的に拡大して，危機を増幅させた。さらに，国際経済の変化（中国など新興国の台頭）によって，金融市場のみならず，世界全体の実物経済にも大きな影響を与えた。こうした大規模なマクロショックに対しては，適切な景気対策を実行する必要があるし，金融政策，財政政策面での国際協調も重要である。

■ アベノミクスの成長戦略

2012年12月の政権交代で再び総理に復帰した安倍首相の経済政策がアベノミクスである。金融緩和と財政出動と成長戦略を3本の矢としたアベノミクスで日本が過去20年来苦しんできたデフレ経済から脱却できるという期

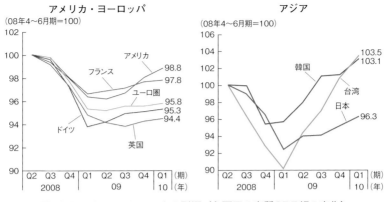

図10.1 リーマンショックの影響（主要国の実質GDP額の変化）

（備考） 1. 各国・地域統計より作成。
2. 中国については，四半期ごとの実質 GDP の実額が発表されていないため，掲載していない。

（出所） 内閣府「世界経済の潮流 2010 年 I 」

待が高まったが，シナリオ通りの回復は実現しなかった。

　第1の柱である異次元の金融緩和は，円高の是正と株高をもたらしたが，実物経済の活性化には結びつかなかった。第2の柱である積極的な財政出動は，需要面からマクロ経済を一時的に支える効果はあったが，財政の放漫化を引き起こし，財政赤字が累増した。

　アベノミクスの第3の柱は規制改革による成長戦略であるが，経済の活性化には至らなかった。一般的に，高い経済成長を達成するには，イノベーションなど付加価値生産性の向上が前提となる。生産性が上昇すれば，少子高齢化で労働時間や資本蓄積が減っても，経済は成長できる。そのためには若者の教育投資を刺激して，人的資本形成を促進することが必要である。

　日本人の労働の質が高くなると，分厚い中間層が復活し，正規・非正規の差も解消して，雇用機会も充実するだろう。さらに，規制緩和政策を推進して，海外から優れた人材や資金を呼び込んで，グローバル化のメリットが活用できれば，新興国と日本の役割分担も円滑に進む。新興国と価格競争をするのではなく，日本の得意な分野で差別化ができれば，日本の成長も可能となる。そうすれば国内の投資に資金が回り，生産性の向上に結びついて，成

243

長戦略もうまくいくだろう。

しかし，こうした成長戦略が成果を実現するのは，なかなか難しい。日本の新規開業率，新しい企業の開業率は OECD の中で最低である。日本社会が相対的に保守化していると，新しい企業が成長しにくい。とくに，サービス業での革新的なイノベーションは難しい。そのためには，流通，医療，農業など，安心・安全という基準でこれまで保護されてきた産業での規制改革が不可欠である。経済のソフト化が進行している以上，こうした分野で生産性を上げないと，日本の経済成長は見込めない。

■ 停滞の原因

このように，1990 年代初めのバブル崩壊と 2008 年のリーマンショックという 2 つの大きなショックにさらされた日本経済は，1990 年代から 20 年以上に及ぶ長期低迷の時代を迎えた。ただし，1990 年代と 2000 年代以降とで，停滞の原因は異なっている。

1990 年代はバブル後遺症で，金融機関，企業，家計の資産が減少する一方で負債が増大し，バランスシートが毀損して，人々の経済活動の足を引っ張った。これに対して，2000 年代以降は小泉政権下で不良債権の処理が進んだように，企業も家計もネットの資産を増加させており，バランスシートが改善したにもかかわらず，経済は活性化しなかった。この時期の停滞は，人々の長期的な期待が改善せず，企業も家計も悲観的な期待形成から抜け切れていないことが，その原因と考えられる。

図 10.2 に示すように，2000 年以降の主要国の実質 GDP の推移をみると，我が国の成長は相対的に低い。実質総雇用者所得は，2013 年前後を転機として，雇用者数と現金給与総額により増加しているが，その動きは強いものではない。このうち，現金給与総額（一人当たり名目所得）は，労働時間の減少と雇用者構成比の変化が押下げ要因である。すなわち，高齢化（団塊世代の退職）に伴う男性現役層の減少とともに，一般的に男性現役層に比べて平均賃金が低く，労働時間の短い非正規の女性や高齢者の労働参加率の高まりがその背景にあると，内閣府は分析している。

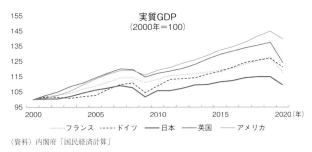

(資料) 内閣府「国民経済計算」

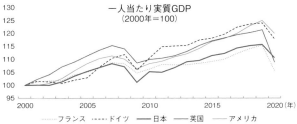

(資料) 内閣府「国民経済計算」

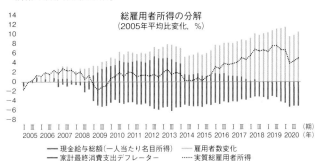

(資料) 内閣府「国民経済計算」, 総務省「労働力調査」, 厚生労働省「毎月勤労統計」, 「賃金構造基本統計調査」

(資料) 内閣府「国民経済計算」, 総務省「労働力調査」, 厚生労働省「毎月勤労統計」, 「賃金構造基本統計調査」

図10.2　主要国の実質GDPなどの推移

(出所)　内閣府「令和3年度　年次経済財政報告」

　そもそも，企業の設備投資は当面の収益に必ずしも敏感に反応しない。現在だけでなく将来の収益予想も重要だから，長期的な経済見通しの改善が期待できないと，設備投資は低迷したままである。こうした将来に対する悲観的期待の背景には，家計部門の消費意欲が低いことがある。その原因は，人口減少で家計の数が増加しないことも大きい。また，この時期に非正規雇用が増加して，若年労働者の生涯賃金の上昇が期待できないことも効いている。さらに，年金や医療制度が長期的に維持不可能かもしれないと不信感を持つ家計が多いことも影響しているだろう。

　このように，多くの家計が生涯所得の増加を期待できない上に，少子高齢化社会で公的年金制度や医療介護制度の脆弱性を認識するようになると，将来に備えるために，家計は現在の消費を抑制し貯蓄を増大させる。予備的動機という貯蓄動機である。その結果，消費は増加しないから，企業の期待も悲観的になり，結果として企業の設備投資も低迷することになる。

　したがって，2020年代以降，今後の日本経済が活性化するには，非正規労働ではなく，夫婦ともに正規雇用として働ける環境が整い，それが恒常的な所得増加をもたすことが重要である。そうなれば，家計の消費も拡大するだろう。さらに，公的年金制度や医療介護制度の持続可能性や信頼性が確立すれば，将来不安が軽減されるので，現在の消費にもプラスに寄与する。消費が長期的に増加すると期待できると，企業の設備投資も拡大し，日本経済は停滞から脱却できる。それには，高度なスキルに対応する人的資本の形成，労働を供給する家計の働き方改革と社会保障の抜本的な制度改革が不可欠である。

10.3　人的資本の形成と働き方改革

■ 少子化対策

　日本経済の活性化で長期的に重要な課題の一つが，少子高齢化対策である。平均寿命は85歳程度で，その伸び率は鈍化しつつも，長くなっている。た

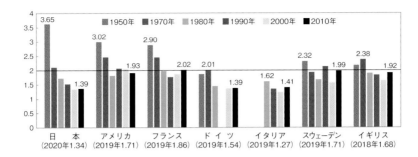

図10.3　先進諸国における合計特殊出生率の推移

（データ出所）　日本は厚生労働省政策統括官付人口動態・保健社会統計室「人口動態統計」。ただし 2020 年は概数。日本以外は UN, Demographic Yearbook によるが，アメリカの 1970 年，1980 年，1990 年，2000 年，2019 年　は U.S. Department of Health and Human services, National Vital Statistics Reports, National Center for Health Statistics, イギリスの 2010 年，2018 年，ヨーロッパ各国の 2019 年は Eurostat, Population and Social Conditions による（フランスの 2019 年は概数）。なお，ドイツは 1990 年まで西ドイツの数値，イギリスは 1980 年まではイングランド・ウェールズの数値。

（出所）　厚生労働省「令和 3 年版　厚生労働白書」

だし，遺伝子治療など今後の医療技術革新が進めば，平均寿命が 100 歳まで延びる可能性もあり得る。高齢化は老人医療費の財源問題では大きな課題を生じさせるが，寿命が延びること自体は望ましい。

　これに対して，高齢化以上に問題となるのが，出生率の低下＝少子化である（図 10.3 参照）。2021 年現在の日本の出生率は 1.34 程度であり，人口が安定的に維持される 2.0 の水準を大きく下回っている。このまま推移すると，100 年後の人口は 5000 万人程度になると予想される。

　少子化にもメリットはある。子供の数が減少すれば，過度の受験競争はなくなるし，勤労人口が減少すれば，通勤地獄も緩和される。一人当たりの土地面積が増加するから，いままでよりも広い土地や住宅を利用することもできる。日本の総人口が 1 億人以下に減少しても，豊かな生活水準を維持することは可能だろう。

　それでも，人口が減少すれば，経済社会全体での活気は減退する。少子化によって，若年世代が老年世代を支えるという賦課方式の社会保障制度を維持することも困難になる。新しい技術革新が起きるためには，新しい感覚を持つ若い世代の活力が必要であり，そうした世代の数が減少すると，日本全

体の活力の低下につながる。たとえば，インターネットを活用した新規のビジネスなどは，若い世代でないとなかなか創造しにくい。

　出生率が低下しているのは，子どもを生み育てるコストが上昇する一方で，そのメリットが低下しているからである。子育てには時間がかかるから，時間の機会費用（＝その時間を他の用途に振り向けるとどの程度の価値になるか）が女性の職場への進出などで上昇している現代では，子育てのコストも上昇している。他方で，それまでは老後の面倒を子どもに頼っていた家計が，社会保障の整備やサービスの市場化が進展し，お金で老後の備えをまかなえるようになり，子育てのメリットは減少している。

　さらに，人的資本の蓄積が労働所得に大きな影響をもたらすようになると，高等教育への需要が高まり，教育投資のコストも上昇する。その結果，たくさんの子どもを育てるよりは，少数の子供を賢く育てたいと考える親が増加した。

　したがって，少子化に歯止めをかけるとすれば，子育てのコストを政策的に低下させるか，そのメリットを政策的に拡大させるかどちらかである。後者の方は政策的な介入が困難である。サービスの市場化を政策的に抑制することは，無理であり，またそうすると別の悪影響が大きい。子育てのコストを低下させるには，時間の機会費用を低下させる必要があり，たとえば，フレックス・タイムを促進して，働きながら（＝所得を犠牲にしないで），子育てが自由にできる環境を整備したり，夜間や早朝でも対応可能な柔軟なサービスを供給できる保育所を整備したりすることなどが，有効である。

■　女性の出産と育児対策

　夫婦ともに正規雇用として働ける環境を整備することは，少子化対策としても期待される課題である。男性の若年労働者も非正規雇用が増えているが，女性の労働者で非正規雇用はかなり多い。

　女性の社会進出が進んだ反面，夫婦ともに正規雇用で働いている家計は少ない。多くの女性は出産を機に離職すると，その後は再就職しようとしても，正規雇用を得る機会は乏しい。これが女性の非正規雇用の大きな要因になっ

ている。夫婦ともに正規雇用が一般化すれば，生涯に安定的な所得も期待できるから，消費意欲も増大するだろうし，ひいては国内総生産の押し上げにつながる。

日本では数々の少子化対策を実施してきた。2005年に出生率が過去最低の1.26を記録したのを契機に，政府は少子化への危機感を高め，ワークライフバランス（主に仕事と家庭の両立支援）を推進し始めた。そして，従業員の子育て支援行動計画を企業に義務づけ，企業での両立支援への取り組みを促進した。その結果，大手企業では法定以上の育児休業や短時間勤務を導入する企業が大幅に増えた。現在では2，3年間の育児休業や，子が小学3年まで利用できる時短勤務制度を提供する企業も珍しくない。

日本では，平均結婚年齢が年々上昇し，未婚率も上昇しており，非婚化・晩婚化が進んでいる。女性の高学歴化や社会進出が一般化して，女性が自身で相当程度の収入を得られる社会になったことで，結婚しないと生きていけないという状況ではなくなった。「大人だから結婚しなくてはいけない」という社会通念（結婚の強制）は希薄になった。さらに，不況などの経済事由で，男性の生涯収入が不透明になり，有能な配偶者を探すのに時間がかかってしまう事情もある。

また，女性の社会進出が進んでも依然として，家庭内での役割分担で家庭の家事・育児責任を女性が担い，会社で女性社員は補助的な仕事を行うべきだという，男女間の伝統的な価値観・観念は根強い。

共働き家庭を支援するには保育サービスの充実は不可欠である。ところで，育児休暇で補償される金額は育休所得前の所得に依存する。こうした育休政策は，所得の高い人がより多くの給付を受けるという意味で，公平性から問題がある。また，保育所入所における基準は，現状の母親就業状態に配慮するあまり，すでに就業が約束されている母親が有利であり，これから新しく就業したいと考えている母親には厳しい。母親の就業増加を後押しするためには，これから就業したい母親にも保育サービスを提供できるように，保育環境を大幅に拡充すべきである。その際，所得に応じた適切な料金を徴収した上で，できるだけ多くの家庭が保育所を利用できることが望ましい。

■ 子育ての経済学

　子育ての手法は国際的にも家庭間でも様々であり，文化や伝統の相違が主な決定要因だと考えられてきた。子育てのタイプは，親が押しつける「専制型」，子供の自由に任せる「迎合型」，子供を誘導する「指導型」の3つに分類される。経済学では，これらのタイプは文化や伝統で決まってくるのではなく，子供の将来の経済環境に左右されると考える。つまり，親の子供への考え方は国ごとにそれほど相違はなく，親は愛情を持って子育てをしているが，子供が将来直面する経済環境が異なることで，子育てのタイプも異なってくる。

　歴史的にみると，数十年前までは教育投資の経済的利得はそれほど期待できず，どんな職業でも業種間で所得格差があまりなかった。その結果，当時の親は「放任型」になっていた。近年，教育投資で人的資本を蓄積することが将来の経済的成功に大きく影響するようになると，どの国でも親は子供の教育に熱心になる。人的資本を蓄積して，高度に熟練したスキルを仕事で発揮できるようになると，男女の性別に関わりなく，正規雇用で高所得を稼ぐことが可能になる。したがって，日本に限らず，多くの国で少なく生んで賢く育てる教育投資に熱心な子育てが盛んになってきた。

■ 大胆で即効性のある取り組み

　諸外国の中には必ずしも，日本の育休や時短勤務制度のような手厚い制度がない国もあるが，終身雇用がない分だけ，労働市場は流動化しており，能力さえあれば，女性が子育て後に再就職するのはそれほど難しくない。日本でも労働市場での解雇規制を緩和するなど，雇用の流動化を進めるとともに，育児・家事を女性の責任とみなしている男性の伝統的意識を改革することが重要である。

　日本でも女性の就業人口は増加しているが，女性管理職率は低く，国際競争力ランキングも低い。政府は，全上場企業で積極的に役員，管理職に女性を登用し，まずは役員に1人は女性を登用してほしいと要請している。国会議員に占める女性割合は，その国の女性活躍の度合いを示す指標の一つだが，

日本の指標はかなり低い。候補者あるいは議員の一定割合を女性に割り当てる制度の導入など，より大胆で即効性のある取り組みが必要かもしれない。

■ 非正規雇用と所得格差 ────────────────

非正規雇用対策は，所得格差の是正という面でも重要な課題である。所得格差の源泉をみると，最近では資本所得以上に労働所得の不平等・格差拡大が問題であり，正規労働者には熟練したスキルを持つ人が多く，高額の所得を稼ぐ人もいる一方で，非正規労働者は単純労働に従事する場合が多く，スキルを蓄積することが難しく，最低賃金に近い水準である。こうした差は，それぞれの人が蓄積している人的資本（ヒューマンキャピタル）の差を反映している。人的資本が不均衡に蓄積されていることが，所得格差の大きな要因になっている。

正規と非正規では人的資本形成の度合いが偏っており，非正規労働でなかなかスキルを向上させることができないために，その賃金水準も低い。こうした状況を是正する代表的な方法として，正規雇用の強制や非正規労働者の賃金引き上げなど直接的な介入（直接的な数値目標による再分配）と，高額所得を稼ぐ労働者に高い所得税をかける累進的所得税や貧しい非正規労働者への給付を充実させる社会保障給付など間接的な介入（財政的再分配）の2つがある。

市場経済を前提とする以上，政府（あるいは労働組合）が正規雇用を強制したりや非正規労働の賃金を直接引き上げるようにすれば，生産活動に余計な攪乱を与えて，介入の副作用が大きくなる。正規労働者を強制的に雇用させられる企業は採算が苦しくなり，倒産するかもしれない。介護職などで雇用環境を改善することは重要だが，彼らの賃金を強制的に引き上げるだけでは，介護事業を展開する民間事業者の経営が苦しくなる。マクロ経済環境全体が良くならないままに，政府が強制的に理想的な雇用形態・賃金水準を法律で実現させようとしても，そうした直接的な規制は必ずしも想定した効果をもたず，むしろ経済活動に悪影響が生じる。

再分配政策の本筋は，経済活動それ自体に直接的に介入するのではなく，

経済活動の結果で生じる所得格差に，税制や社会保障政策で対処することである。ただし，こうした間接的な再分配にも問題がある。累進的な所得税などで高額所得や資産家に重く課税しすぎると，脱税や節税の誘因も高くなる。

さらに，低所得者にとって，所得が増加すると税負担がより増加する逆説的な現象も問題となる。たとえば，低所得者が生活保護から抜け出そうと自助で所得を稼ぐと，その分だけ生活保護給付が削減されるため，実質的に低所得者に重い税が課せられることになって，彼らの可処分所得がほとんど増加しない。勤労所得税額控除などを活用して，低所得者の所得が増加すると，給付も増加して，生活保護レベル以上の可処分所得が得られるように，勤労意欲を刺激することが望ましい。

また，経済的な成功が期待できる人的資本を蓄積するのは，本人の努力のみならず周囲の社会環境にも依存する。低所得の若年世代が十分に教育投資を享受できる環境を整備して，労働所得の格差を是正すべきだろう。

■　働き方改革

日本経済の大きな特徴の一つは，**表10.3**に示す日本型の労働環境である。欧米の労使関係では中途採用が一般的であり，アメリカなどでは不況期あるいはコロナ危機のような非常時にレイオフ（一時解雇）がしばしば行われる。一方，日本の労使関係では，労働者がいったん企業に正規雇用されると，よほどの事情がない限り解雇されず，定年まで勤め上げるという慣行がある。これが終身雇用制である。年齢に応じて賃金が上昇し（年功序列型賃金），賃金改定も横並びで一斉に行われる交渉（春闘）で決まる。正規雇用者にとっては長期的に安定的な所得が期待できるというメリットがあるが，経済の活性化という観点では問題点も多い。

表10.3　日本型労働慣行

年功序列型賃金	年齢に応じて賃金も上昇
終身雇用	定年まで雇用を保障
春　闘	横並びで一斉に行われる賃金交渉

　この雇用慣行は，日本の労使関係を安定化させる原因の一つとされてきた。正規雇用者の終身雇用という慣行が成立した背景には，日本独特の賃金体系がある。企業は終身雇用を前提に，正規雇用を前提として新規学卒者を採用する。そして，企業に合った労働者をつくるため，企業内で必要な技能を修得させる。終身雇用制を前提に学歴別に初任給を決めて，この初任給をもとに，勤続年数に応じて上昇する定期昇給制を採用する。こうした年功序列型賃金制によって，正規雇用労働者は企業への定着性を高めている。

　終身雇用制，年功序列型の賃金制のもとでは，労働者の企業に対する忠誠心は高く，労働組合も企業別に組織される企業別組合となり，企業と労働組合との一体感は強い。労働組合が企業の枠を超えて職種別に組織される職業別組合や，産業別に組織される産業別組合の制度をとっている欧米とは，異なっている。その結果，金融危機やコロナ・ショックのような経済リスクが発生しても，企業内の他の職種への配置転換や賃金の抑制などによって，正規雇用者をなるべく失業させないで対応することが可能となる。

■ 働き過ぎ

　日本人は働き過ぎと否定的な意味でいわれることが多い。働き過ぎて健康を害して死亡する「過労死」という言葉は，そのままの KAROSHI という英語になって悲劇の象徴として用いられる。会社のために長時間働いて，会社に忠誠を尽くしながら，過労死したのでは，あまりに情けない。世界中から勤勉という評価を受ける一方で，死ぬほど働いてしまう日本人は，合理的なのだろうか。あるいはそれを美徳として許容してきた日本社会は持続可能なのだろうか。

　実際に，データでみても，日本人は長時間働いてきた。たとえば，1970年代は1人あたりの年間平均労働時間は2000時間を超えていた。しかし，90年代から徐々に減少し始め，現在では1700時間になっており，実は欧米諸国とそれほどの差はなくなっている。平均的な労働時間でみると，データ上は，日本人が働き過ぎという印象とは異なる。

　それでも，フルタイムで働く正社員の人たちは，年間2000時間ほど働い

ており，ドイツやフランスなどと比べると，400時間ほど長い。フルタイム労働者の労働時間はあまり減少していない。日本で平均労働時間が減少しているのは，労働者の中でパートタイムで働く非正規雇用の人が増加しているからである。さらに，日本には，残業手当が支払われない労働時間（サービス残業）がかなりある。残業をする人の約半数は，少なくとも1時間以上のサービス残業があるという研究報告もある。休日に非公式に（タイムカードを押さないで）出社して仕事をする幽霊出勤も，稀ではない。

　こうした長時間労働は健康に悪影響をもたらす。過労死は最も悲惨な結末であるが，そこまで事態が悪化しなくても，健康にかかわる生活習慣上の問題点は多く指摘されている。

■ 長時間労働の経済合理性

　しかし，フルタイムの正規雇用で働く人々にとって働き過ぎの弊害が長い間叫ばれながら，それが容易に解消できないのはなぜだろうか。その一つの理由は，長時間労働にも一定の経済合理性があるからだろう。採用・解雇・教育訓練などにかかる労働の固定費が大きい雇用ほど，企業は長時間労働を要請する。不況期の残業調整を可能にするためには，不況でない平時から多めの残業をする習慣が望ましい。その結果，不況期には残業代を圧縮することで人件費を調整できるから，多大な固定費を投じた雇用者を不況期に解雇しなくてもすむ。つまり，企業からみれば，長時間労働は効率的に雇用を維持する手段として合理性を持っている。

　他方で，労働者にとっても，長時間労働は雇用保障の代償になっている。また，残業代は生活費として家計の大きな収入源にもなる。不況で残業が大きく減ると，家計の手取り収入も大きく減少するので，労働者からみても一定程度の残業に対するニーズは強い。

■ 非効率な長期間労働

　ただ，長時間働けば，その分だけ会社の業績も向上し，労働者の収入も増加するかといえば，必ずしもそうではない。非効率に長時間化している実態

も指摘されている。たとえば，日本では質の高いサービスを無料，当然と考える社会的規範が確立しているため，丁寧なサービスが過度に求められたりする。日本の企業で会議とは，物事を決定することに以上に，情報を共有し，相互理解をする場である。何度も同じ案件で会議をするから，決定するまでに時間がかかる。職場にいても，あるいは，職場を後にしても，同じ仲間と過ごすのは，情報が共有できているだけに，居心地が良い。しかし，他人に対しては閉鎖的になりやすい。

　その結果，時間あたりの GDP でみた労働生産性は，先進諸国の中でも低い。こうした風土が支配的な社会では，労働者，企業経営者の枠を超えて，外から労働時間管理について直接的に働きかける施策が有効である。たとえば，「ノー残業デー」（一定の曜日に残業をしない）や「終業時の強制消灯」などである。また，あまり細かいことに拘りすぎないという価値観を皆で共有することも重要である。

■ リモートワーク ─────────────────────

　2020 年のコロナ感染を契機に，リモートの働き方が普及している。会社に出勤しないで，家庭などで場所を選ばす仕事をするリモートが普及すると，会社まで通勤するコストがなくなるから，自然豊かで住環境も良い地方で生活することも可能になる。IT 技術の革新で，多くの職種でリモートワークが可能になってきた。こうした動きが進展すると，会社への帰属意識も薄れるだろうし，正規雇用と非正規雇用の垣根も小さくなる。それぞれの労働者がどれだけ自分のスキルを磨き上げて，人的資本を蓄積できるかで，その人の仕事ぶりが評価される。個人の自己責任が問われる時代になってきた。

10.4　少子高齢化社会の社会保障制度

■ 公的年金と世代間再分配 ─────────────────

　我が国は急速に少子高齢化が進んでいる。図 10.4 にあるように，2065

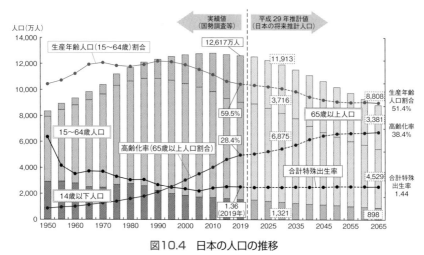

図10.4　日本の人口の推移

（データ出所）　2019年までの人口は総務省「人口推計」（各年10月1日現在），高齢化率および生産年齢人口割合は，2019年は総務省「人口推計」，それ以外は総務省「国勢調査」。2019年までの合計特殊出生率は厚生労働省「人口動態統計」2020年以降は国立社会保障・人口問題研究所「日本の将来推計人口（平成29年推計）：出生中位・死亡中位推計」。
（出所）　厚生労働省「令和3年版　厚生労働白書」

年には総人口が9000万人以下となり，高齢化率は40％近くまで上昇すると見込まれている。こうした人口動態は，社会保障制度のあり方に大きく影響する。

　第9章でも説明したように，世代という視点は今後のわが国の社会保障改革を考える上で重要なポイントである。こうした観点から，公的年金のあり方が最近注目されている。

　表10.4にあるように，公的年金には大きく分けて，賦課方式と積立方式の2つの方式がある。積立方式は，青年期に毎年ある額を積み立てて，年金基金として市場で運用し，運用収益とともに将来老年期になってから，その年金基金を老後の生活のために使う方式である。ある世代のなかで早く死ぬ人と長生きする人との間で助け合いが行われるが，年金の収支は世代ごとに行われ，世代間での所得の移転はない。これに対して賦課方式は，ある期に青年期の世代が負担する年金の額をその期に老年期の世代にそのまま回して，老年世代の年金給付にあてる方式である。年金基金の積み立ては起こらない

表 10.4　公的年金制度

	賦　課　方　式	積　立　方　式
意　味	勤労世代の拠出が同時期の老年世代の給付に回る	勤労世代の拠出が同じ世代の老後の給付に回る
積立金	なし	あり
世代間の再分配	あり	なし
収益率	賃金上昇率＋人口増加率	利子率

が，世代間での所得の移転が行われる。わが国の年金制度は原則としては積立方式であるが，実体は賦課方式に限りなく近く，修正積立方式と呼ばれている。

■ 世代間再分配と公平性

　わが国は公的年金を通じて，若年世代から老年世代へ大きな規模で所得の再分配が行われている。世代別負担に関してどのような状態が公平かを客観的に示すことは，人々の価値判断とも関係しており，困難である。しかし，日本の社会保障が整備されはじめた 1980 年頃までは，当時の後期高齢世代（75 歳以上）に対する当時の勤労（団塊）世代（40 歳前後）からの公的な再分配は，方向としては正当化できた。当時の後期高齢世代は悲惨な戦争を経験しているのに対して，当時の勤労世代は高度成長期の資本蓄積の成果を享受してきたからである。さらに，当時の後期高齢世代にとって平均寿命の伸びが予想外の速度で進み，青年期に十分な貯蓄をする環境になかったという背景もある。

　問題は，現在の高齢（団塊）世代と勤労世代の間の再分配である。出生率の低下により現在の勤労世代は，少ない人数で多数の高齢（団塊）世代の老後を支えるという厳しい状況に直面している。一方で，団塊の世代が経験した高度成長を今後は期待できそうになく，勤労世代の賃金所得の増加も期待できない。また最近では平均寿命が長いことが若い時期から十分に予想できるので，老後資金を前もって準備しておく時間的な余裕がどの世代にもある。

とすれば，比較的恵まれた経済環境にある団塊の世代へ，現在の若い世代や将来世代が所得を移転するのは，世代間の公平からみて正当化されない。逆にいうと，世代間の再分配について，社会的にあまり正当化できない政策を現在の賦課方式の公的年金制度が内在している。

■ 2004 年の年金改正

　2004 年に政府は相当大幅な年金改正を行った。すなわち，厚生年金の保険料を毎年 9 月時点で 0.354 ポイントずつ引き上げ，17 年 9 月以降 18.30％で固定する。また，国民年金保険料も 05 年 4 月以降，毎年 280 円（月額）ずつ引き上げ，17 年 4 月以降，1 万 6900 円（04 年価格）で長期固定する。毎年の引き上げ額 280 円は，賃金の伸びに連動させて改定する。これを保険料水準固定方式と呼んでいる。固定されるのは，毎年の引き上げ幅とピーク時 2017 年の保険料となる。

　また，マクロ経済スライドを導入した。これは，給付水準を調整するための新しい考え方であり，マクロ経済には直接関係しない。むしろ人口要因スライドの性格を持つ。すなわち 04 年以降の 20 年間に予想される人口要因の変化（公的年金加入者数の減少と 65 歳時平均余命の伸び）を考慮する。人口要因の変化率は年平均 0.9％と見込まれており，その分だけ給付額が毎年，実質的に目減りしていく。ただ，物価が下がらない限り，給付の名目額は引き下げない。給付水準固定方式への切りかえは 2017 年から実施された。65 歳時点におけるモデル年金の水準が 50％まで下がった時点でマクロ経済スライドは廃止する。なお，基礎年金の国庫負担割合は 2009 年度に 2 分の 1 まで引き上げられた。

　こうした改正は年金財政の安定化に一定の効果が期待できるが，それでも 2020 年代以降の年金財政は厳しいだろう。社会保障を支える勤労世代は，数が少ない上に一人当たりの所得の増加も見込めない。他方で，社会保障の受給世代は数が多くなる上に，一人当たりの給付水準の引き下げには政治的に強い抵抗がある。2004 年改正のシナリオが団塊の世代が後期高齢者になる 2020 年代後半にかけて本当に維持できるのか，シルバー民主主義のもと

でその実現は政治的に難しいだろう。

■ 年金制度の抜本改革

　長期的には賦課方式による年金制度を根本的に見直すことが必要である。賦課方式を積立方式に移行することは，以下の点でメリットがある。(1) 積立方式では自らの負担と自らの給付が連動しているので，受益者負担の原則に合致する。(2) 賦課方式のもとでの年金負担が勤労意欲を抑制する効果が，積立方式では生じない。(3) 今後の出生率と労働人口の低下を想定すると，年金の収益率としてみた場合，賦課方式よりも高い収益率が期待できる。

　しかし，積立方式では積み立ててはじめて年金の給付がかえってくるから，完全に移行するまでに40, 50年かかる。また，賦課方式から積立方式への移行の時期に「2重の負担」(移行期の勤労世代が自分の親の世代の給付と自分の世代の積立と同時に行う) という問題もある。これは，現在の老年世代の給付を徐々に抑制し，段階的に積立方式に移行することで，十分解決可能であろう。賦課方式の公的年金をスリム化し，個人勘定の私的積立年金を充実するのは，こうした流れに沿っている。

■ 社会保障給付の損得勘定

　2020年度で社会保障給付 (公的年金，医療，介護にかかる費用) の総額は127兆円程度である。そのうち，保険料収入の総額は70兆円程度，残りが国の財政負担 (税金や財政赤字を使って別途調達) で対応している。127兆円の多くは現在の高齢者への給付であり，保険料負担，税金負担の多くは現在の勤労世代の負担である。また，財政赤字分は将来世代への負担になる。今後団塊の世代が高齢者になるにつれて，社会保障給付の総額はますます増加する (**図 10.5** 参照)。

　年齢別に一人当たりの受益と負担を推計してみると，勤労期にネットで負担額 (負担−給付) が大きくなり，高齢期にはネットで受益額 (給付−負担) の方が大きい。こうした損得はライフサイクルでみて，負担と給付の時期が異なる (勤労期に主に負担し，高齢期に主に給付を受ける) ことから当

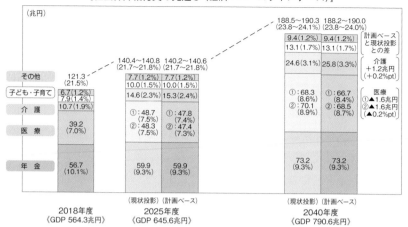

【社会保障給付費の見通し（経済：ベースラインケース）】

(注1) （ ）内は対GDP比。医療は単価の伸び率について2通りの仮定をおいており給付費に幅がある。
(注2) 「現状投影」は，医療・介護サービスの足下の利用状況を基に機械的に計算した場合。「計画ベース」は，医療は地域医療構想及び第3期医療費適正化計画，介護は第7期介護保険事業計画を基礎とした場合。

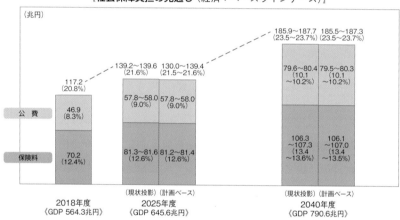

【社会保障負担の見通し（経済：ベースラインケース）】

(注1) （ ）内は対GDP比。医療は単価の伸び率について2通りの仮定をおいており負担額に幅がある。
(注2) 給付との差は，年金制度の積立金活用等によるものである。
(注3) 「現状投影」は，医療・介護サービスの足下の利用状況を基に機械的に計算した場合。「計画ベース」は，医療は地域医療構想及び第3期医療費適正化計画，介護は第7期介護保険事業計画を基礎とした場合。

図10.5　社会保障の給付と負担

（出所）　厚生労働省「令和3年版　厚生労働白書」

然である。問題は現在の若い世代が将来社会保障の受給世代になるときに，現在の高齢者と比較して，生涯の全体でみたときネットで損をしてしまうことにある。なぜなら，将来は若い世代の総人口が減少するので，一人当たりの生涯負担が同じであっても，総額の社会保障負担額は減少して，将来の高齢者に回る給付額も削減せざるを得ないため，一人当たりの生涯給付が減ってしまうからである。

　人口構成が安定化していれば，どの世代でもほぼ損得勘定はバランスしており，ネットの受益はゼロになるはずである。しかし，わが国では急速に少子高齢化が進行している結果，若い世代ほどネットで損をし，逆に，高齢者ほどネットで得をする構造になっている。

　社会保障が世代間の助け合いとして機能するためには，どの世代でも将来高齢者になって受給世代になるときに，自分が過去に支払った負担からみて納得できる水準でなければならない。そうした意味で，世代別にみて受益と負担のバランスが大きく崩れている今の社会保障制度は，年金だけでなく医療・介護保険制度も含めて，根本的に改革すべきだろう。政府の社会保障にどれだけの役割を求めるかも，世代間の受給と負担のバランスを取り戻すという観点から検討すべきである。

❖Close Up──4　老人医療制度の見直し

　年金以上に医療制度の財政基盤は深刻である。公的年金と異なり，医療保険では積立金がまったくなく，純粋に賦課方式で運営されている。もちろん，医療保険の対象は老人だけではない。しかし，マクロ・データでみれば，75歳以上の後期高齢者の医療費は増加傾向にある。全体でみれば，年金と同じく，若年勤労世代の保険料で老年高齢世代の保険給付をまかなっている賦課方式の構図である。

　老人医療制度の見直しについては，2008年に独立方式を前提として，75歳以上の高齢者が加入する独立した後期高齢者医療制度が創設された。後期高齢者医療に要する費用は，50%が公費で，50%が保険料で賄われる。公費の内訳は（国：都道府県：市町村＝4：1：1）で，それぞれ広域連合に交付される。保険料については，1割を75歳以上の者等の被保険者が直接納付する保険料で負担し，残りの4割は75歳未満である各医療保険の加入者で負担するように設定された。

　その後，広い対象の高齢者に受診時2割の自己負担を求める制度改正が志向さ

れたが，高齢者の反発を招き，政治的な配慮から高額所得の高齢者にその対象が限定された。その分だけ公費負担は増加するが，そのうちかなりの部分は財政赤字となるため，将来世代に負担が転嫁される。

10.5 東日本大震災と社会資本整備

■ 大震災の影響

2011年に東日本大震災が生じた。震災復興には20兆円規模の巨額の財源が投入された。この震災のように，数十年に一度程度の大きな天災であれば，公債発行の持っている異時点間の負担平準化機能を活用するのがもっともらしい。公債発行をせず，復興財源を一時期の臨時増税で対応しようとすれば，その時点（＝ショックが起きた時点）での負担が大きくなりすぎてしまう。

ただし，日本では，今回の非常時がおきる以前の1990年代以降，公債を増発して財政赤字を累増させてしまった。追加の公債発行余力があまりない以上，無駄な歳出の削減を徹底して行い，それでも足りない復興財源は一時的な公債発行で調達すべきだろう。そうすることで，財政の持続可能性を維持しつつ，巨額の復興財源が調達できる。

津波で破壊された公的インフラの再建は順調に進展しているが，巨額の復興予算の無駄や目的外の流用も指摘されている。単年度消化が原則の予算制度で，当該年度に処理できないで繰越される額が多額に上っている。事業内容を精査し直して無駄をなくすことが課題である。

人口の流失が続いている過疎地で，震災前の賑わいを完全に取り戻すのは，非現実的な目標である。被災者の多くは高齢者であり，やがて退出していく。復興予算を投入しても，物的インフラだけが残ってしまうのでは，将来世代に余計な負担を追わせることになる。政治的には厳しい選択であるが，一時の感情に流されずに，費用対効果で復興事業を冷静に評価すべきだろう。

■ 国土強靱化と社会資本整備

　東日本大震災以降，熊本地震などの地震や台風，梅雨前線の活動も活発化し，自然災害が激甚化・頻発化している。政府は，想定される自然の脅威に対応したハード・ソフト一体となった新たな防災・減災対策への転換を図ることで，防災・減災が主流となる安全・安心な社会を実現するために，国土強靱化という政策目標を掲げている。

　さらに，地方自治体からは，日本経済が低迷して地方経済が疲弊していることに加えて，2020年のコロナ感染が経済活動の大幅な停滞を招いている状況下で，公共投資への期待は根強い。公共事業はケインズ的な景気対策の有力な手段であり，需要面から地域経済を支える効果がある。さらに，災害時の緊急対応やインフラの老朽化対応など地域を守るために，また地元建設業を持続させる目的で，安定的な公共投資の継続を求める声は強い。

　しかし，道路などの社会資本整備がほぼ行き渡っている中で，人口減少により人口一人当たりの維持管理コストは増加が見込まれる。国際比較の面でも，我が国の公共事業関係費は引き続き高水準である。社会資本整備は，予算規模の量的拡大よりも優先順位を付けて配分を重点化すべきだろう。人口減少や財政悪化という厳しい環境にあることを踏まえて，社会資本整備の必要性を厳しくチェックし，真に必要な案件に厳選することが望ましい。

■ 原発事故

　東日本大震災での原発事故を抱えた福島県が直面する現状は厳しい。原発事故の除染事業は依然として進んでいない。政府は「エネルギー基本計画」で，原発を「重要なベースロード電源」と位置付け，原子力規制委員会の規制基準に適合すると認められた原発の再稼働を進めることを明示している。

　福島以外の原発の多くも，運転を見合わせる状況が続いている。原子力発電に頼れないからといって，老朽化した火力や水力発電の比重を高めるのも，特効薬にならない。原子力発電の安全性を強化した上で原発を利用しつつ，中長期的には，太陽や風などクリーンな発電を重視すべきだろう。こうした対応は環境関連の技術革新を刺激して，環境と両立可能な経済成長をもたら

す。

■ 絆の重要性

1995 年の阪神大震災や 2011 年の東日本大震災のような天災，また，2001年の同時多発テロ，あるいは，2008 年の国際的金融不安や 2015 年のパリなど世界各地でのテロ，2020 年のコロナ・パンデミックは，いつ起きるかわからない不確定なリスクである。こうしたリスクは，一国全体にかかわる重大なマイナス要因になるし，個人にとっても重大なストレス・不安要因になる。

生活実感でみた満足度は，他人との相互依存関係の程度にも依存する。核家族化が進行し，親子や親族間の人的な結びつきが弱くなった現代では，伝統的な助け合いの精神は希薄になる。大きなリスクに直面するとき，個人は自助努力で対応することも可能であるが，利害関係をともにする人々が何らかの形で協調あるいは共同して，こうしたリスクに対処することも有効だろう。たとえば，ある個人が実際に不幸に直面して，損害が生じたとき，近隣からの援助や救援は大きな支えになる。

東日本大震災を契機に，日本では「絆」が重要なキーワードとなった。この大災害を目の当たりにして，人々は，近隣ネットワークにおける広い意味での公共財（たとえば，自然災害の復旧対策のための支援，失業者への援助など）にある程度負担するようになった。復興財源のための臨時増税も多くの人々に受け入れられている。近隣住民の相互依存関係が緊密になれば，こうしたセーフティー・ネットは，すべての人に共通の公共財として便益をもたらす。

近隣助け合いの絆は各個人の幸福感を増加させて，それぞれの人に便益をもたらす。絆がもたらすプラスの波及効果が社会に定着させるには，日本経済が再生し，若い人の経済・雇用環境が改善することも必要だろう。

10.6 ポスト・コロナと今後の課題

■ コロナ危機の経済への影響

2020年のコロナ危機は世界中の経済活動に大きなダメージを与えた。我が国では2020年4月に最初の緊急事態が宣言され，経済活動の多くが止まって，この時期のGDPの落ち込みはリーマン・ショック時を上回る戦後最大規模であった。2021年に入っても緊急事態宣言が何度も発出され，日本経済の先行きは明るくない。

コロナの影響は産業別で異なっている。最も大きな影響を受けたのは，国際的に人の移動が止まったことで，莫大な損失を出している航空業界，観光業界，ホテル業界である。2020年夏に東京オリンピックが開催されることを想定して設備投資してきた観光関連業界は，内外観光客が見込めなくなって，想定外の損失が生じた。アルコールの提供に自粛要請を受けた居酒屋など外食業界も打撃を受けた。また，外国人の雇用に依存してきた産業（農業などでも）も影響を受けた。

一方で，リモートでの仕事や事業が増加したため，オンラインをサポートするハード・ソフトを提供するIT業界は，大幅な増収増益となった。株価も2020年当初はコロナ・ショックで下落したが，その後は急回復し，コロナ以前の水準を超えた高値をつけた。さらに，政府による手厚いコロナ対応の財政金融政策も株高を支えた。

株価対策以外の金融支援としては，資金繰りが厳しくなった企業への金融支援がある。業績が悪化した企業に無担保で融資すると，場合によっては不良債権化するから，コロナ危機に直面して，民間の金融機関は貸し渋りになる。そこで，無担保融資で焦げ付きが生じても，政府や日銀がそれを事実上肩代わりする支援を民間金融機関に保障すると，民間金融機関も積極的に融資しやすい。これは，不良債権化して焦げ付いた損金を，結局は税金でカバーすることになるため，将来に財政負担を発生させるが，コロナ危機のような非常時にはやむを得ないだろう。

■ コロナ危機と財政運営

　コロナ危機では財政政策でも手厚い対応が実施された。ただし，通常の景気対策と異なって，コロナ感染対策では経済活動を抑制することも求められるため，需要を刺激する公共事業の増額は適当ではない。我が国の場合，2020年度に3度の補正予算で総額73兆円に上る巨費を投じて，コロナ危機で生活に困窮した世帯や医療従事者へ支援を実施した。さらに，国民に一律10万円の給付や事業者への家賃補助なども実施した。

　また，ポスト・コロナに向けた経済構造の転換や好循環を実現するための予算も手厚く措置された。たとえば，中堅・中小企業が事業転換を行うための設備投資などを補助する費用，行政サービスのデジタル化を進めるため，地方自治体のシステムを統一する費用，「脱炭素社会」の実現に向けて野心的なイノベーションに挑戦する企業支援する費用などである。

■ 財政健全化の道筋

　2020年度は補正予算を3度にわたって組んだ結果，必要な財源を確保するため赤字国債を追加発行し，2020年度の国債の新規発行額は，112兆5539億円と100兆円を超え，歳入の64％余りを国債に頼る過去最悪の状況になった（**図10.6**）。

　2021年7月に発表された内閣府試算では，実質で年間2％程度の高めの経済成長が続くという想定で，利払い費をのぞいた政府支出と税収との差額であるPB（プライマリー・バランス：基礎的財政収支）は2025年度に2兆9000億円の赤字となり，黒字化は政府目標より2年遅れの2027年度になる（**図10.7**）。この図で紫色の丸は成長実現ケース，青色の丸はベースラインケース，◇は2021年1月時点で試算したときの成長実現ケースの値を示している。成長実現ケースでは今後の成長率に楽観的な想定（実質成長率で2％台後半）をしているが，ベースラインケースで見込んでいる成長率（実質成長率で2％台前半）を達成するのも，かなり厳しい。こうした甘すぎるシナリオが崩れると，財政再建は一段と遠のく。

　コロナ危機は100年に一度程度の大きな危機だから，東日本大震災特別会

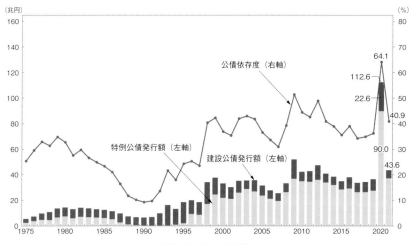

図10.6 公債発行額，公債依存度の推移

（注） 2019年度までは決算，2020年度は第3次補正後予算案，2021年度は政府案による。
（出所） 財務省「我が国の財政事情（令和3年度予算政府案）」（2020年12月財務省主計局）

図10.7 財政収支の中間試算

（出所） 内閣府「中長期の経済財政に関する試算（2021年7月）のポイント」

計のように，これへの財政手当は通常の一般会計と切り離して，特別会計で処理すべきである。コロナ対応以外の一般会計予算については，歳出を厳しく見直し，2020年代の早い時期にPB黒字化を目指すのが望ましい。コロナ特別会計では，50年程度の長期間に所得税を小幅増税することで，赤字を

処理する。コロナ危機に乗じた何でもありの予算編成が続くと，財政規律も緩くなり，財政健全化が非現実の目標になってしまう。

コロナ危機で困窮する家計や企業を支援するのは当然だが，財政面からの大盤振る舞いを無制限に続けるわけにもいかない。コロナ対応予算と通常の予算を分離することで，どちらの予算でも財政規律を維持すべきだろう。

❖ *Close Up*──5 **消費税増税**

2012年6月に，消費税の増税を柱とする「一体改革」で民主，自民，公明3党合意ができ，消費税率が2014年4月に8％に引き上げられた。3党協議の結果，消費増税の際に「名目3％，実質2％」の経済成長率を目標とする景気条項を法案の付則に残した。消費増税時の低所得者対策では，税率を8％に引き上げる条件に現金給付の実施を明記したほか，軽減税率を導入することの検討も決まった。

一体改革で合意した工程表でもっとも大きな特徴は，2段階で税率を引き上げる時期を明示したことである。なお，実際には2015年10月に予定されていた10％への引き上げは延期され，結局，2019年10月から実施された。その際に，食料品などに8％の軽減税率が導入された。

厳しい財政事情を考えると，今後は消費税の増収分を所得税の減税や社会保障給付の充実に回す余裕はない。その限りで消費税の引き上げは民間の家計や企業にとってネットで負担増になる。ただし，財政健全化への道筋が明確になれば，むしろ将来不安が軽減され，長い目でみれば経済活動全体にプラスに寄与するだろう。

■ 経済と医療のトレードオフの関係 ───────────────

コロナ対応の医学的対策を優先し，死亡者数を減少させるには，外出や行動を制限して感染拡大を防ぐロックダウンなどで経済の動きを強制的に止める政策が一般的である。逆に，経済活動を最優先して，緩やかな感染症対策にとどめると，GDPはそれほど減少しないが，死亡者数は増加する。**図10.8**に示すように，両者の間にはトレードオフの関係（片方の目標を追求すれば，もう片方の目標は犠牲になるというマイナスの関係）がある。

他方で，良い政策を実施すれば，死亡者を減らすと同時に，GDPの減少も抑えることができるし，逆に，悪い政策を打てば，死亡者も増加し，GDPの減少幅も大きくなる。**図10.8**では，もう1つ右上がりの線も描ける。

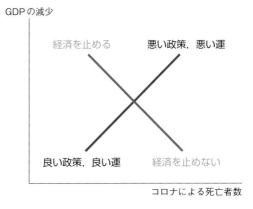

図10.8　経済と医療のトレード・オフ

　良い政策の例としては，国民が政府や政治家を信頼して，自発的に感染回避の行動をとる場合である。逆に，悪い政策としては，国民が政府や政治家を信頼していないケースで，強力なロックダウンを実施しても多くの国民がそれを遵守せずに勝手な行動をとる。その場合，経済活動が止まったとしても，感染拡大は止まらない事態も予想される。

　コロナのような感染症では，誰が感染しているのかの情報が不可欠である。感染者を早めに隔離できれば，それ以上の感染拡大を抑制できる。しかし，コロナは無症状でも感染させてしまうため，自然体で感染抑制は難しい。まずは，感染を抑制するために，人々の接触行動をなるべく回避することになる。多くの国ではロックダウンで人々の行動を抑制し，自宅にとどまるステイホームが最優先の選択肢となった。ロックダウンが完璧に実行できれば，この政策は効果を持つ。しかし，その政策は経済活動を強制的に止めてしまうので，経済的なコストも膨大になる。

■ コロナ危機と強制力

　コロナ危機は，多様な意思を尊重する民主主義の社会で感染対応する困難さを浮き彫りにした。他方で，強権的な専制国家の中国は，国家がITによる情報統制を厳しく活用することで，コロナ危機を有効に押さえられること

を示した。目的（＝感染症の抑制）が明確であり，それを達成する手段（感染者を抽出して隔離したり，人々の間での接触を断ったりすること）も適格であり，またITの活用でそれらが実行可能である場合，全体主義の方が民主主義よりも効率的，効果的に対処できる。これは，戦争のような非常時に，民主主義よりも国家統制を最優先する総動員体制の方が迅速に対応できるのと同じ理屈である。

中国がいち早くコロナを収束させことで，専制国家の優位性を再評価する声もある。しかし，全体主義は政府に都合の悪い情報を押さえつける風土を持っているため，コロナのような新しい感染症で初期対応が遅れてしまう弱点もある。中国はWHOの調査にも及び腰であり，その隠蔽体質がコロナ感染の世界的な拡大を加速化させた。

地方で，台湾やニュージーランドのように，民主主義国で感染の抑え込みに成功した国もある。そうした国では，人口が少なく，島国という利点もあったが，政府が期限を明示した徹底的な感染対策に国民も協力した。政府への信頼が高く，政府もそれに応えて効率的に対策を打てば，民主主義でも有効な対応が可能である。逆に，民主主義が成熟していない独裁国家で，コロナ対策に失敗した国も多い。

コロナ危機への対応が成功するか失敗するかは，政治のあり方にも左右される。人々が政府を信頼していると，自粛などの要請にも協力しやすくなる。逆に，政治家の普段の行いが信頼されていないと，政府からの呼びかけは効果がなくなる。とくに，我が国では極端な強制力は不可能だから，政策の効果が十分に発揮されるには，政府への信頼が不可欠である。コロナ危機は，政府の信頼度を試すリトマス紙になっている。

■ ポスト・コロナの課題

ところで，コロナ感染は100年に一度あるかないかの大きなショックである。これを数年単位で収まる一時的なショックとみなせば，緊急避難的対応が望ましいが，中長期的なショックとみなすと，経済社会の構造改革まで踏み込む必要がある。コロナ・ショックがどの程度の期間で収束するかの見極

めは難しいが，今後の政策では，こうした時間軸の整理を踏まえた対応が重要になるだろう。

緊急避難的な政策は，2020年度の大幅な補正予算に代表される財政金融支援である。こうした即効性のある支援は非常時には望ましい。それでも，その規模については精査が必要である。100年に一度の大きなショックだとしても，支援のコストは将来世代に先送りされるから，過度に大盤振る舞いするのは正当化されない。

より重要な政策は，構造的な課題への腰を据えた政策である。コロナ感染拡大後1年以上が経過した2021年夏になっても，コロナ医療やワクチン供給体制で混乱や不備・不足が続いたのは，構造的な問題に原因がある。我が国では病院のベッド数は多いが，中小の医療機関も多く，コロナ感染症に対応できる高度な医療従事者は少ない。中小の開業医がコロナ感染で十分に機能しなかったことは，他の先進諸国と比較すると際立った弱点である。コロナ感染者総数が国際比較で見ると少なかったにもかかわらず，医療崩壊が生じたのは，日本の医療制度が非効率性だからである。

コロナ・ショックは医療分野における非効率な構造を顕在化させた。こうした状況は，医療分野だけでなく，中小企業数が多い硬直的な産業構造の中で，有能な人材が不足している日本経済全体の縮図とみなせる。1990年代以降30年間に経済力や技術力が失われた結果，医療制度に限らず，日本経済は構造的な危機に瀕している。ポスト・コロナでは，こうしたコロナ危機の教訓を踏まえて，日本経済の構造問題に切り込み，中小の非効率な業態や人材をより効率化すべく，規制改革で産業構造を大転換し，若い世代が将来に希望を持てるように，経済・社会の閉塞感を克服する方策を模索すべきである。

■ 人口減少社会のあり方

政府は「50年後（2060年代）に人口1億人程度を維持する」との中長期国家目標を掲げているが，常識的には人口減少は避けられそうにない。もし現在のトレンドで人口減少が続けば，日本の地域社会は崩壊してしまうかも

しれない。消滅する可能性がある地域を整理統合することには政治的な抵抗が強い。人口減少で衰退する地域ほど，国からの財政支援，政策のてこ入れを求める政治的圧力は大きい。

　問題は日本全体で人口減少のコストをどこまで軽減し，そのメリットをどこまで享受するかである。人口減少が続くと，社会保障や財政の持続可能性への懸念，経済活力の低下，限界集落の増大，格差の拡大など様々な困難が予想される。人口減少社会では悲観的なシナリオの方が現実的だろう。しかし，ローカルな経済循環をベースとして，持続可能な福祉社会が構築できる可能性もある。地方分散がうまく進めば，出生率が持ち直して格差も縮小し，個人の幸福度は増加する。地方の中核都市を整備し，コンパクトな街造りで，環境にも優しく，効率的で公平な地域社会を維持可能とする方策を検討すべきであろう。

　また，将来世代への借金のつけ回しを早急に解消して，教育・雇用を含めた若者支援を充実させるのも重要である。環境に配慮した安心・安全な地域振興策を実施し，経済の量的拡大よりも住民の幸福度を高めることができれば，人口減少社会でも持続可能になる。

　少子高齢化が進むと，総人口は縮小する結果，GDP 総額は減少する。それでも，国民一人一人の生活水準の向上は可能であり，そのために，財政・社会保障だけでなく環境，地域再生も視野に入れた改革が必要である。

■ 新たな活性化への課題

　21 世紀のわが国での大きな政策目標は，経済を活性化することである。大胆な規制改革，新しい経営手法の導入などを積極的に進めることができれば，ある程度の生産性上昇は期待できる。その際に，グローバル化＝国際化は重要な手段になる。単に，外国から安い労働コストで単純労働者を受け入れるのが，国際化ではない。外国での進んだ取り組みを参考に効率的に多様なサービスを供給する。優秀な人材を受け入れて我が国で活躍してもらうとともに，貿易，金融面での国際化をより進展させて，わが国を世界経済の拠点として発展させることが重要である。

　最後に，分配と成長の関係を整理してみよう。短期的視点でみれば，経済格差を是正することは望ましい。富裕層から税金をたくさん徴収して庶民に再分配すれば，多くの国民は助かるだろう。しかし，今後の経済発展を見据えた長期的な視点で考えると，当面はあまり極端な再分配はしない方が良いかもしれない。

　たとえば，政府が富裕層から重く税金を徴収して広い対象の庶民に薄く給付すれば，みんながそれなりに助かるだろうが，新しいエリートの育成がうまくいかないかもしれない。極端な累進税で一部の富裕層を重課するよりも，課税ベースを広げることで得られる税収で，潜在的に有能な若者を支援する。成熟した日本社会が新たに発展するには，格差是正に重点を置きすぎないで，有能な若い世代（庶民の若者）を支援し，彼らの能力を伸ばすことが必要であり，これができれば，社会全体にプラスの波及効果をもたらす。

　その後，経済が活性化し，GDP がある水準を超えると，税率を上げなくても再分配に回す財源が確保できるので，手厚い再分配政策を実施して，格差を縮小できる。勤労意欲が高く，スキルを蓄積する労働者が増えてくると，経済はさらに活性化する。格差縮小と経済発展が両立する好循環が生まれる。

　この問題は地域間格差問題という視点でみると，「均衡ある国土の発展」という政策目標のもとで，過疎地の経済状態の底上げを図るのか，「一極集中のメリット」を活かすという政策目標のもとで，（潜在的に伸びそうな）都市の発展を図るのかという問題でもある。

　前者の立場では，できるだけ多くの資源・所得を地域間で共有するのが望ましい。後者の立場では，最小限のナショナル・ミニマムを除いて，地域間の再分配は極力スリム化して，発展が見込める地域を伸ばすのが望ましい。言い換えると，やる気のある地域を活性化する波及効果でわが国が活性化することを重視するのか，過疎地の底上げを図ることで横並びの状態をつくることを重視するのかの相違である。

　わが国では，1964 年の東京オリンピックの開催に象徴されるように，高度成長期には前者の（攻め重視の）発展志向がみられたが，日本全体が豊かになるにつれて，1990 年代以降は後者の（守り重視の）安定志向が支配的

となった。

　たとえば，新幹線の整備を例にとると，1960年代の高度成長期に東海道新幹線が整備されたことは，東京，大阪周辺地域のみならず，わが国全体の経済活性化に大きく寄与した。ところが，北海道から九州まで新幹線網を整備するという最近の地域振興政策は，新幹線をナショナル・ミニマムとしてみている。運行本数が少なく，少数の乗客数を運ぶだけでは，新幹線が地元の経済を活性化させる効果は乏しい。新たな成長を実現するには，地域間の再分配政策を成長志向の政策に戻すことが重要である。

　社会の調和，格差是正を最優先するのは，成長戦略には障害になる。経済活性化が順調にいけば，その果実を格差是正に回すことも可能になる。しかし，それには時間がかかる。成長戦略の果実を国民全体が実感できるまで，短期的に格差拡大がある程度進行しても，それを許容する懐の深さが求められる。そうした長期的視点での政策が実施できれば，わが国で成長戦略は成果をもたらすだろう。

Column——16	デジタル化の課題

　政府は，2020年代後半に次世代の通信規格「6G」に関して，世界をリードできる研究開発を支援するとの方針を立てた。そして，2021年9月にデジタル政策の司令塔となるデジタル庁を創設し，情報システムを一元的に所管し，マイナンバーカードを普及させ，カードと健康保険証や運転免許証の一体化を進めるとしている。

　各省庁でばらばらに管理していた情報が一元化されれば，給付と負担の関係が個人ベースでより明確になる。たとえば，コロナ対応で混乱が生じた給付金も，デジタル情報が一元的に管理できれば，より迅速・公平に実施できる。ある政策で本当に対象としたい人をもれなく抽出するには，デジタル化が必須の要件である。

　また，デジタル化を活用するメリットは，有権者にとっても大きい。デジタル化が進むと，情報公開のハードルも低くなるから，行財政の情報を把握して，政府の行財政サービスをきちんと評価することもできる。情報の包括的収集によって，日本の行財政システムが効率化されれば，国民にもメリットがある。

ただし，情報漏洩のリスクもあるし，政府が個人情報を悪用する懸念もある。デジタル情報のアクセスや利用方法について，厳しいチェックが求められる。

まとめ

●戦後の日本経済は，高度成長期を経て 1980 年代後半に「バブル経済」を経験し，90 年代に入ってから「バブルの崩壊」とその後の低迷も経験した。資産価格の理論値と現実の値との乖離がバブルである。1990 年以降の低迷には，日本経済の産業構造の非効率，人的資本蓄積の立ち遅れなど，根深い要因がある。

●日本経済の大きな特徴は，正規と非正規雇用の格差，会社人間に代表される日本型の硬直的な労働環境である。終身雇用制，年功序列賃金，男女格差，女性労働の非正規化などの日本型労働システムは，最近の経済構造の変化のなかで，転換点を迎えている。

●わが国は公的年金を通じて，若年世代から老年世代へ大きな規模で再分配が行われている。人口減少社会では少子化対策が重要な課題になる。

●東日本大震災以降，自然災害が激甚化・頻発化している一方で，人口減少や財政悪化という厳しい環境にあることから，社会資本整備はその必要性を厳しくチェックすべきである。

●成長戦略の果実を国民全体が実感できるまで，短期的に格差拡大が進行しても，それを許容する懐の深さが求められる。

重要語

□高度成長　　　　　□安定成長　　　　　□バブル
□資産価格　　　　　□非正規雇用　　　　□正規雇用
□高齢化　　　　　　□少子化　　　　　　□終身雇用制
□年功序列型賃金　　□春闘　　　　　　　□公的年金

問　題

■1　次の（　）に適切な用語を入れよ。

（ア）　日本の高度成長を支えたものは，活発な設備投資と外国への（　）の拡大である。

（イ）　1980年代後半から円高と（　）への対応として，外国への直接投資が急増した。

（ウ）　1990年代に入って，株価，地価が急落し，（　）の崩壊と呼ばれるようになった。

（エ）　日本型労働慣行の特徴は，（　）と年功序列型の賃金である。

（オ）　日本の就職活動では，学歴が（　）の役割を果たしている。

■2　高齢化・少子化社会では，以下の問題はどのような意味で心配されるのか。

（ア）　労働市場の雇用

（イ）　公的年金の維持可能性

（ウ）　家族の役割

（エ）　受験戦争の過熱化

（オ）　貯蓄率の低下

■3　以下の文章のなかで正しいものはどれか。

（ア）　ストックとは資産所得のことであり，フローの労働所得とは区別される。

（イ）　資産価格の理論値（＝ファンダメンタルズ）が，バブルである。

（ウ）　生産性の低い分野で規制改革を大胆に進めることで，日本全体の生産性の底上げが期待できる。

（エ）　日本の労使関係では，不況期にレイオフ（一時解雇）がしばしば行われる。

（オ）　雇用が流動化すると，構造的失業は減少する。

■4　景気対策とのかねあいで財政再建はどのように行うべきか。

■5　シルバー民主主義の弊害について述べよ。

11 国際経済

本章では，国際的な視点から経済現象を説明する。最近では，外国との経済的な結びつきも強くなり，日本経済も国際的な視点で考える必要がある。

1. 外国との貿易によってどのような利益が自国に生じるのかを，解説する。
2. 国際収支と為替レートについて説明する。特に，日本が現在採用している変動レートの意味を考える。
3. 貿易や資本移動があるとき，財政・金融政策のマクロ的な効果がどのように修正されるのかを，変動レート制度と固定レート制度を対照させながら解説する。
4. 日本経済が国際化していくことで，どのような問題が生じているのかを考える。

11.1　貿易の利益：ミクロ的分析

■ 貿易の利益

　わが国は数多くの財を輸入している。日本人の食生活は輸入産品なしにはもはや成り立たない。また，日本は自動車などの工業製品を中心に多くの財を輸出している。このような貿易を通じた外国との経済交流は，私たちの生活を向上させるのに役立っている。

　外国との経済的な取引のない経済は，閉鎖経済と呼ばれる。いままでの章では主に閉鎖経済を前提として議論してきた。外国との経済的な取引のある経済は，開放経済と呼ばれる。この章では，国際的な視点から開放経済にお

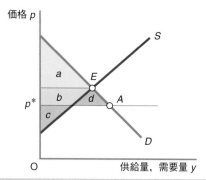

貿易による消費者余剰の増加は b＋d であり，生産者余剰の減少は b である。社会的余剰は d だけ増加する。

図11.1　貿易の利益

ける問題を検討してみたい。まず最初に，貿易の利益について分析する。

　閉鎖経済と比較して，外国と貿易することでどのような利益があるだろうか。自国も外国も，全く貿易をしないという選択も可能であったはずである。各国にとって貿易をする理由は，貿易によって閉鎖経済の場合よりも大きな利益が生じるからである。

　図11.1 は，ある財の需要と供給の関係を貿易以前と貿易以後について描いたものである。自国は小国であると想定しよう。すなわち，外国でのその財の価格がp^*であり，自国はp^*のもとでいくらでもこの財を輸入できるとしよう。閉鎖経済の均衡点は，国内での需要曲線Dと国内の企業の供給曲線Sとの交点Eで与えられる。その場合の消費者の利益＝消費者余剰は，三角形aの大きさであり，生産者の利益＝利潤は三角形$b＋c$の大きさである。社会的な利益＝社会的余剰は消費者余剰と生産者余剰の合計である$a＋b＋c$となる。

　貿易が行われると，均衡点はA点に移動する。国際価格p^*でいくらでも輸入＝購入できるからである。したがって，消費者余剰は$a＋b＋d$に，$b＋d$だけ拡大する。他方で，生産者は安い外国の製品と競争しなければならず，利潤はbだけ減少してcとなる。社会的な余剰は$a＋b＋c＋d$であるから，閉鎖経済と比較すると，dの大きさだけ拡大する。これが貿易の利益である。

■ 関税政策 ────

では，自由貿易に政策的な介入が行われると，貿易の利益はどれだけ損なわれるだろうか。まず最初に関税政策を考える。関税とは，外国からの輸入財に税金を課することである。関税の目的は，そこから税収を稼いで政府支出の財源にすることや，輸入財と競合する国内の産業を保護することである。以下では，分析を単純化するため，税収を目的とした関税政策を取り上げよう。国内の競合する企業は存在しないと想定する。

図 11.2 において，外国でのその財の価格が p^* であり，自国は p^* のもとでいくらでもこの財を輸入できるとしよう。関税がなければ均衡点は E であり，家計の消費者余剰は $a+b+c$ の面積で示される。ここで，財 1 単位当たり t の関税が課せられる。国内価格は $p^{**}=p^*+t$ に上昇する。均衡点は F 点に移動するから，消費者余剰は a に減少する。消費者余剰の減少分は $b+c$ の面積で表される。

関税によって国内価格が上昇するから，消費者余剰が減少するのは当然であろう。しかし，政府は関税収入を上げている。1 単位当たりの関税が t であり，$p^{**}F$ まで輸入が行われるから，関税収入の大きさは，b の面積で表

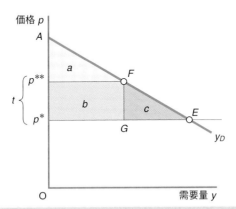

関税収入は b であるが，消費者余剰の減少は $b+c$ である。超過負担は c である。

図11.2　関税政策

される。これが関税政策のメリットである。

　関税政策のメリットである税収の確保とデメリットである消費者余剰の減少分とは，どちらが大きいだろうか。**図11.2** から明らかなように，三角形 c の面積だけ，消費者余剰の減少分の方が大きい。いい換えると，かりに税収入をすべて家計に補助金として還付しても，家計の消費者余剰の減少を完全には相殺できず，家計の実質的な所得は三角形 EFG の大きさだけ減少する。この c の大きさが関税政策の超過負担（厚生損失）である。

　なお，歴史的にみると，関税収入が税収全体に占める比重は，その国の経済発展とともに減少する傾向にある。発展途上の初期段階では，関税収入は最もてっとり早い税収の確保手段である。と同時に，国内産業を保護し育成する上でも，有効な手段である。しかし，消費者の利益を損ない，長期的には経済発展を阻害する。経済の規模がある程度大きくなり，他に安定的な税収の確保手段が確立されるにつれて，関税の税率は引き下げられ，その税収も減少する。わが国でも，最近での関税収入は総税収のうちごくわずかのシェア（2%程度）しか占めていない。

■ 輸入制限政策

　次に輸入制限政策の効果を分析しよう。関税によって実質的に輸入量を減少させるのではなく，数量割り当てで輸入枠自体を抑える政策を考える。この政策は，通常は国内産業の保護を目的として行われる。コメの輸入制限政策がその代表的な例である。ここでは議論を単純にするため，国内企業が存在しないケースでの輸入制限を想定しよう。

　図11.3 において，輸入制限がなければ p^* という外国の価格で E まで輸入されている。政府は輸入量を p^*G の大きさに押さえ込むとしよう。輸入量が減少するので，国内での販売価格は p^{**} まで上昇する。その結果，家計の消費者余剰は関税政策の場合と同様に，$b+c$ の大きさだけ減少する。この政策では政府の税収は得られない。では，国内の経済主体で誰か得をする主体はあるのだろうか。

　それは輸入業者である。輸入業者は p^* の価格で外国から財を輸入して

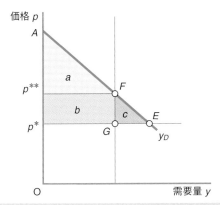

図11.3 輸入制限

p^{**}の価格で国内で販売している。輸入価格と国内価格との差額$p^{**}p^{*}$の
大きさは，関税の税率と同じである。輸入業者の利潤がbであり，これは関
税の場合の税収の大きさに等しい。

　輸入業者は輸入制限による価格の上昇で利益を得るが，これは消費者余剰
の減少分ほど大きくはない。その差額＝三角形EFGの面積cが社会的な余
剰（＝消費者余剰と生産者余剰の合計）の減少分であり，輸入制限政策の超
過負担である。政府が輸入業者の利潤に100％税金を課して，すべて消費者
に配分しても，消費者余剰の減少分を完全には相殺できない。

　なお，現実の政策では輸入業者が政府自身である場合も多い。たとえば，
畜産関係事業については，従来，輸入牛肉の売買差益が主な財源とされ，食
肉関係と酪農関係等の事業に使われてきた。しかし，1991年度に牛肉の輸
入が自由化されたことに伴い，自由化の影響を緩和し，国内生産の維持およ
び畜産経営の安定を図るため，輸入牛肉に対する関税率を引き上げるととも
に，この関税収入を財源とする牛肉等関税財源交付金が農畜産事業団に交付
することとされ，食肉関係事業に限定して使用される調整資金として管理さ
れてきている。

　また，コメの部分的な開放のやり方でも政府が独占的に安い価格で輸入し

表11.1　関税と輸入制限

	関　　税	輸入制限
意　　味	輸入財に税金を課す	輸入量を制限する
メリット	税収の確保	輸入業者の利益
デメリット	消費者余剰の減少 社会的余剰も減少	消費者余剰の減少 社会的余剰も減少

て，高い国内価格で販売している。これは実質的には関税政策と同じである。そうした方法で政府が利潤を稼いでも，その利潤の大きさ（＝関税収入の大きさ）は消費者余剰の減少分を完全にはカバーできない。**表11.1**は，2つの輸入制限政策の効果をまとめている。

■　比較優位の原則

　次に，2つの財を生産可能な国が2つの財を両方とも同時に生産する場合と，どちらか1つの財の生産に特化する場合とで，どのような得失があるのか考えてみよう。いま，日本とアメリカという2つの国がそれぞれリンゴとオレンジを生産できるとする。リンゴとオレンジの生産可能な水準の組み合わせは，**図11.4**のようにアメリカではAB，日本ではGFと表されている。アメリカが日本よりもどちらの財もたくさん生産できる。その意味で，どちらの財もアメリカが絶対優位にあるとする。

　しかし，リンゴとオレンジの生産の組み合わせの比率＝生産可能線の傾きは両国で異なっている。リンゴ1単位を減産したとき何単位のオレンジが増産できるかでみれば，アメリカの方がたくさんのオレンジを生産できる。逆にいえば，日本ではオレンジを1単位減産したときに，アメリカ以上のリンゴを生産できる。その意味で，アメリカではオレンジの生産に比較優位があり，日本ではリンゴの生産に比較優位がある。

　さて，閉鎖経済ではどちらの国でも，両方の財を生産するしかない。では，2国間で貿易が行われる開放経済では，それぞれの国での生産構造はどうなるだろうか。このとき，2つの国はそれぞれの比較優位を持っている財の生

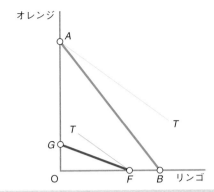

アメリカでの生産可能線は *AB* であり，日本の生産可能線は *FG* である。アメリカはオレンジの生産に特化し，日本はリンゴの生産に特化することで，ともに利益がある。

図11.4　比較優位の原則

産に特化することで，閉鎖経済の場合より大きな利益を上げることができる。アメリカはオレンジの生産に特化すれば A 点が生産点となる。オレンジをリンゴと交換する場合，AB という自国内での生産上の交換比率よりも有利な条件でオレンジをリンゴと交換できる。すなわち，貿易上の交換比率は，AT 線で表される。AT 線は AB 線よりも傾きが緩やかであり，アメリカは2つの財を同時に生産する場合よりも，大きな利益を貿易で得る。

　日本はどうであろうか。日本はリンゴの生産に特化することで，F 点が生産点となる。FG という自国内での生産上の交換比率よりも，貿易による交換比率 FT はその傾きが急であるから，日本もリンゴの生産に特化して，そのうちの一部を外国に輸出することで，利益を得る。お互いに比較優位を持っている財の生産に特化することで，貿易による利益を得る。これは，絶対優位のない国にとっても，貿易が有利となる経済的なメカニズムを示している。

| Column —— 17 | 中国経済の存在感と課題 |

　1980 年代以降，中国は経済面では市場主義を大胆に取り入れて，資本主義のような改革開放経済路線を採用した。しかし，政治的には共産党の一党独裁を維持しており，改革開放の市場経済と一党独裁の専制政治が共存するという特異な関係を作り上げた。常識的には，経済が豊かになるにつれて，人々の意識も多様化するから，政治的自由への要求も増すはずである。事実，1989 年に中国で政治的自由を求める若者の政治運動が活発化したが，共産党政府はそれを武力で鎮圧した。「天安門事件」である。この大動乱事件以降，中国当局は強権で政治的自由を押さえつける一方で，経済的には改革開放政策を推し進め，結果の平等を重視する共産主義の経済政策を放棄して，市場経済を大胆に取り込んでいった。

　政治独裁と経済自由が共存するなかで，経済格差が拡大しつつも，その後の中国の経済発展はめざましい。中国経済の今後を展望するのは難しいが，これまでのような高度成長を持続的に続けていくのは無理だろう。経済がある程度豊かになると，人々の好みも多様化するし，また，経済全体のパイが大きく増え続けないと，その分配問題への対応も厳しくなる。

11.2　国際収支と為替レート

■ 国際収支表

　国際収支表は，日本に生活の本拠がある自然人と法人の日本国内の事務所を「居住者」とし，それ以外の「非居住者」との間の取引を複式簿記の原則で統括的かつ統合的に記録したものである。一定の期間における所有権の移転が発生する取引（フロー）が記録される。居住者と非居住者の間の多様な取引を項目に分割して，項目ごとの合計を表示する。(**表 11.2** 参照)。2014 年からの見直しで，すべての取引を財・サービスの売買である経常取引と，金融資産の売買である金融取引に分割し，次の符号で記録されることとなった。

　　経常収支＝財サービスの輸出－財サービスの輸入

　　金融収支＝資産の増加－負債（株式を含む）の増加

表 11.2　国際収支表

項　　目	2020 年度の数値（単位：億円）
■経常収支	182,533
◎貿易・サービス収支	2,381
●貿易収支（輸出－輸入）	39,017　(683,507-644,490)
●サービス収支	-36,636
◎第一次所得収支*1	207,721
◎第二次所得収支*2	-27,569
■資本移転収支*3	-2,090
■金融収支	155,130
◎直接投資	106,366
◎証券投資	-155,939
◎金融派生商品	27,489
◎その他投資	164,409
◎外貨準備	12,805
■誤差脱漏	25,313

（注）　1.　*1 は 2014 年見直し前の国際収支表では「所得収支」，*2 は「経常移転収支」とされていた。また，*3 は「その他資本収支」を名称変更し，独立させたものである。
　　　　2.　金融収支のプラス（＋）は純資産の増加，マイナス（－）は純資産の減少を示す。
　　　　3.　合計は四捨五入により合わないことがある。
（出所）　数値は財務省 HP による。

資本移転収支と誤差脱漏を除けば，次の恒等式が成立する。

　　　経常収支－金融収支＝0

　たとえば，日本企業が外国企業を買収する直接投資の場合には，従来は資本収支にマイナスで記録され資本収支の赤字要因となっていた。しかし2014 年からの新しい統計では，資本収支という項目は廃止され金融収支にプラスで記録される。また新しい金融収支は，外貨準備増減と資本収支を合計した上で符号が逆になり，外貨準備の増加は金融収支の黒字要因となる。

　普通の経済取引は，対価を伴う財・サービスや金融資産の売買であるため，基本的に資金決済と財・サービス，金融資産の受け渡しが同額で対応し，国際収支表の記録は合計がゼロとなる。対価を伴わない無償取引に見合う金額は，その性質に応じて第二次所得収支と資本移転等収支に分けて記録される。

　なお従来の国際収支統計では，資本移転は資本収支の内訳項目であったが，新しい統計では，金融収支と並ぶ別項目として表示されるようになった。

　経常収支の不均衡は対外資産の増減を意味する。たとえば，経常収支が黒

表 11.3　為替レート制度

固定レート制度	為替レートをある一定の水準で固定 日本では戦後 1970 年まで 1 ドル＝ 360 円で固定
変動レート制度	為替市場の需給で決定 最近（2020 年）では，1 ドル＝ 104–110 円程度

字になると，ネットで対外資産は蓄積する。第 1 次近似として，サービス収支，移転収支を無視すると，経常収支の均衡は，貿易収支の均衡を意味する。したがって，輸出が増加し，輸入が減少すると，対外資産は増加する。**表 11.2** は，2020 年度のわが国の国際収支表を示したものである。

■ 為替レート制度 ────────────────────────────

　表 11.3 に示すように，為替レート制度には，為替レートをある所与の水準に政策的に固定したままに維持する固定レート制度と，外国為替市場での需給均衡に任せる変動レート制度の 2 つがある。わが国は 1970 年代前半まで戦後二十数年にわたって固定レート制度を維持してきた。当時は，1 ドル＝ 360 円という為替レートが固定されたまま，存在していた。

　固定レートのもとでは景気がよくなり輸入が増大すると，貿易収支が赤字になった。そして，外貨準備が減少して 1 ドル＝ 360 円が維持できなくなると，金融政策を引き締めて，景気の過熱を防ぎ，輸入の増加を抑えたり，資本移動を制限して，ドルが外国に逃げないように為替管理政策を遂行した。

　その後は変動レート制度に移行し，外国為替市場で為替レートが毎日決定されている。

■ 為替レートの推移 ────────────────────────────

　1980 年代以降の為替レートの推移をみると，**図 11.5** に示すように，80 年代前半には平均 230 円ほどの円安ドル高時代が続いたが，85 年後半からは一直線の円高が進行した。85 年に円高に向かったのは，先進諸国間での為替レートに関するプラザ合意をきっかけとしている。そして 1995 年には

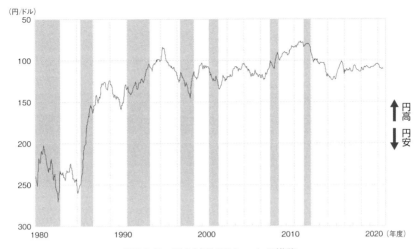

図11.5　円の対米ドルレートの推移

（出所）　日本銀行 HP の数値。灰色は景気後退期。
（インターバンク相場東京市場スポットレート）をもとに作成。

一時 80 円を突破する水準（79 円）まで円高が進展したが，1997 年に入ると
また 120 円を超える円安を記録するようになった。その後，2006 年から 6 年
ほど円高が続き，2013 年から 2020 年までは，100 円から 120 円程度の円安
傾向で推移している。

　長期的にみると，1970 年代に 1 ドル＝360 円の固定レートから変動レート
に移行してから，2000 年までの 30 年間でほぼ一貫して，円高傾向が続いた。
これは日本経済が国際的に大きな地位を占め，日本が国際社会においてスト
ック大国となっていくプロセスに対応している。円高が進行すると，国民経
済全体にも大きな影響を与える。1980 年代半ばに大幅な円高が進行したと
きには，円高による不況の可能性が大いに懸念されていた。以下では，資産
価格としての為替レートの決定メカニズムや開放経済下の財政金融政策の効
果を考察するとともに，円高あるいは円安のもたらす影響についても検討し
てみよう。

為替レートと期待

　円とドルとの交換レートの現実の動きにみられるように，為替レートは大きく変
動している。国際経済の将来予想が不安定だからである。将来に対する期待が合理

的に形成されれば，現在の為替レートと次の期の実現した為替レートとの誤差は，予想が当たらなかったという予想の誤差でしかない。予想の誤差は，現在の時点ではどちらに転ぶかわからない（予想外に円高になるのか円安になるのか，予想が外れる方向はわからない）ものだから，バイアスを持たない。

　いい換えると，現在までの為替レートの動きで，次の期の為替レートがどう動くかは説明できない。たとえば，これまでの為替レートが上昇していたとしても，次の期の為替レートが現在よりも上昇するとは限らない。もし，次の期に確かに上昇すると期待されるのであれば，その期待が生じた時点（つまり現在の時点）で，為替レートは上昇しているはずである。現在から将来への実際の変化は，あくまでも予想されなかった新しいニュースに反応したものであり，それが大きいものであるほど，為替レートも大きく変動する。

Point——6	交易条件

　これは，輸出商品と輸入商品の交換比率で定義される。具体的には輸出物価指数と輸入物価指数の比で表されるもので，一国の貿易利益つまり貿易による実質所得の上昇を示す指標となる。国内の交換比率（相対価格）と交易条件が同じであれば貿易利益は当該国にはなく，交易条件が有利化するほど（交換比率が高まるほど），同じ輸出量に対してより多くの輸入量を獲得でき実質所得は増加する。

　たとえば，資源輸入国は，資源価格の上昇に対し，輸出製品に価格転嫁することで輸入価格上昇の負担を緩和することが可能である。日本では，輸入価格が上昇する局面でも輸出価格の上昇は限定的であり，輸出製品に対する価格転嫁が抑えられている。これは各国の輸出構造の違い（輸出製品，輸出相手国等）にも依存しており，わが国の主要な輸出財のように，よりグローバルな価格競争にさらされる財が主要な輸出品となる場合には，価格転嫁が行われにくく，交易条件は悪化しやすい。逆に，価格以外の要素で差別化を図り，付加価値をつける財が多い場合には，価格転嫁は進めやすく，交易条件の悪化は抑えやすい。

11.3　貿易と資本移動：マクロ的分析

■ 財市場の均衡

　この節では，マクロ的な観点から国際問題を分析しよう。最初に最も単純なケインズ・モデルを開放経済に拡張して，国際収支の均衡と国内の総需要管理政策との関連を分析しよう。財市場の均衡式は，財・サービスの対外的な取引を考慮すると，次のように定式化される。

$$Y = C(Y) + I + G + X$$

ここで，Y は GDP，C は消費，I は投資，G は政府支出，X は純輸出（＝輸出－輸入）である。投資と政府支出は，外生的に一定水準にあると考える。

　この節で登場する新しい変数は，貿易収支の黒字幅を意味する純輸出 X（＝輸出－輸入）である。最も単純なモデルでは，輸出を外生的に一定で変化しないとして，輸入のみを所得 Y の増加関数とする。すなわち，国内の経済活動が活発になれば，輸入需要も増大するが，輸出は外国にとっての輸入であるから，外国での生産活動の大きさに依存しており，自国の Y と直接には無関係と考えられる。輸入水準は輸入する国の GDP に対応して需要サイドで決定されるとすれば，輸出水準が自国の Y とは無関係になるというのも，もっともらしい仮定であろう。限界輸入性向を表すパラメーター x は，所得が 1 単位増加したとき輸入がどのくらい増加するか（＝純輸出がどのくらい減少するか）を示している。**表 11.4** は，政府支出乗数の大きさをまとめている。

表 11.4　政府支出乗数

閉鎖経済	$\dfrac{1}{1-c}$, $\quad c =$ 限界消費性向
開放経済：固定レート制度	$\dfrac{1}{1-c+x}$, $\quad x =$ 限界輸入性向
開放経済：変動レート制度	$\dfrac{1}{1-c}$（隔離効果）（閉鎖経済と同じ）

外国貿易乗数

政府支出拡大の乗数の大きさは，$1/(1-c+x)$になり，限界輸入性向xが入っている分だけ，これは閉鎖経済の場合の政府支出乗数$1/(1-c)$よりも小さくなる。これは，総需要が拡大するときに，その一部が輸入需要に回ると，国内の総需要の増大がその分だけ抑制されるからである。この乗数は外国貿易乗数とも呼ばれている。外国への外生的な輸出の拡大で，乗数倍だけのGDPの拡大，雇用の増加が生じる。

わが国の戦後の経済発展においては，朝鮮戦争やベトナム戦争の際に，アメリカを中心とした戦争需要がわが国の総需要の拡大に寄与したことが，指摘されている。これも外国貿易乗数による国内の有効需要拡大効果の一つの例である。

なお，完全雇用GDPと国際収支を均衡させるGDPとは一致する保障はない。したがって，マクロ総需要を管理する場合，完全雇用を実現するのか，国際収支の均衡を実現するのか，どちらかしか達成できない。対内均衡（＝完全雇用の実現）と対外均衡（＝国際収支の均衡）を同時に達成するには，財政金融政策ばかりでなく為替レートの調整も必要になる。

[数値例]

限界消費性向$c=0.8$，限界輸入性向$x=0.05$とすると，外国貿易乗数は4となる。このとき，1兆円の政府支出の増加あるいは同額の輸出の増加は，4兆円のGDPの拡大をもたらす。閉鎖経済の政府支出乗数は5であるから，$5-4=1$だけ，限界輸入性向がプラスであることで，乗数値が小さくなっている。

■ モデルの拡張

IS-LMのモデルを固定レート制度での開放経済に拡張しよう。財市場の均衡条件は，次のようになる。

$$Y = C(Y) + I(r) + G + X(e, Y)$$

ここで，$C(Y)$は消費関数，$I(r)$は投資関数である。また，Xは貿易収支の黒字幅，つまり輸出マイナス輸入である純輸出を意味する。eは為替レート（邦貨建て；日本のケースでは1ドル＝e円）である。長期的には為替レートの調整も行われるから，eの変化のもたらす純輸出に与える効果について

も，考慮しておこう。

　e の上昇は自国の通貨の減価（日本の場合は円レートの上昇は円安を意味する）であるから，自国財の価格が国際的に割安になり，外国財の価格が自国民にとっては割高になるから，輸出を促進し，輸入を抑制する。したがって，e の上昇により X は増大する。また，所得の増加は輸入需要を刺激するので，純輸出を抑制する。

　貨幣市場の均衡条件については，閉鎖経済での LM 曲線に対応する貨幣の需給均衡式がそのまま成立する。

$$M = L(Y, r)$$

■ *IS–LM* 分析：資本移動ゼロのケース ─────────────

　金融サイドを考慮するとき，国際的な資本移動がどの程度行われているのかが問題となる。以下では，2つの極端なケースを取り上げる。まず最初は，資本移動が全然行われていないケースである。

　この場合は，閉鎖経済における *IS–LM* 分析が，輸入需要が GDP に依存する点を除いて，基本的にそのまま成立する。すなわち，**図 11.6** に示すように，財市場を均衡させる GDP は *IS, LM* 両曲線の交点 E で与えられる。た

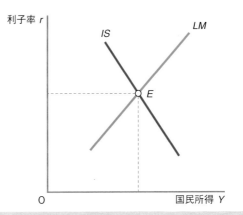

固定レート制度で資本移動がゼロであれば，閉鎖経済での
IS–LM 分析が基本的に当てはまる。

図11.6　資本移動ゼロのケース：固定レート制度

とえば，財政政策の効果は，閉鎖経済の場合と同様に分析できる。

すなわち，G の拡大により IS 曲線は上方にシフトし，GDP も利子率も上昇する。しかし，限界輸入性向がプラスである分だけ，閉鎖経済のケースよりも，乗数の値は小さくなる。また，閉鎖経済の場合の 45 度線のモデルと比較すると，利子率が上昇する分だけ，乗数の値は小さくなる。また，金融政策の場合は，M の増大により LM 曲線が下方にシフトして，GDP が増大し，利子率は低下する。このときの乗数値も，限界輸入性向がプラスである分だけ，閉鎖経済の場合よりも小さくなる。

■ *IS-LM* 分析：資本移動完全のケース

次に，資本移動が完全であり，世界利子率 r^* と国内の利子率 r との間に完全な関係が成立するとしよう。投資家は資本を運用する際に，収益率の高い国へ資本を移動させる。$r > r^*$ ならば，自国へ資本を集中させ，逆に $r < r^*$ ならば，外国へ資本を集中させる。$r = r^*$ が成立して初めて，両国に資本が存在することが可能になる。資本移動が完全であるとすると，このような資本移動の結果，自国の利子率は世界利子率に等しくなる。

なお，ここでは資本市場でも自国が小国のケースを想定している。すなわち，自国は巨大な国際資本市場において小さな国であって，自国にとっては世界利子率を操作することはできない。自国の利子率が世界利子率に等しければ，どのような GDP 水準のもとであっても，国際収支は均衡する。貿易収支が不均衡でも，ちょうどそれを相殺するだけの資本収支が生まれるから，国際収支は必ず均衡している。資本移動があるケースでは，貿易収支の均衡と国際収支の均衡とは同じにはならない。貿易収支と資本移動との合計が国際収支として意味を持つ。

さて固定相場では，為替レート e はある水準 e^* で一定に維持される。そのためには，自国の利子率が常に世界利子率に一致するように，政策変数を操作する必要がある。このために用いられる政策としてもっともらしいのは，金融政策である。**図 11.7** は，こうした金融政策が実施されるという前提のもとでの財政政策の効果をみたものである。

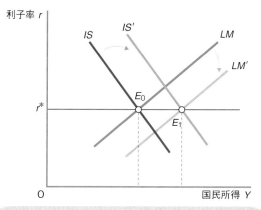

拡張的な財政政策により *IS* 曲線が右にシフトすると，利子率が上昇する圧力が生じる。固定レートを維持するには，貨幣供給を増大させて利子率を低下させる必要がある。小国にとっては世界利子率 r^* は変更できないから，新しい均衡点 E_1 は E_0 と同じ利子率になる。

図11.7　資本移動完全のケース：固定レート制度

　政府支出の拡大により，*IS* 曲線が上方にシフトするが，これは，利子率の上昇を招き，資本の流入を引き起こす。金融政策を所与とすれば，為替レートは増価（日本であれば円高）になる。すなわち，*e* が低下する圧力が加わる。固定相場のもとでは，*e* の低下を防ぐように，金融当局が外貨を購入せざるを得ない。これは，国内での貨幣供給の増大につながるから，*LM* 曲線が右へシフトする。そして，利子率が世界利子率のままで，市場が均衡するように調整が行われる。その結果，均衡点は，E_0 から E_1 へ移動する。

　乗数の大きさは，利子率が世界利子率で一定の場合の大きさと同じになる。閉鎖経済の場合の45度線のモデルと比較すると，輸入が所得に依存している分だけ，乗数値は小さくなる。

[数値例]
　たとえば，限界消費性向が0.8，限界輸入性向が0.3とすると，閉鎖経済の乗数値5から，開放経済では2へ低下する。しかし，利子率が上昇しないためクラウディング・アウト効果は生じていない。

なお，貨幣供給の増加という金融政策を考えると，固定相場では独自の金融政策がとれないために，その効果もない。すなわち，金融政策は無効になる。

■ 変動レート制度：資本移動ゼロのケース

次に，変動レート制度を想定しよう。このとき，為替レートは為替の需給が一致するように市場で決められる。まず最初に，資本移動が全くないケースから分析しよう。資本移動がゼロであるために，国際収支，経常収支と貿易収支は一致し，純輸出がゼロになるように為替レートがきまる。為替レート e の調整によって $X=0$ が常に成立しているから，財市場の均衡条件は $X=0$ の場合の閉鎖経済と同じになる。すなわち，次式が成立する。

$$Y = C(Y) + I + G$$

したがって，均衡 GDP は閉鎖経済のモデルと同じになる。財政政策の効果も，第9章の議論がそのまま当てはまる。これは変動為替制度の隔離効果である。乗数の値は，限界輸入性向がどんなに大きくても，閉鎖経済の場合と同じとなる。

■ 資本移動完全のケース

次に，資本移動が完全のケースを想定しよう。政府支出の拡大により IS 曲線が上方にシフトして，利子率が上昇すると，資本が流入し，為替市場では邦貨に対する超過需要が生じて，為替レートが増価する。図 11.8 が示すように，財政政策によって IS 曲線が上方にシフトすると，為替レートの増価（円高＝e の低下）によって，輸入が促進され，輸出が抑制される。これは純輸出を抑制して，国内の総需要を抑制して，IS 曲線を左下方にシフトさせる。

すなわち，政府支出の拡大による IS 曲線の上方シフトは，為替レートの増価による IS 曲線の下方シフトによって，相殺される。新しい均衡点は，もとの均衡点 E_0 と同じになる。なぜなら，貨幣市場の均衡式 LM において，利子率と貨幣供給が変化しない以上，所得水準も変化できないからである。いい換えると，この場合の乗数効果はゼロであり，財政政策は無効になる。

変動相場制度の場合には，為替レートの調整によって国際収支の均衡が維

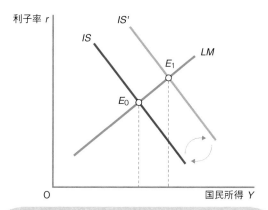

図11.8 資本移動完全のケース：変動レート制度

持できるために，貨幣供給を独自に変化できる。この場合の金融政策の効果はどうであろうか。

　拡張的な金融政策によって，**図11.9**が示すように，*LM*曲線は右にシフトするが，利子率の低下によって資本が外国に流出する圧力が加わるから，為替レートが減価し（円安になり），純輸出が刺激される。これは，*IS*曲線を上方にシフトさせて，さらに所得を増大させる。すなわち，金融政策の効果はかなり大きい。いい換えると，固定レート制度では財政政策が有効であり，変動レート制度では金融政策が有効になる。

　*IS–LM*の分析を開放経済に応用した以上の分析は，マンデル・フレミング・モデルとして知られている（マンデル（Mundell, R. A.; 1932–2021）はカナダの経済学者）。このモデルは，*IS–LM*分析の自然な拡張であり，国際マクロ経済学の基本モデルである。**表11.5**はこのモデルを用いたマクロ政策の効果をまとめている。ただし，小国モデルは，日本のような経済大国の国際問題を分析する際には不適切であるかもしれない。

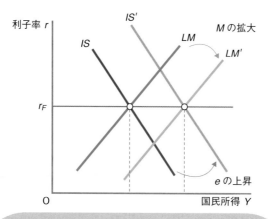

変動相場制度で，資本移動が完全な場合，拡張的な金融政策によって *LM* 曲線が右下方にシフトすると，利子率の低下圧力によって円安方向に為替レートが調整されるから，純輸出が増大して，*IS* 曲線は右上方にシフトする。新しい均衡点は，世界利子率のもとで *IS*，*LM* 両曲線が再び交わる点である。すなわち，金融政策の効果は大きい。

図11.9　金融政策の効果：変動レート，資本移動完全

表11.5　財政金融政策の効果：資本移動完全

	財政政策	金融政策
固定レート制度	有効：金融政策が補助的に用いられる	無効：貨幣供給を操作できない
変動レート制度	無効：為替レートの変動が財政政策の効果を完全に相殺する	有効：為替レートの変動がさらに GDP に与える効果を拡大

2国モデルでの政策の効果：固定レート制度

　小国ではなくて，2国モデルでは政策の効果はどうなるだろうか。世界が自国（日本）と外国（アメリカ）の2つの国から成るケースを想定しよう。2国モデルは，小国モデルと以下の2つの点で異なる。

　(1)　自国の利子率が自国の政策によってある程度は変化する。

　(2)　自国の政策の結果，外国の GDP が変化すると，外国の輸入＝自国の輸出が変化して，それが自国に影響を与える。

　まず，固定レートのもとで資本移動がない場合から考えよう。このとき，拡張的

な財政・金融政策の結果，自国の GDP が増大すると，外国からの輸入が増加するから，外国にとっては輸出の増大になる。これは，外国貿易乗数の値だけ外国での需要を拡大させて，外国の GDP を増大させる。すなわち，日本の拡張的な財政金融政策により，アメリカの GDP が増大するという波及効果が生まれる。これは，日本に対する輸入需要の拡大をもたらし，日本の GDP が上昇するというさらなる波及効果をもたらす。乗数の大きさは小国の場合よりも大きくなる。

次に，資本移動が完全な場合を想定しよう。このとき，拡張的な財政政策では，自国で GDP が増大するとともに，利子率が上昇する。外国でも輸出の増大により GDP が増加するので，利子率は上昇する。しかし，自国の利子率の上昇の方が大きい。その結果，資本は外国から自国へと移動する。国際収支の均衡を保つためには，自国で拡張的な金融政策を発動して，利子率を低下させる必要がある。その結果，自国の GDP はさらに上昇し，外国にとっては輸出がさらに拡大して，外国の GDP も拡大する。政策の変化以前と比べると，外国で GDP が拡大する分だけ，外国での LM 曲線に沿って，利子率は多少は上昇する。仮定により外国での独自の政策変化は行われず，LM 曲線は外国ではシフトしないからである。今度の場合も，日本の拡張的な財政政策の結果として，アメリカの GDP が増大するという波及効果が生じる。

では，拡張的な金融政策の場合はどうであろうか。自国では GDP が増大するとともに利子率が低下する。これは，外国では輸出増をもたらし，GDP を増大させるとともに，利子率も上昇する。したがって，資本が自国から外国へと移動する。国際収支の均衡を維持するには，自国では緊縮的な金融政策を発動して，利子率を上昇させる必要がある。その結果，当初の拡張的な金融政策の効果は相殺される。為替レートが変更されない限り，両国の利子率が均衡するのは，当初の均衡点のみである。つまり，長期的には金融政策の効果は，小国のケース同様に，無効になる。

2国モデル：変動レート制度

最後に，変動レートのもとでの政策の効果を分析しよう。資本移動がゼロであれば，為替レートの調整によって，純輸出は両国ともに常にゼロになるから，2 国間での相互依存関係は生じない。両国とも閉鎖経済と同様になる。したがって，資本移動が完全なケースを対象としよう。

まず，財政政策から検討しよう。閉鎖経済（あるいは資本移動がないケース）と比較すると，自国の GDP の増大は為替レートの調整によって部分的に相殺される。しかし，小国の場合のように，完全には相殺されない。すなわち，2 国モデルでは資本移動が完全であっても，財政政策の効果は無効にならない。GDP の波及効果のために両国の利子率が上昇する。その結果，両国の貨幣供給が一定であっても，利

子率が上昇して，その分だけ GDP が拡大する。また，日本の拡張的な財政政策がアメリカの GDP を増大させるという波及効果がある。

次に，自国（日本）での拡張的な金融政策の効果をみておこう。閉鎖経済（あるいは資本移動がないケース）と比較すると，自国の GDP の拡大は為替レートの調整によってさらに増幅される。しかし，小国の場合ほどには増幅されない。また，日本の拡張的な金融政策はアメリカの GDP を低下させるという波及効果を持つ。国際的な貨幣供給の増加によって，利子率が低下するために，外国では GDP が減少してしまうからである。

■ 政策協調 ────────────────────────────

このように 2 国モデルを用いると，**表 11.6** にまとめたように，自国の政策の効果は一般的に外国の GDP などの経済活動にも大きな影響を与える。したがって，国際的な政策協調のあり方が重要になる。変動レートのもとで金融政策を拡張的にすると，自国の GDP は大きく増大するが，外国の GDP は減少する。逆に，財政政策を拡張的にすると，自国の GDP は固定レートの場合ほどには増大しないが，外国の GDP も増大する。国際的な政策協調が可能であれば，金融政策を拡張的にしないで財政政策の方を拡張的にする方が，両国の GDP を増大させるという観点からは望ましい。

しかし，それぞれの国が自分の国の GDP の拡大のみを考えて，外国に与える波及効果を無視して政策決定すると，結果として金融政策がかなり拡張的になり，財政政策はそれほど拡張的にならない。そして，お互いの GDP が金融政策によるマイナスの波及効果のために拡大しない。以上の結果は，両国が政策を協調する利益を示している。

表 11.6　2 国モデルでの財政金融政策：資本移動完全

		自　　国	外国への波及効果
固定レート制度	財政政策	GDP 拡大，利子率上昇	GDP 拡大
	金融政策	無効	なし
変動レート制度	財政政策	GDP 拡大，利子率上昇	GDP 拡大
	金融政策	GDP 拡大，利子率低下	GDP 減少

Column──18	中国経済とアメリカの金融政策

　2015年以降，中国株価の大幅な下落や人民元の切り下げによる為替相場の混乱は，世界中の株式市場やマクロ経済にも不安材料となっている。上海株式市場で株価が大きく下落すると，ヨーロッパやアメリカの株価も押し下げ，アジアでも日本や韓国などで株価を引き下げる要因となる。こうした状況で，アメリカの金融当局はアメリカ国内の景気過熱を抑える目的で出口戦略に踏み出し，アメリカの金利が上昇しつつある。最近では，米国の金融政策は米国の景気とともに中国経済等の動向により縛られやすい。

　ここで，国際マクロ経済学の標準的なモデルであるマンデル・フレミング・モデルを使って，ある国の利上げ（あるいは金融引き締め）が他国のマクロ経済にどのような影響をもたらすか，整理してみよう。

　資本市場が完全であり，世界利子率と国内利子率との間にある程度の裁定関係が成立するとしよう。グローバル化が進展している以上，アメリカの金利引き上げは世界中のカネの流れに大きく影響する。アメリカの利子率の動向は世界各国の利子率の動向にも影響するだろう。中国のように為替レートの変動幅を中央銀行が厳格に管理している場合，固定レート制度で為替が決定されているとみることもできる。アメリカの中央銀行は為替を操作していないが，為替レートは2国間の通貨の交換比率だから，中国が固定レートを維持する限り中国元の対ドルレートも固定される。

　こうした世界でアメリカが利上げをすると，中国からアメリカに資金が流れるのを防ぐために，中国は金利を上げざるを得ない。そうしないと，ドルが増加し，中国元が減価する圧力が働くが，これでは当初の為替レート（中国元の対ドルレート）を維持できない。中国での利上げは，中国経済にとってはマイナスである。ただでさえ不安定な中国経済が，金利の引き上げに耐えられるかどうか，市場は懸念する。

　しかし，変動レート制度では話が異なる。このケースで，アメリカが緊縮的な金融政策を採用すると，アメリカの利子率の上昇によって資本が外国からアメリカに流入する圧力が加わるから，中国が為替介入をしないと，為替レートが増価し（ドル高になり），アメリカの純輸入が刺激される。

　これはアメリカ以外の国からみれば，アメリカへの輸出が増えて，その国の所得を増大させる。つまり，アメリカの利上げはアメリカ国内の産業からみれば，外国からの輸入が増加するので，苦境に陥りやすいが，中国などアメリカに多くの財を輸出している国からみれば，プラスの波及効果がある。為替レー

トを中国があまり操作しないのであれば，中国元の減価によるプラスの波及効果を中国経済は享受できる。このように，為替レートの反応次第で，アメリカの利上げが中国経済（あるいは，他の国のマクロ経済）に及ぼす効果は異なってくる。

ところで，アメリカの利上げはアメリカ国内への資金流入をもたらすから，中国など他国にはマイナスに影響するという理解もある。これは，為替レートの調整効果を無視しているか，その効果が少ないという判断に基づいている。中国での為替管理が厳格であるか，あるいは，多少ドル高（たとえば，中国元安）になったとしても，アメリカ経済自体が悪化すれば，アメリカへの輸出はそれほど増加しないという考えである。

このように，グローバル化経済でも，政策当局の反応はなかなか読み切れないし，まして，実体経済に及ぼす影響には不確定要因が多くある。金融政策で最も難しいのは，出口戦略＝利上げによる金融政策の正常化の時期とその手法だろう。正常化が速すぎると，景気回復の腰を折ってしまう懸念がある一方，タイミングが遅れると景気が過熱してバブルの発生などの弊害が大きくなる。

11.4　日本経済の国際化

■ 円高のメリット・デメリット

このように円安は日本国内での消費拡大に貢献しており，日本の景気にプラスである。ここで，円高（あるいは円安）のメリット・デメリットを考えてみよう。2012 年にアベノミクスが登場するまで，日本経済は総じて円高のなかで活動してきた。円高の一番のメリットは輸入財やサービスが安く買えることである。輸入財を用いて生産する企業では，生産費が安くなる。そして，原油価格が上昇しても日本のインフレ率は高くならなかった。また，有利なレートで円を外国の通貨に交換できるから，海外旅行が得になる。また，外国の資産を安くで購入できる。国民経済全体としては，円高によってさまざまなメリットを得たはずである。また，コメに代表される保護財・サービスの内外価格差も，円高によって大きくなるから，輸入保護規制に対す

表 11.7　円高の影響

メリット	輸入財の価格の低下 海外旅行のコストの低下 外国資産の購入コストの低下
デメリット	輸出産業への打撃 産業の空洞化 市場開放への圧力の増大

る風当たりは強くなる。ここ 20 年間日本経済がデフレ傾向にあったのも，為替レートが円高基調に推移してきたことが大きい。

　しかし，輸出企業は円高で厳しい影響を受けた。外国通貨（ドル）での価格が変化しないとすれば，円高による分だけ，円での収入は減少する。また，円高になると国内の資源を用いて生産するよりは，安い価格で資源が調達できる外国で生産をする方が，経済的にメリットがある。特に，労働や土地などは国境を越えて容易には移動が行われないから，円高は外国に生産拠点を移動する圧力となる。その結果，自動車産業などは，貿易摩擦の制約もあり，1980 年代から大挙してアメリカでの現地生産を拡大した。90 年代以降はアジア諸国に生産拠点を移してきた。わが国での工場は地方に多く立地しているので，それまで集積していた地域経済は深刻な打撃を受けた。

■ 円安のメリット・デメリット

　ところが，アベノミクスで日銀が異次元の金融緩和政策を実施した結果，為替市場で円高から円安にトレンドが大きく転換した。円安の効果は，円高の効果とは逆である。輸出企業は大幅な増益を記録している。最近の賃金交渉の場＝春闘では，輸出関連企業を中心に，久しぶりに賃上げムードが高まっている。これが中小企業や内需関連の多くの企業に広がれば，円安のメリットを多くの国民が実感できるだろう。

　なお，円安は原料価格のコスト高を招くから，物価の押し上げ要因になる。ただし，最近の原油価格の低迷で，インフレ圧力はそれほど顕在化していない。しかし，中東諸国の政情不安が拡大すると，長期的には原油価格も上昇

するかもしれない。そうなると，円安のマイナス面＝インフレによる実質所得の目減りが無視できなくなる。

　以上を総合すると，過去の円高は日本の雇用や景気にマイナスの効果をもたらしてきた。逆に，最近の円安は日本の雇用や景気にはプラスである。ただし，円高・円安はどちらもプラスとマイナスの両方の効果を持っており，円高・円安が日本経済に及ぼす総合的な効果は産業や地域によって異なる。したがって，為替レートの変動だけの政策手段で，日本経済を活性化して，国民の経済水準を向上させるには限界がある。中長期的には，円高・円安にあまりこだわることなく，グローバル化の恩恵を多くの国民が実感できることが必要である。外国人旅行客頼みの消費回復ではなく，規制改革や人的資本のスキル向上などで国内の生産性を高めて，日本発の付加価値が増すように，国内での構造改革を強化すべきであろう。

■ 観光立国とコロナ危機

　2020年春以降コロナ感染で国際的な人の移動は大きく制限され，観光・旅行業界は大打撃を被った。コロナ危機まで政府は観光立国のスローガンで訪日外国人の受け入れに積極的であり，訪日客による消費需要は旺盛であった。

　しかし，コロナ危機以前から観光・旅行業界には課題があった。既存の中小旅行会社はオンライン化に乗り遅れ，宿泊業界でも昔盛んだった大宴会を想定した設備が多く，新陳代謝の遅れが指摘されていた。コロナ危機まで好調だったインバウンド需要を背景に，観光・旅行，宿泊業界は長年の課題である効率化を先送りしてきた。コロナ危機だからといって，その場しのぎの対応で公的支援に依存するだけでは，やがては不良債権処理に公的資金を投入せざるを得ず，将来の国民負担は増える。効率化を促し，廃業支援も視野に入れ，新規参入を促す施策が必要である。

■ FTA

　自由貿易協定（FTA: Free Trade Agreement）とは，2国間で物品の関税およびその他の制限的通商規則やサービス貿易の障壁等の撤廃を内容とする協定である。これに対して，経済連携協定（EPA: Economic Partnership Agreement）とは，FTA の要素を含みつつ，締約国間で経済取引の円滑化，経済制度の調和，協力の促進等市場制度や経済活動の一体化のための取組も含む対象分野の幅広い協定である。

　こうした2国間での貿易あるいは経済全体での自由な関係を強化することは，輸出入市場の拡大，より効率的な産業構造への転換，競争条件の改善の他，経済問題の政治問題化を最小化し，制度の拡大やハーモニゼーション（調和）をもたらすというメリットがある。

　さらに，世界全体での自由貿易を推進するための WTO（World Trade Organization: 世界貿易機関）での交渉におけるわが国の交渉力を増大させるとともに，FTA 交渉の結果を WTO へ広げ，WTO での自由貿易を加速化させる効果も期待できる。また，経済的な相互依存を深めることにより相手との政治的信頼感も生まれ，日本のグローバルな外交的影響力・利益を拡大することにつながる。

　なお，日本の市場を開放すると，農業分野など国際競争力の弱い産業では，経済的に打撃を被る。また，労働者の移動（移民）を多く認めると，人件費の高いわが国の労働者の一部には失業などの痛みも生じる。このように，市場の開放は規制分野，あるいは農業分野における構造改革のあり方にもかかわってくる。FTA を一つのきっかけとして日本の構造改革が進展すると，日本全体の生産性も上昇し，経済全体の活性化にも寄与するだろう。

■ TPP

　環太平洋パートナーシップ（TPP）協定交渉は，2010年3月に P4協定（環太平洋戦略的経済連携協定）加盟の4カ国（シンガポール，ニュージーランド，チリ及びブルネイ）に加えて，アメリカ，豪州，ペルー，ベトナムの8カ国で交渉を開始し，アメリカ，カナダ，豪州，ペルー，マレーシアなど12カ国が，アジア太

平洋地域における高い水準の自由化を目標に，非関税分野や新しい分野を含む包括的協定として交渉を行っていた。日本ではこの TPP に参加するかどうかが重要な政治争点であったが，安倍政権になってようやく参加を決定した。その後の交渉は難航したが，2015 年 10 月にようやく基本合意に達した。（その後，2017 年 1 月にアメリカが離脱を表明したことを受けて，アメリカ以外の 11 カ国の間で協定の早期発効を目指して協議を行われ，2018 年 3 月，チリで TPP11 協定が署名されて，同協定は 2018 年 12 月 30 日に発効した。）

　日本政府が TPP 交渉について曖昧な態度をとり続けてきた背景には，与野党共通して，TPP 反対の政治的圧力が強かったことがある。当初は日本の農業が崩壊するという農業団体からの反対運動が盛んであった。その後はアメリカ陰謀説，デフレの深刻化，単純労働の受け入れ，公的医療保険の改革，主権の侵害など，反対論は多方面に拡散した。

　農業と一口にいっても，聖域とされる 5 分野（コメ，麦，牛肉・豚肉，乳製品，砂糖）においてさえ，取り巻く経営環境や経営効率化の進展度合いは大きく異なる。TPP への参加は，高齢化・担い手不足対策など，農業の構造改革を進める契機になるという賛成論は農業関係者にも広がっている。

　TPP の要点は加盟国の関税原則撤廃と各国共通のルールづくりであり，市場の拡大で打撃を受ける業界もあれば，利益を受ける業界もある。そうであれば，被害を受ける人に適切な補償をすることが可能となり，全体として経済状態の厳しい人ほどメリットが大きいはずである。たとえば，TPP 参加で，裕福な兼業農家は打撃を受けるが，真剣に農業生産に従事している専業農家はビジネス機会が拡大して，日本農業の再生にもプラスになる。また，日本国内でのメリットを広く国民が実感できるように，規制改革も含めて対応策を整備する必要がある。

■ 国際公共財と日本の役割 ─────────────────

　近年，国際貢献という言葉が，国際社会における日本の役割を論ずる際に一つのキーワードとして用いられている。地震などの災害の際の救援活動から国連の PKO（Peacekeeping Operations: 平和維持活動）への協力，さらに

表 11.8 国際公共財

定　義	国際社会において各国共通の利益となる財やサービス
例	国際機関，国際的な安全保障，地球規模での環境対策
問題点	排除不可能性があるために，ただ乗りの誘惑もある

はイラク戦争への支援など，さまざまな分野，次元で金だけではなくて，人の面でも国際貢献が求められている。わが国の国際貢献が期待されるのは，経済成長の結果わが国の国民所得が増加したからである。安定・協調的な国際政治・経済システムは，国際社会にとって必要不可欠なものであるが，排除不可能性と消費の非競合性という性質を持つため，国際社会を構成する各国が応分に負担しなければならない。それが，表 11.8 にまとめている国際公共財という視点で捉えた日本の役割である。

　日本はいまや世界でも有数の経済大国である。まず国際機関のさまざまな活動を支援したり，地球規模での環境保全に取り組むなど，国際公共財の負担を中心に，わが国の国際貢献を考えるべきであろう。これは，日本の経済成長の果実を世界全体でわかち合うことを意味する。また，どういうルートで国際公共財の負担がわが国の利益になるのかを明確にすることも重要であろう。国際公共財としてわが国の経済厚生を高めるからそのような支出をするのか，単に外国の圧力に応じて支出をするのかでは，国民の評価も異なるだろう。

■ 日本の海外援助

　日本の海外援助は金額ベースでは着実に増大し，世界でも有数の援助国になっている。日本の援助の大きな特徴は，贈与ではなく借款の比重が大きいことである。すなわち，贈与の場合には100％相手の国に所得が移転され，相手国がそれを自由に使ってかまわない。これに対して，借款の場合には，低利であっても有償の資金提供であり，長期間で返済される貸し付けである。

　日本の借款方式は，紐付きの援助との批判もある。特に，資金提供の見返りとして，日本の企業と契約することが義務づけられている場合には，日本

の企業が現地で道路建設などの作業を行うことになり，日本国内での公共事業とほとんど変わらない。日本の資金で日本の企業が儲かっているだけだという批判もある。

　しかし，長期的な観点でみると，日本の援助の中心となってきたASEAN諸国の経済発展がめざましいのに対して，アメリカやヨーロッパ諸国の援助の中心となってきたアフリカなどでは，それほどの経済発展はみられない。その一つの理由として，日本の援助が公共事業など経済の基盤整備を中心とした長期的に発展に役立つものであったのに対して，他の国の贈与の場合には，消費的な支出に使われる傾向があり，長期的な経済の発展にはあまり役立たなかったことが指摘されている。

　援助される国の現在の政府が常に長期的な視点で，資金を活用しているとは限らない。そうした状況では，借款方式のような長期的な資金の提供は，援助が適切に使われているかをモニタリングする機能を持っており，それなりの役割を果たしている。

■ 国際化と政府の役割

　統計的にみると，GDPに占める貿易量の大きさや資本移動の大きさでみた国際化が進展している国ほど，政府支出も大きくなっている。国際化の進展は経済全体を活性化して，その国にとってプラスに働く。わが国も戦後の高度成長期を経験して，経済規模が大きくなるにつれて，貿易面でも金融面でも国際化が進展し，同時に，財政規模も大きくなった。しかし，国際化はプラスの面を持っていると同時に，マイナスの効果も持っている。

　マイナスの効果としては，第1にリスクの増大がある。たとえば，貿易量が拡大すると，自国の生産が世界的な比較優位の貿易構造に組み込まれるために，自国が比較優位のある財やサービスの生産に特化する傾向が生まれる。その結果，外国での天候不順や戦争などのショックがあると，自国でほとんど生産していない財の輸入価格が大幅に上昇して，国内経済に大きな影響を与える。1970年代に発生した2度の石油ショックがその例である。そうしたショックを緩和するには，あらかじめリスクを軽減するような経済援助な

どの財政支出や，また，ショックが起きた後での景気対策など政策的な対応が必要となる。

　このような財政支出の増大は，国際化に伴う国内的な調整を円滑に行うためには，ある程度はやむを得ない。しかし，国際化によって得られるメリットが国民全体で共有できるためにも，こうした財政支出が効率的に適切に配分されているかについて，厳しい点検が必要である。

Column──19	**経済統合と国際公共財**

　最近の世界経済システムは，WTO や IMF に代表される単一の世界全体を包括するシステムの構築物としてではなく，むしろ，EU，ASEAN（Association of South-East Asian Nations），NAFTA（North American Free Trade Agreement）などいくつかの関連する諸国間の地域経済連合である経済統合ブロックの集まりとして，理解することができよう。

　各国が世界全体の経済統合よりも先に，地域ブロックに参加するには，いくつかの理由がある。国際的に企業や人が自由に動いている現状では，経済的に密接な関係にある国々の間で人為的な障壁（関税や規制など）があると，経済活動に支障をもたらす。自由な経済貿易体制を構築することで，域内での経済活動を活発化させ，市場の発展と雇用の創出が期待できる。また，EU のように通貨統合までを視野に入れている場合には，安定的な資本・金融取引を通じて，インフレの安定化や政治的な統合までも，考慮することが可能となる。しかし，経済統合にはもう一つの重要なメリットがある。それは，域内での公共財を共同して負担することで一国当たりの負担を少なくして，より大きな便益を享受することである。このような便益は，ある程度地理的にも近く経済活動が密接に相互依存している国同士でないと，享受できない。したがって，世界全体ではなくブロック単位での統合がまず行われる。

まとめ

●閉鎖経済と比較すると，貿易はお互いの国の利益になる。関税や輸入制限によって貿易を抑制すると，間接的に大きな負担が生じる。絶対優位のない国でも貿易の利益は大きい。

●国際収支表は，一国の居住者が非居住者に対して行う経済取引を統括的かつ統合的に記録する。為替レート制度には，為替レートをある所与の水準に政策的に固定したままに維持する固定レート制度と，外国為替市場での需給均衡に任せる変動レート制度の2つがある。

●貿易を考慮すると，政府支出拡大の乗数は小さくなる。資本移動が完全であれば，固定レート制度では金融政策が無効，財政政策が有効となり，変動レート制度では財政政策が無効，金融政策が有効となる。

●円高・円安はどちらもプラスとマイナスの両方の効果を持っており，円高・円安が日本経済に及ぼす総合的な効果は産業や地域によって異なる。日本が国際的に大国になると，国際貢献のあり方も重要な課題となる。

重要語

□貿易の利益　　　　　□関税　　　　　　　　　□輸入制限
□比較優位　　　　　　□国際収支　　　　　　　□為替レート
□外国貿易乗数　　　　□マンデル・フレミング・モデル　□資本移動
□固定レート　　　　　□変動レート　　　　　　□政策協調
□円高・円安　　　　　□FTA　　　　　　　　　□国際公共財
□国際貢献

問　題

■1　次のうち正しいのはどれか。

（ア）　貿易が行われても，閉鎖経済と比較して必ずしもメリットがあるとは限らない。

（イ）　関税政策で利益があるのは，政府と同じ財を生産している国内企業であ

る。

（ウ）　輸入制限政策は政府に税収をもたらさないので，関税政策よりも望ましくない。

（エ）　絶対優位のある財の生産に特化する方が，貿易のメリットは大きい。

（オ）　円高によって最もデメリットになるのは，輸入財の価格の上昇によって損をする消費者である。

■2　次の文章の（　）に適当な用語を入れよ。

（ア）　為替レートを政策的に固定する制度が，（　）制度である。

（イ）　外国への（　）が増加すると，その乗数倍だけ国内の GDP が拡大する。

（ウ）　資本移動が完全である固定レート制度では，（　）政策の効果が無効になる。

（エ）　資本移動が完全である変動レート制度では，（　）政策の効果が無効になる。

（オ）　資本移動が完全で変動レート制度のモデルを 2 国モデルで考えると，拡張的な（　）政策は相手国の GDP を低下させる。

■3　以下の文章のうちで正しいものはどれか。

（ア）　現在までの為替レートの動きで，次期の為替レートがどう動くかが説明できる

（イ）　現在の為替レートと次期の実現した為替レートとの誤差は，予想が当たらなかったという予想の誤差でしかない。

（ウ）　予想されなかった新しいニュースが大きいものであるほど，為替レートはほとんど変動しない。

（エ）　長期的にみると，1970 年代に 1 ドル＝360 円の固定レートから変動レートに移行してから，ほぼ一貫して，円安傾向が続いている。

（オ）　資本移動がゼロであれば，純輸出がゼロになるように為替レートが決まる。

■4　国際化が進展している国ほど，政府支出も大きくなるのはなぜか。

12 経済学の諸問題

本章では，今後その重要性が高くなってくるであろういくつかのトピックについて，経済学の道具立てがどの程度有益に適用できるのかを説明する。

1. 環境問題について，公共財の概念を適用して，それを解決することの困難さとあるべき政策を解説する。
2. ボランティア活動について，そのような利他的な行動が長期的な視野での企業や家計の利己的な行動と両立するものかどうかを検討する。
3. 経済政策を評価する上での最大のポイントである効率と公平とトレード・オフの関係を説明する。

12.1 環境問題

■ 国際公共財としての環境

以上みてきたように，経済学はさまざまな問題に応用可能な強力な分析用具である。最後に，この章では今後その重要性が高まっていくトピックについて，経済学の分析がどの程度可能なのか，あるいは経済学を学ぶことでどの程度の応用が可能になるのかを，考えていきたい。

まず，最初に表12.1にまとめたような環境問題を取り上げよう。2006年から2007年にかけては地球規模で記録的な暖冬を経験した。温暖化は着実に進行しつつある。温暖化に歯止めをかけるなど，地球環境対策を講ずるのは，私たちの重要な課題の一つである。

ところで，ある国が自国の環境を改善するための対策を行うと，その国の

表 12.1　環境問題

南北問題	これから経済成長したい途上国が，先進国と環境保全の負担をどのように配分するか
環境税問題	外国が環境税を導入すると，自国は得をするが，導入した国では必ずしも得になるとは限らない
リサイクル問題	リサイクルの回収を支援しても，ゴミの需要があまりなければ，うまくいかない
世代間問題	環境の悪化までに超長期の時間がかかるので，将来世代への配慮が必要となる

みならず広く地球全体の環境の保全につながり，他の国も利益を受けるだろう。また，ある国が環境を悪化させるままに放置しておくと，中国からの酸性雨で日本が被害を受けるように，その国のみならず他の国の環境の悪化も予想される。このように考えると，地球環境問題は，各国がどのように国際公共財としての環境改善努力をするかという問題でもある。

■ 環境と南北問題

　地球環境保全への取り組みでは，経済的に発展を遂げた先進諸国とこれから経済成長を加速させようとする途上国とで，熱意に差がある。一般的に先進国では環境問題への関心も高く，地球規模での環境保全のために政策的な対応も含めて，積極的な姿勢がみられる。これに対して，途上国では環境よりもまず経済的な開発や貧困の解決が優先順位として高く，環境保全に消極的である。これは，いままで先進諸国が環境を犠牲にして発展してきたつけを，今度はこれから発展しようとする途上国にも負担させられるのでは，不公平だという途上国からの反発がその背景にある。これが，地球環境保全に関する南北問題である。こうした分担に関する利害の対立は，理論的にはただ乗りの問題として理解できる。

■ 公共財とただ乗り

　第4章で説明したように，一般的に，政府（あるいは国際機関）が公共財

を最適に供給しようとする際に問題になるのが，ただ乗りの可能性である。公共財である以上，排除不可能性のために，たとえ負担をしなくても，何らかの便益は享受できる。ただ乗りとは，負担を伴わないで便益を受けることである。

近年，国連など国際機関の分担金を事実上支払わない国が増加している。これは，国際機関の活動が自国の利益にあまり貢献しないから，支払いを留保して，より自国の利益に合致するように，そうした活動を変更させようという交渉手段の一つとも理解できる。と同時に，ただ乗りの誘惑も大きい。自国が分担金を払わなくても，国際機関の活動によるメリットは享受できる。地球環境保全に対する途上国における消極的な取り組みにも，同様のただ乗りのメカニズムが働いている。

便益が共通の純粋公共財の場合には，負担を各国間で均等化することで，すべての国の利害を共通化できる。たとえば，国際社会の基本的な制度の設定とその維持運営のための公共支出は，負担を均等割りにして，それを強制的に徴収することによってただ乗りが回避できる。それでも，経済力に格差がある場合，均等割という負担原則を実現するのは困難である。結果として，経済規模（GDP）などを指標として，経済力に応じて応分の負担を求めることになりやすい。

さらに，ただ乗りが政策上問題となるのは，国際公共財の評価に関して，各国で利害が対立する場合である。環境に対する評価のように，先進諸国と途上国とで便益の認識が大きく異なる場合は，各国が均等割りに（あるいはGDPに応じた負担でさえ）合意するのは困難であろう。第7章で説明したように，排出権取引などを通じて，先進諸国からの途上国へ所得移転（＝援助）をすることも，選択肢になり得る。

■ 環境税

環境対策としては，外部不経済を抑制するとともに税収効果も大きい新しい税金を導入することも考えられる。エネルギーの消費に対して税金をかけるというピグー課税＝環境税である（第7章参照）。これは課税ベースが非

常に広いので，税収は相当の規模で上がる。また，環境汚染を抑制するという望ましい効果も持っている。このように2つのメリット（税収の確保と環境汚染の抑制）があるので，二重の配当とも呼ばれている。環境問題は地球環境も含めてこれから重要な問題であり，環境税導入への国民的な合意も消費税以上に得やすいかもしれない。

　もちろん，環境税は環境汚染を抑制するだけでなく，環境汚染とあまり関連しない企業の経済活動全体にもマイナスに働く可能性もある。環境税の設計に当たっては，具体的な課税ベースとそれへの税率についてより慎重に検討すべきであろう。しかし，税収を確保する必要性や環境問題に対する一般的な国民の感情を考えると，環境税の導入は有力な選択肢であろう。

　経済が発展して豊かな国になるにつれて環境への配慮に対する関心がより強くなるのは，わが国のみならず世界的な傾向である。最近ヨーロッパ諸国では環境税が導入されており，また，国際的にも協調して環境税を導入しようという動きもみられる。

　ところで，炭素税など環境税の導入は温暖化などの地球環境問題への対応であり，国際的な波及効果の大きい政策である。したがって，国際的には利害が一致せず，むしろ，相反する状況も考えられる。たとえば，わが国が環境税を導入して，エネルギーの消費を抑制すると，それによって便益を受けるのは，わが国ばかりではなく，東アジアの他の国も同様である。逆に，かりに中国が環境対策をおろそかにして，経済発展至上主義でエネルギー消費を拡大し続けると，中国のみならずわが国にとっても環境の悪化というコストを被る。したがって，日本だけが環境税を導入すると，中国は得をし，その結果ますます中国の環境対策がおろそかになると，日本はかえって環境税の導入によって損をするかもしれない。

　お互いに利己的な利益のみで環境対策をやろうとすると，まじめに環境対策をやる国が結果として損をするから，どの国も環境対策をしなくなってしまう。このような現象は，ゲーム理論でいう囚人のディレンマの状態である（第6章参照）。

■ リサイクル

　環境問題を解決する一つの手段は，資源のリサイクルを積極的に行うことである。一度使用した財をゴミとして捨ててしまうだけでは，ゴミ処分場の処理能力を超えるゴミが累積して，環境汚染が進行してしまう。そうした財を再生してもう一度消費するのが，リサイクルである。わが国では，古紙のリサイクルが活発に行われており，環境保全にも役立っている。

　しかし，リサイクルにも課題は多い。たとえば，古紙のリサイクルの場合，最近多くの自治体で古紙の回収に力を入れている結果，古紙の供給が増加し，図 12.1 に示すように，古紙市場で超過供給になり，古紙の価格が低迷することもある。その結果，回収業者が古紙の引き取りを拒否する事態も生じた。町内会での自主的な古紙の回収努力に加えて，東京など多くの自治体で事業系のごみの回収を有料化した結果，オフィスや商店などが古紙をゴミとして処分せずに，回収に回すようになり，古紙の供給が急増したためである。

　古紙のリサイクルを軌道に乗せるためには，回収に力を入れるだけでは不十分である。むしろ，それ以上に重要な点は，古紙の需要を増加させることである。中国などで再利用の古紙需要が大きくなれば，図 12.1 で需要曲線が上方にシフトするので，古紙の回収も円滑に行われる。古紙の供給曲線を

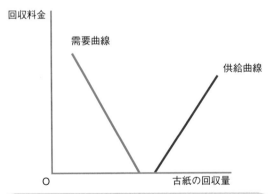

古紙市場で供給が需要以上に多くなると，価格がゼロでも超過供給になる。このとき，古紙の回収が円滑に進まない。

図12.1　古紙の市場

下方にシフトさせるためではなく，需要曲線を上方にシフトするために必要であれば，財政的な援助が行われるべきであろう。

　なお，リサイクルには，デポジットの活用も有力な方法である。これは，製品価格に一定金額のデポジット（預託金）を上乗せして販売し，製品や容器が使用後に返却された時に預託金を返却することにより，製品や容器の回収を促進する制度であり，預かり金払い戻し制度とも呼ばれている。デポジット（預託金）を後から回収することで，廃棄物にプラスの価格を設定できるので，使用済み製品や容器の回収率が上がり，リサイクルが進展して，ごみの散乱が防げるというメリットがある。アルミ缶，家電製品，自動車などのリサイクルにはこうしたデポジット制度は有効だろう。

■ 世代間の公平

　環境問題は，世代間の公平という観点からも重要である。環境は，資本ストックや公債残高などと同様に，短期的にその質を変化させるのが困難なストックである。徐々に環境汚染が進展すると，長期的に環境の質が悪化する。逆に，環境の質を改善しようとしても，短期的にはそれほど顕著な効果は観察されない。その意味では，毎年毎年の投資の累積的な積み重ねである資本ストックや，毎年毎年の財政赤字の累積的な積み重ねである公債残高と同じ性質を持っている。

　特に，世代間の公平という観点では，環境の質が悪化すると，それは現在世代ではなく将来世代に取り返しのつかない（不可逆的に）深刻な影響を与える。ともすれば，地球温暖化スピードのように，環境の変化はゆっくりとしたものであるから，現在世代の人々はあまり環境の変化を考慮しないで，現在の環境を贅沢に利用して，長期的に質の悪化を引き起こしやすい。財政赤字の負担が将来世代に転嫁されるように，環境悪化の負担も将来世代に転嫁される。

　現在の人々が将来の世代の環境についてどの程度配慮するかは，環境問題が適切に処理されるために重要なポイントである。私たち現在世代が，将来世代の環境をどの程度きちんと配慮しているかが問われる時代になっている。

Column——20 COP21 パリ協定

21 世紀の大きな課題は，環境問題である。1997 年に京都で地球環境問題に関する国際会議が開催され，CO_2 の排出量を削減するための包括的な取り決め（京都議定書）が締結された。わが国も当初はこの取り組みに積極的にコミットしたし，CO_2 の総排出量を削減することは依然として重要な政策目標になっている。しかし，京都議定書にはアメリカ，中国，インドなどの排出大国が参加しておらず，CO_2 排出削減の実際の効果は限定的だった。CO_2 の排出抑制を地球規模で効果的に実施するための体制を構築するのは，喫緊の懸案である。

2011 年末に南アフリカで開かれた気候変動枠組条約締約国会議（COP17）は，2012 年末で期限切れとなる京都議定書の温室効果ガス削減義務の延長の決定と，すべての国が参加する法的義務のある新体制に向けた行程表を含む「ダーバン合意」を採択した。京都議定書に代わって，すべての主要排出国が参加する新たな枠組みでの温暖化対策について作業部会を創設して，15 年までに採択し，20 年の発効を目指すとして，温室効果ガスを義務的に削減する国際体制を継続，進展させる足がかりを形式的には構築した。

そして，第 21 回の気候変動枠組条約締約国会議（COP21）でようやく 2015 年 12 月に途上国を含むすべての国が参加する 2020 年以降の新たな温暖化対策「パリ協定」が採択された。産業革命後の気温上昇を抑える目標を掲げた上，できるだけ早期に温室効果ガス排出を減少に転じると明記した。各国の自主性に委ねられる面は大きいが，196 カ国・地域が史上初めて温暖化防止にともに努めると約束して，地球温暖化の阻止へ歴史的な一歩を踏み出した。

すなわち，アメリカや，中国などの途上国を含むすべての国が温室効果ガス削減の自主目標を作成し，国連に提出し，国内対策を実施する義務を負う。各国の削減目標を引き上げるため，2023 年から 5 年ごとに目標を見直し，世界全体で進捗を検証する仕組みも導入する。温暖化に伴う被害を軽減する世界全体の目標を定めることも決めた。

また，途上国の資金支援を巡っては，「温暖化は先進国の責任」とする途上国と，新興国にも拠出側に回ることを望む先進国で意見が激しく対立したが，途上国への資金支援は義務づける一方，具体的な拠出額は協定とは切り離す形として，2025 年までに，年間 1,000 億ドル以上の新たな拠出額目標を決めることで決着した。

2017 年アメリカの大統領に就任したトランプは，「中国，ロシア，インドが何も負担しないのにアメリカは何十億ドルも払う不公平な協定だ」と，パリ協

定の内容を批判し，2020年11月にパリ協定から離脱した。アメリカから途上国への基金拠出が絶たれたことで，同協定の目標実現に不透明感が高まった。しかし，2021年に大統領に就任したバイデンは，パリ協定に復帰するなど，気候変動対策に積極的な姿勢を示している。

12.2　ボランティア

■ 経済人とボランティア活動

　日本が国際社会でそれなりの責任と貢献，援助を行っていくことが求められているように，個人個人のレベルでは，他の人との共生を考慮に入れたボランティア活動，企業の社会的責任が求められている。阪神淡路大震災や東日本大震災の際に，自発的なボランティア活動が，地方自治体による救援活動以上に効果的だったこともあって，最近ボランティア活動が注目されている。

　ボランティア活動は対価を求めない無償の有益な奉仕活動である。欧米諸国では活発に行われているが，わが国ではそれほど一般的でもない。しかし，わが国では，町内会やPTA，企業内での運動会やお祭りなどの団体活動，地域活動は，かなり一般的に行われている。そうした活動によって，地域や組織の多くの人々が満足するのであれば，広い意味でのボランティア活動と解釈できるだろう。

　ボランティア活動は，経済主体の合理的な行動とは必ずしも矛盾しない。人間が他の人との連帯のなかで経済活動を行っていく以上，単なる短期的な利潤の追求では，経済活動は長期的には円滑に進まない。長期的な利潤の最大化や，長期的な効用＝経済的な満足度の最大化のためには，短期的に無償の行為であるボランティア活動にも，それなりの経済的合理性がある。

　たとえば，リスクのシェアという保険的な要因も考えられる。ある場所で地震や海洋汚染などの災害が発生したとき，ボランティアに出かけるのは，たまたま不幸なショックに遭遇した人々を助けることで，万一，自分が不幸なショックに遭遇した場合に，他人からのボランティアを期待するという暗

黙の了解が働いているかもしれない。お互いに助け合うことで，ショックからの期待損失を最小にしている。

　また，人々の経済的な満足度が自分の利己的な消費などの自ら固有の満足度に依存するのみならず，他の人の経済状態にも関心を持つ利他的な選好を持っている場合には，無償のボランティア活動を進んで行う。あるいは，ボランティア活動によって他の人が喜べば，単純に，それだけでうれしいというケースもある。これは，余暇の時間を自己的なレジャー活動に回すのと同じ意味で，ボランティアを余暇活動として楽しんでいることになる。

　さらに，ボランティア活動が長期的には，その人の経済的な人的資本能力を蓄積するのに貢献する場合もある。ボランティア活動に参加することで人的なネットワークが拡大し，それまでその人には無縁であった新しいタイプの人的な投資が行えるなら，これは立派な投資活動である。

■ 世代間の利他的行動

　家庭内での育児や老人のケアの問題も，無償の労働行為と解釈すれば，広い意味ではボランティア活動と解釈できる。家族の効用がそれによって上昇すれば，何ら対価を受けていなくても，自らもうれしいと考えるのは，利他的な行動である。

　もっとも，家族内の利他的行動は，他人に対する行動とは異なっている。自分が将来面倒をみてもらう立場に立てば，自分の子どもから面倒をみてもらえるという暗黙の了解のもとに，現在自分の親の面倒をみているかもしれない。これが最も明確に表れるのが，面倒をみる見返りとして親からの遺産を受け取るケースである。この場合は，対価を伴う行為であるから，ボランティアとは区別される。しかし，自分が親の面倒をみたからといって，子どもから面倒をみてもらえる保障はない。それにもかかわらず，親の面倒をみている場合には，ボランティア活動と同じ側面を持っている。

■ NPO とボランティア

　NPO（Nonprofit Organization: 非営利団体）は，ボランティア活動を団体

としてより恒常的に行っている組織である。そこでは，利潤の追求ではなく，社会貢献が第1目標とされ，さまざまな活動が組織的に行われている。通常のボランティア活動よりも，専門化された人材を用いて，より専門的な活動が恒常的に行われている。そのためには，企業と同じく，資金や財産も必要であり，それなりの資産運用や人材管理のノウハウも要求される。

　NPOも組織が大きくなるほど，通常の企業と同じような行動形態，組織形態をとる。しかし，企業との大きな相違は利益を上げたとしても，それを構成員の間で分配できない点にある。利益はすべて将来の活動資金に回される。

　NPOは社会的な貢献を意図しているから，そうした活動が社会的に望ましいにもかかわらず，十分に活動できていないとすれば，何らかの政策的な支援が望ましい。わが国でも最近，法律上の整備を整えて，民法上の法人格を取得しやすくし，NPOが円滑に組織を維持できるようになった。もう一つの問題は，財政的な援助を公的に行うかどうかである。たとえば，NPOに対して税制上の優遇措置を認めれば，そうした活動が活発になる。わが国でも税制上の優遇を次第に充実させている。

　しかし，税制上の優遇には2つのコストがある。一つは，優遇を認めることで，本来得られるはずの政府の税収が減少するから，その分だけ公的支出が減少する。NPOの活動を支援するほど，似たような公的支出の財源が不足することになる。もう一つのコストは，各省庁が天下り先として多くの公益法人を抱えているように，必ずしもすべてのNPOが社会的に望ましい活動をするとは限らない。税制上の優遇を利用して，節税対策としてNPOが使われる可能性がある。

12.3　効率と公平

■　構造改革の視点

　ボランティア活動は，社会的な公正，公平を追求している。また，政府の

319

責任の一つは，より公平な社会が実現するように，社会保障制度を充実させ
ることである。しかし，経済学は同時に効率性の重要さを指摘し続けてきた。
効率と公平のバランスをどのように考えるかは，重要な問題である。

　効率性の観点から重要な問題が，日本の構造改革や規制の緩和である。21
世紀に入って，日本経済は，高齢化，少子化，国際化などさまざまな問題に
直面している。これからの構造改革には，どのような視点が重要だろうか。

　日本経済は自由競争を原則とする市場経済を前提としている。個々人が自
助努力と自己責任を果たすのは当然であろう。そこでは，自分が最終的な責
任をとる。ただ，市場メカニズムのみに任せておくとうまくいかない場合は，
政府が関与する。しかし，その関与もあくまでも調整・補完の機能に徹しな
ければならない。

　戦後から今日までの経済の流れで，政府が果たしてきた役割について考え
てみると，高度成長の前と後では，それが大きく異なっている。戦後の混乱
期には，日本の産業を立て直すことが最大の課題であった。政府の手によっ
て，たとえば，核となる産業分野に集中的に資金を配分する形の経済政策も
行われた。また，先進国に追いつき，追い越せという目標に向かって，地方
自治体への地方交付税制度，金融市場での護送船団方式，など人為的に資金
のコントロールがなされていた。そのような政府のコントロールに対して国
民の合意も得られやすかった。

　ところが，今日の日本は国際的にも経済大国であり，国民経済の規模自体
は GDP でみて 500 兆円のレベルに達している。高度成長期と同じ速度で，
今後も拡大を続けるのは困難である。政府がいままでのように量的な規制を
することに無理がきている。政府のあり方も，これからは質的な誘導へ，あ
るいは行政指導から透明なルールの設定の方へと重心を移していかざるを得
ない。経済，財政金融政策の分野でも，総務省，財務省，金融庁など中央省
庁が全面的に責任を持って全体をコントロールするのではなく，地方や民間
にも裁量を認めて，それぞれの特性にあった形に変えていくべきであろう。
いずれにせよ，政府の基本的な役割に関する発想を転換すべきである。

表 12.2　規制緩和

メリット	新しい産業の発展の機会が大きくなり，経済全体が活性化する
デメリット	いままで保護されていた産業で失業が生じる

■ 規制の緩和 ────────────────────────────

　金融・保険，運輸・交通，通信，土地と住宅など，さまざまな分野での規制緩和，規制改革が進められている。規制の緩和により新しい投資需要が誘発され，また，生産性の向上によって供給も拡大して，長期的にも経済成長を刺激する。

　ただし，**表 12.2** が示すように，規制の緩和はすべての国民にとってバラ色であるとは限らない。今日まで幾度となく，規制の緩和が主張されながら，容易に進展しなかったのは規制の緩和によるデメリットが存在するからである。もし，すべての国民が規制の緩和によって望ましい影響を受けるのであれば，すでに規制の緩和は実現していたはずである。規制による既得権で多くの国民が，それなりの便益を受けていたのも事実である。規制の緩和はそうした既得権への切り込みを伴うために，不利益を被る人々への救済が問題となろう。特に，短期的には失業率の上昇などのコストが表面化するだろう。

■ 格差社会 ────────────────────────────

　経済格差の問題を取り上げて世界的なベストセラーになった『21 世紀の資本』（邦訳 2014 年）の著者でフランスの経済学者，ピケティが強調するように，貧富の差が極端に拡大すれば，それを是正することが重要な政策目標になるのは，当然である。また，経済が低迷して，雇用不安，生活不安が拡大し，弱者の経済状態が悪化すれば，それに手厚い配慮が必要になる。それでも無制限に再分配政策を強化，充実させるのが望ましいともいえない。市場経済の失敗や暴走は是正する必要があるが，市場経済のメリットも十分に活用すべきである。

　確かに所得税や相続税などで累進的な課税を強化すれば，再分配効果も期待できるから，一石二鳥である。しかし，少数の富裕層から多くの税金を徴

収しようとすると，彼らの租税回避行動を誘発する。その結果，再分配に必要な財源が十分に確保できない。また，再分配の給付面で広く薄くばらまくと，弱者でない人にも給付することになるので，政策の効果がなくなる。

これに対して，広く薄く課税する消費税は経済状態の貧しい人でも負担するので，そうした税金を増税すると，弱者いじめと糾弾されるが，広く薄く課税してはじめて，多くの財源を確保できるという利点がある。さらに，弱者に給付対象を限定することで，ある程度の少ない財源でも十分な手当をすることが可能となる。

ただし，誰が弱者かを特定するのは難しい。国民は自分に有利な情報しか政府に開示しないし，嘘の情報を開示することもある。通常は，所得水準，あるいは資産水準の大小で給付対象となるべき人の経済状態を判断している。しかし，所得や資産の定義や捕捉は，実は相当やっかいである。また，現在の弱者が将来も弱者であり続けるとも限らない。この点を克服して，透明性の高い形で実行することが，信頼性のある再分配政策に重要である。日本ではようやくマイナンバー制度が実施されるが，納税者番号制度が整備されて，国民の正確な所得・資産情報を政府が把握できれば，「選択と集中」で給付するメリットは大きくなるだろう。

Column――21	クラウディング・アウト効果と格差是正の有効性

格差是正の中心的な政策は，所得の再分配政策である。しかし，再分配政策は常に有効であるともいえない。たとえば，政府からの補助金が増加すれば，それに安住して自助努力を怠るかもしれない。再分配政策の効果が受給者の行動によって相殺されることをクラウディング・アウト効果と呼んでいる（第9章参照）。

クラウディング・アウトは，政府の支援を見越して，そうでない場合よりもより少ない労働時間（自分で稼ぐのをやめる），より少ない教育投資（自分で努力するのをやめる），そしてより多くの子どもへの遺産（自分の子どもに所得・資産を移転する）というように，さまざまな形をとる。単純な格差是正論は，こうした相殺行動の弊害を軽視している。

■ セーフティー・ネットの意味 ─────────────────────

　市場化，規制緩和をどんどん進める場合の重要なポイントが，セーフティー・ネットの構築である。これには，2つの意味がある。一つは，事前的な意味での機会の平等を実現することである。経済活動をする際の機会が均等でなければ，市場メカニズムで実現する所得分配は，あまり公平とはいえない。

　もう一つは，事後的な意味での救済である。たとえ，事前的な機会が均等であったとしても，運・不運やその他の理由で事後的に経済的な格差が生じることは避けられない。それに対しては，ある程度の再分配政策が重要である。ただし，極端な再分配政策はモラル・ハザードの問題を引き起こして，マイナスになる。政府によってまずまずの生活が保障されていれば，それに安住して，生活を向上させようとする自助努力を積極的に行わなくなる。再分配政策が大きな役割を持つのは，純粋に運・不運で結果が左右されるような状況に限定的すべきであろう。

■ 効率性と公平性のトレード・オフ ─────────────────

　効率の基準のみですべての経済問題が解決されるわけではない。経済生活が安定的に行われるために，何らかの再分配の仕組みは，不可欠である。**表12.3** に示すような効率性と公平性のトレード・オフ関係（一方を追求するともう一方がうまくいかないという関係）をどのように判断するかは，経済学に古くから存在し，未だ十分に解決されていない課題である。

　たとえば，地方分権が進めば，住民が受益と負担の緊張関係のなかで地方自治体の効率性により関心を持つことになるから，無駄な歳出を削減するという点で大きな効果を持っている。これは政府の役割を見直すという意味で

表 12.3　効率性と公平性のトレード・オフ

効率の重視	自己責任，競争の機会の均等，既得権の見直し：結果として不平等も拡大
公平の重視	結果として実現する経済格差を縮小させる再分配政策，保護政策：悪平等の可能性

も，非常にメリットがある。

　現在の日本の財政システムでは，東京や大阪など大都市を中心としてたくさんの税金を集めて地方の過疎の公共団体に移転している。これは，国民経済全体，国土の均衡ある発展を図るという観点からは，ある程度は必要であろう。しかし，地方の側からみると，歳出決定にコスト意識が働かず，中央からの補助金を獲得することにエネルギーを集中して，自助努力しなくなる弊害もある。地方は苦労して自分のところで税金を集めなくても，必要な財源は自動的に国からふってくる。その結果，地方の財政システム自体を設計しようという気力があまりわかなくなってしまう。公平を追求しようとすれば，悪平等の弊害も生まれる。これが最も極端に生じたのが，旧ソ連などの共産主義経済の崩壊であろう。

　行政改革の目的は，住民にコスト意識を持たせて，自分たちが本当に必要な公共サービスが適切に提供される効率的な財政制度の確立である。そのためにもそれぞれの地方政府が自立して，財政上の意思決定のできる体制づくりが重要である。

　自己責任は，これからの日本経済が多様化して，いろいろな生き方を模索する時代には，重要な原則である。ただ，自己責任はバラ色でもない。自己責任を徹底させると，恵まれた人々から恵まれない人々への再分配を縮小し，止めることを意味する。このように自己責任にはメリットもあるが，非常に厳しい現実もある。効率性と公平性のトレード・オフ関係に関する冷静な分析が必要である。

まとめ

●地球環境に対する対策を講ずるのは，経済学の重要な課題である。地球環境問題に取り組むのは，各国がどのように国際公共財としての環境改善のための財政支出を分担するかという問題を解決することでもある。環境問題は，世代間の公平という観点からも，重要な意味を持つ。

●個人個人のレベルでは，他の人との共生を考慮に入れたボランティア活動，企

業の社会的責任が求められている。NPO は社会的な貢献を意図しているから，そうした活動が社会的に望ましいとすれば，何らかの政策的な支援も必要となる。
●政府の基本的な役割に関する発想を転換して，量的な拡大から縮小へと切り替えて，自己責任を重視していくことが必要である。公平を追求しようとすれば，悪平等の弊害も生まれる。効率性と公平性とのトレード・オフ関係をどのように判断するかは，十分に解決されていない。

重要語

□地球環境　　　　　　□南北問題　　　　　　□ただ乗り
□環境税　　　　　　　□リサイクル　　　　　□ボランティア
□利他的行動　　　　　□ NPO（非営利団体）　□規制緩和
□格差　　　　　　　　□地方分権　　　　　　□効率性と公平性のトレード・オフ

問　題

■1　次の文章の（　）に適当な用語を入れよ。

（ア）　地球環境問題は（　）の問題として理解できる。

（イ）　エネルギーの消費に税金をかけて環境汚染を防止するのは，（　）という考え方である。

（ウ）　リサイクルを円滑に進めるには，古紙の回収ばかりでなく，古紙の（　）を促進する必要がある。

（エ）　（　）はボランティア活動を組織的に行っている。

（オ）　市場化，規制の緩和を進める場合の注意点は，（　）の確立である。

■2　今後の経済問題としてどのような問題が重要と思われるか，理由を挙げて説明せよ。

■3　以下の文章のうちで正しいものはどれか。

（ア）　先進国では環境よりもまず経済的な開発や貧困の解決が優先順位として高く，環境保全に消極的である。

（イ）　地球環境保全への分担に関する利害の対立は，理論的にはただ乗りの問題として理解できる。

（ウ）　「囚人のディレンマ」の状態になると，利己的な利益のみで環境対策を

やろうとしても結果として損をするから，どの国も環境対策をしなくなってしまう。

（エ）　財政赤字の負担が将来世代に転嫁されるように，環境悪化の負担も将来世代に転嫁される。

（オ）　炭素税など環境税を導入しても，温暖化などの地球環境問題への効果は限定的であり，国際的な波及効果も小さい。

■4　格差是正への政策的な対応はどのようにすればよいか。

学習のための文献案内

■1　初心者向けの経済学の入門書としては，

（1）井堀利宏『大学4年間の経済学が10時間でざっと学べる』角川文庫，2018年

（2）塩路悦朗『やさしいマクロ経済学』日経文庫，2019年

（3）坂井豊貴『ミクロ経済学入門の入門』岩波新書，2017年

がある。

■2　本書と同程度の経済学の入門書としては，

（4）伊藤元重『入門経済学　第4版』日本評論社，2015年

（5）福岡正夫『ゼミナール経済学入門　第4版』日本経済新聞出版社，2008年

などがある。いずれも，経済学をわかりやすく説明していて，有益である。

■3　行動経済学の入門書としては，

（6）大竹文雄（編）『こんなに使える経済学——肥満から出世まで（ちくま新書）』
筑摩書房，2008年

が興味深い。

■4　本書よりも程度の高いミクロ，マクロ経済学の入門書としてでは，

（7）井堀利宏『入門ミクロ経済学　第4版』新世社，2019年

（8）井堀利宏『入門マクロ経済学　第4版』新世社，2020年

などがある。

■5　外国のテキストとしては，

（9）J. E. スティグリッツ・C. E. ウォルシュ（藪下他訳）『スティグリッツ入門経済
学　第4版』東洋経済新報社，2012年

（10）N. G. マンキュー（足立他訳）『マンキュー入門経済学　第2版』東洋経済新報社，
2014年

が有益である。

■6　経済学の新しい潮流を理解するには，

（11）中室牧子・津川友介『「原因と結果」の経済学——データから真実を見抜く思考
法』ダイヤモンド社，2017年

がおもしろい。

重要語解説

経済活動 財やサービスを生産，流通，消費する活動。

財・サービス 人間の欲望を満たす有形，無形のもの。

国民経済 複数の人間の経済活動の大きなまとまり。

経済主体 経済活動に携わって意思決定をする主体。

市場 需要と供給が調整され，財・サービスの交換が行われる場。

私有財産制度 個人が財・サービスの成果を保有，処分できる制度。

利益追求の自由 利益の上がる財やサービスの生産，販売を自由に行えること。

自己責任 経済活動の結果について，自分で責任をとること。

インセンティブ 自分で経済的な選択をする場合の意欲（誘因）。

機会費用 実際にみえないけれども，実質的にかかる損失。

他の条件一定 経済分析をする際に，直接対象としない要因を一定と仮定する。

部分均衡分析 1つの市場のみに限定した分析。

一般均衡分析 モデルのなかですべての経済変数を説明する分析。

事実解明的分析 経済の現状や動きがどのようになっているのかを解明する分析。

規範的分析 どのような政策が望ましいかをある一定の価値判断のもとで展開する分析。

ミクロ経済学 個々の経済主体の最適化行動を前提として，市場，産業の経済分析をする立場。

マクロ経済学 国民経済全体の経済変数を分析する立場。

効率性 資源を最も適切に配分して，経済活動の成果を最大にすること。

公平性 複数の個人間で経済活動の成果を適切に配分すること。

所得 ある期間に家計が稼ぐ金額。

消費　財・サービスを購入して，経済的な満足を得ること。

貯蓄　所得のうち，現在消費しないで，将来の消費のために残されるもの。

消費関数　家計の消費が所得の増加関数となることを，数式を用いて定式化したもの。

限界消費性向　限界的に所得が1単位増加したときに，消費が何単位増加するかを示すもの。

平均消費性向　所得のうち消費に回る大きさを，所得と消費との比率で示すもの。

限界効用　その財の消費量の増加分とその財の消費から得られる効用の増加分との比率。

価格　財・サービスを市場で購入する際に支払う対価。

主体的均衡　経済主体の個人的な最適化行動の条件を満たしていること。

効用関数　財・サービスの消費量とその消費から得られる満足度（＝効用）との関係を示す関数。

所得効果　所得の拡大がある財の消費に与える効果。

正常財　所得効果がプラスの財。

劣等財　所得効果がマイナスの財。

所得消費曲線　所得と最適な消費との関係を示す曲線。

代替効果　効用水準が一定に維持されるときの，価格変化が需要に与える効果。

ギッフェン財　劣等財のなかでも代替効果よりも所得効果の方が大きく，結果として価格が上昇したときに需要も増加する財。

代替財　クロスの代替効果がプラスに働く財。

補完財　クロスの代替効果がマイナスに働く財。

需要曲線　家計の主体的均衡から決まる価格と需要量との関係を示した曲線。

価格弾力性　価格が1%低下するとき，その財の需要が何%拡大するかを示す。

所得弾力性　所得が1%拡大するとき，その財の需要が何%拡大するかを示す。

エンゲル係数　所得のなかで食費に投入される割合。

労働供給　労働所得を得るために，余暇を犠牲にして働くこと。

ライフサイクル・モデル　自らの生涯の期間で最適に消費・貯蓄計画を立てるという考え方。

王朝モデル　生涯の枠を超えて，各世代がリンクして最適な消費・貯蓄計画を立てるという考え方。

3　企　業

企業　生産活動を行う主体。

生産要素　生産に投入される資本や労働，土地など。

生産関数　生産要素と生産物との技術的な関係を示したもの。

限界生産　ある生産要素の投入を追加的に拡大するときの生産の増加分。

利潤　売り上げから生産費を差し引いたもの。

費用曲線　ある生産量とその生産量を最も効率的に生産するときの費用との関係を示す曲線。

総費用　生産に要するすべての費用。

限界費用　生産を限界的に拡大したときの費用の増加分。

平均費用　生産水準1単位当たりの費用。

固定費用　生産量とは無関係で短期的には調整不可能な費用。

可変費用　生産量に依存しており，短期的にも調整可能な費用。

プライス・テイカー　価格を一定とみなしコントロールできない経済主体。

完全競争企業　プライス・テイカーとして行動する企業。

長期均衡　企業の参入・退出が自由であり，価格＝長期的平均費用が実現する。

独占企業　その市場に存在する唯一の企業。

プライス・メイカー　価格をコントロールできる経済主体。

逆需要曲線　その企業が直面する需要曲線を，需要を変化させたときに価格がどれだけ変化するかという観点からみたもの。

限界収入　生産を限界的に拡大するときに，収入がどれだけ増加するかを示す。

マージン率　限界費用と比較して価格がどれだけ上乗せされているかを示す。

独占度　需要の価格弾力性の逆数。

価格差別　異なる市場で同じ財を供給するときに，差別的な価格を設定すること。

4 政 府

政府　市場経済を補完する経済活動を行う公的な主体。

資源配分機能　市場メカニズムではうまくいかない資源配分を是正する。

所得再分配機能　所得格差，資産格差を是正するために行われる公的な再分配。

経済安定化機能　市場経済が不安定な状態にあるときにそれを是正する。

将来世代への配慮　将来生まれてくる世代が不利にならないように政策的に対応。

公共財　排除不可能性と消費の非競合性のある財。

排除不可能性　誰か特定の人をその財の消

費から排除することが不可能であること。

非競合性 ある人の消費活動が他の人の同じ財の消費活動の妨げにならないことを示す。

私的財 排除可能性と消費の競合性のある財。

ただ乗り 自分は負担をしないで他の人の負担で財を消費すること。

直接税 納税者の個人的な事情を考慮して税額が決まる税。

間接税 納税者の個人的な事情とは無関係に税額が決まる税。

累進税 所得と共に平均税率（＝税負担/所得）が上昇する税。

総合課税 すべての所得を合算して税額を決める課税方式。

分離課税 ある特定の所得を分離して，別個の税率を適用する課税方式。

一括固定税 課税ベースが経済活動とは独立な課税。

ハーベイ・ロード 政府は国民全体の経済厚生を最大化するように最適に行動しているという立場。

政治の経済理論 政府の構成員も個人的な利害で行動することを想定して，政治的な決定を分析する立場。

貨幣需要 貨幣に対する需要，取引需要と資産需要からなる。

機会費用 その活動をしないことで失う経済的な利益。

貨幣供給 中央銀行による民間に対する貨幣という金融資産の提供。

ハイパワード・マネー 中央銀行の債務項目である現金通貨と預金通貨銀行による中央銀行への預け金を加えたもの。

信用創造 現金通貨の増加が，預金準備率の逆数倍の預金通貨をもたらすプロセス。

金融機関 金融仲介の専門機関，銀行や証券会社。

間接金融 銀行，保険会社などを通じる資金の流れ。

直接金融 証券業者を通じる資金の流れ。

金融 資金不足主体に対して資金余剰主体から資金を融通すること。

金融商品 債権・債務の関係を表す証券や株式。

金融市場 金融商品が取引される市場。

情報生産 貸し手の主体的な判断で借り手の支払い能力に関する情報を審査，評価すること。

資産変換機能 資金の供給者に都合のよい

金融手段を資金の需要者の都合のよい別の金融手段に変換すること。

メインバンク　企業と長期的，総合的な取引関係を維持している銀行。

株式の持ち合い　企業同士でお互いの株式を保有しあうこと。

金融資産　機能，収益の予見性，発生形態，取引形態で分類される金融商品。

6　ミクロ市場

完全競争市場　すべての企業や家計がプライス・テイカーとして行動する市場。

市場メカニズム　価格調整によって社会的に必要な財に適切に資源が配分されること。

競り人　市場で価格の調整を行う人。

消費者余剰　家計が市場で財を購入することで得られる利益。

生産者余剰　生産者が市場で財を販売することで得られる利潤。

社会的余剰　消費者余剰と生産者余剰（＝利潤）との合計。

見えざる手　市場メカニズムが価格というシグナルを通して資源の最適な配分をもたらすこと。

寡占　ある産業で財を供給する企業が少数であり，それぞれが価格支配力を持っている状況。

屈折需要曲線　価格引き上げでは他の企業が追随しないが，価格引き下げでは追随する。その結果，ある点で個別需要曲線が屈折する。

カルテル　寡占企業が協調して価格を上昇させたり，生産量を抑制すること。

囚人のディレンマ　カルテル行為のようにすべての企業が参加すれば利潤も増加するが，自分だけ抜けるとさらに大きな利潤が期待できるために，カルテルを維持するのが困難な状況。

7　ミクロ政策

外部性　ある経済主体の活動が市場を通さないで直接別の経済主体の環境に影響を与えること。

外部経済　他の経済主体の活動によい影響を与える外部性。

外部不経済　他の経済主体の活動に悪い影響を与える外部性。

市場の失敗　市場メカニズムでは資源の効率的な配分が達成されないこと。

ピグー課税　外部不経済を出す企業に課税することで，最適な資源配分を実現する方法。

コースの定理　当事者が自発的に交渉することで，資源の効率的な配分が実現し，しかもそれが権利の配分に依存しないことを主張する定理。

モラル・ハザード　相手の行動が監視でき

ないために，道徳上のあるべき行為がゆがめられること。

逆選択　相手のタイプがわからないとき，市場がうまく機能しないこと。

ラムゼイのルール　資源配分の効率性から最適な課税のあり方を示すルール。

自然独占　規模の経済性が大きく，事実上１つの企業が供給を独占している状態。

X非効率性　損失が穴埋めされる制度のもとで，企業が費用を最小化する動機を持たないこと。

ピーク・ロード料金　ピーク期と非ピーク期とで差別的な料金を設定して社会的な余剰を最大にすること。

二部料金制度　基本料金と従量料金の２つの部分からなる料金体系。

クリーム・スキミング　既存企業が収益の高い市場で参入企業に利益を奪われながら，収益の低い市場での生産を強制されること。

競争可能市場　その産業への参入，退出が自由であり，かつ退出する際に参入するときの費用や固定費用が回収できる市場。

レント　短期的に固定的な生産要素に対して，その限界生産以上に支払われる報酬。

8　マクロ市場

GDP（国内総生産）　ある一定期間にある国で新しく生産された財・サービスの付加価値の合計，経済活動の指標として最も代表的なもの。

付加価値　それぞれの経済主体がそれぞれの生産活動によって，新しくつけ加えた価値，生産額マイナス中間投入物。

三面等価の原則　国内総生産は生産面からみても，分配面からみても，支出面からみても，すべて等しいという原則。

有効需要の原理　総需要の大きさにちょうど見合うだけの生産が行われるように，財市場での調整が行われる。

IS曲線　財市場が均衡するような国民所得と利子率との組み合わせ。

LM曲線　貨幣市場を均衡させる利子率とGDPの組み合わせ。

完全雇用GDP　労働者が完全雇用されて生産されるGDP。

9　マクロ政策

乗数　政府支出が外生的に１単位増加するとき，GDPが何単位増加するかを示す。

自動安定化装置　所得税が導入されることで，乗数の値が小さくなって，より体系が安定になること。

均衡予算乗数　均衡予算の原則（支出＝税収）のもとで，政府支出を拡大するときにGDPに与える大きさを示す乗数，１になる。

完全雇用財政赤字　GDPが完全雇用GDPになったとしたときの財政赤字の大きさ。

クラウディング・アウト効果　政府支出の拡大により利子率が上昇すると，投資需要が抑制される。政府支出の拡大が事実上投資需要を押し退ける（クラウド・アウトする）こと。

財政赤字　政府主出と税収との差額，公債発行額に等しい。

基礎的財政収支（プライマリーバランス）　利払い費を除いた歳出マイナス税収。

中立命題　政府支出を一定としてその財源調達を公債発行によっても課税によってもマクロ的な効果が同じであるという命題。

世代会計　各世代別に財政政策によるネットの政府からの受け取り（政府からの総受け取りマイナス政府への総支払い）の現在価値を推計する。

貨幣の支出乗数　貨幣供給の増加でどの程度 GDP が拡大するかを示す。

公定歩合政策　公定歩合（銀行の保有手形を中央銀行が割り引くときの割引率）を操作することで，金融を引き締めたり緩和したりして，総需要を操作する政策。

公開市場操作　中央銀行が手形や債券を債券市場で売ったり（売りオペ），買ったり（買いオペ）することで，貨幣供給を操作すること。

法定準備率操作　法定準備率（民間金融機関が受け入れた預金の一定割合を準備金として保有しなければならない，その一定割合）を中央銀行が操作して，金融を緩和，引き締める政策。

政策のラグ　政策発動の必要性が認識されてから実際に効果が表れるまでの時間的な遅れ。

10　日本経済

高度成長　1960 年代を中心に平均 10％程度の高い経済成長を続けた時期。

安定成長　1970 年代後半から 80 年代までの平均 5％程度の安定的な経済成長の時期。

バブル　理論的にもっともらしいと考えられる価格を現実の資産価格が上回るときの乖離幅。

資産価格　土地，株などストックの価格，将来に対する期待で価格形成が大きく影響される。

非正規雇用　パートタイムで働く正社員以外の労働者。労働時間に裁量の余地はあるが，雇用は不安定であり，不況期には解雇されやすい。

正規雇用　フルタイムで働く正社員の労働者。終身雇用など身分保障があり解雇されにくく，会社への忠誠心も高い。

高齢化　社会の総人口のうち高齢者（65歳以上）の割合が上昇すること。

少子化　子どもの出生率が低下し，子どもの人口が減少すること。

終身雇用制　定年まで雇用が保障されており，解雇されない雇用形態。

年功序列型賃金　年齢と共に上昇していく

賃金体系。

春闘 春にすべての産業，企業で全国一斉に次年度の賃金改定交渉を行うこと。

公的年金 老年期の所得を公的なシステムで保障すること。

11 国際経済

貿易の利益 外国と貿易することで社会的な余剰は増加する。

関税 輸入に税金をかけると，税収は増加するが，消費者余剰はそれ以上に減少する。

輸入制限 輸入量を制限すると，輸入業者は利益を得るが，消費者余剰はそれ以上に減少する。

比較優位 外国と比較して相対的な意味で生産効率が高いこと。

国際収支 一国の居住者が非居住者に対して行う経済取引を統括的かつ統合的に記録するもの。

為替レート 2つの国の通貨の交換比率。

外国貿易乗数 外国への輸出の増加がどの程度国内の生産を増加させるかを示す乗数。

マンデル・フレミング・モデル *IS-LM* のケインズ・モデルを開放経済に拡張したもの。

資本移動 国際的に資本が収益率の高い国を求めて移動すること。

固定レート 為替レートをある水準に固定したままで維持する制度。

変動レート 外国為替市場での需給均衡にまかせて為替レートを決める制度。

政策協調 外国と政策的に協調して，世界全体の経済厚生の向上を図る。

円高・円安 わが国の円がドルに対して，その交換比率が増価（円高）あるいは減価（円安）すること。

FTA 自由貿易協定を意味する用語であり，2国間で物品の関税及びその他の制限的通商規則やサービス貿易の障壁等の撤廃を内容とする協定のこと。

国際公共財 国際社会での公共財，国際機関の活動や地球環境保全対策など。

国際貢献 経済的に大国となったわが国が国際社会に果たす役割。

12 経済学の諸問題

地球環境 地球規模での環境問題。

南北問題 先進国と途上国とで，経済成長と地球環境保全をどのように両立させるかの立場の相違。

ただ乗り 外国の環境保全対策によって，環境を汚染している国も利益を受けること。

環境税 環境を汚染する物質の排出に課税することで，環境保全を図る。

リサイクル ゴミをもう一度財として再生，

利用することで，環境保全を図る。

ボランティア　経済的な対価を求めない無償の有益な行為。

利他的行動　他の人の経済状態がよくなることが自分にとってもうれしいと感じることから行う行動。
NPO（非営利団体）　利潤を追求しない組織，社会的な貢献を目標とする。

規制緩和　さまざまな政策的な規制を緩和すること。

格差　相対的な不平等，他人と比較した場合の自分の経済状態。

地方分権　中央＝国が意思決定するのではなくて，各地方の住民が意思決定すること，そのためには財政的な分権が必要となる。

効率性と公平性のトレード・オフ　効率性を重視する結果と公平性を重視する結果とが両立しないこと，より効率的な政策をとれば，あまり公平ではなくなる。

問題解答

1 経済学とは何か

1 （ウ）

2 財，自由財，財，商品，市場

3 （ア）インセンティブ （イ）合理的行動 （ウ）機会費用

4 （ウ）（エ）（オ）（イ）（ア）

2 家　計

1 消費水準＝90，限界消費性向＝0.6，平均消費性向＝0.9

2 （イ）

3 （イ）

4 弾力性の大きな財：贅沢品，嗜好品（日常の生活で特に必要なものではないか，競争関係にある財が多い）

弾力性の小さな財：生活必需品，学術書（生活に必需なもの，あまり代替の効かないもの）

3 企　業

1 （ア）利潤 （イ）限界費用 （ウ）超過利潤 （エ）限界収入 （オ）高

2 （イ）

3 （ア）

4 限界費用，平均費用，平均費用，限界費用，平均費用，平均費用

4 政　府

1 （オ）

2 総合課税，限界税率，法人税，直接税

3 （ウ）（オ）

4 （イ）（オ）

5 金　融

1 貨幣保有の機会費用とは，貨幣を保有しないときに得られたはずの所得が，貨幣を保有することで失われていることを，費用として考えるものである。貨幣を保有しなければ，債券や預金保有が可能であるから，貨幣保有の機会費用は，利子率で与えられる。

2　（ア）間接金融　（イ）金融資産　（ウ）融通　（エ）範囲　（オ）メインバンク

3　8.9

4　（ア）（ウ）

6　ミクロ市場

1　（ア）プライス・テイカー　（イ）市場価格　（ウ）競り人　（エ）需要曲線　（オ）見えざる手

2　（ア）複占　（イ）硬直性　（ウ）囚人のディレンマ　（エ）少な，高　（オ）多，低

3　（ウ）

4　寡占市場での企業の数が固定されていて，同じ企業間で長期的にカルテル行為が可能な運命共同体としての市場である。逆にいうと，他の産業から企業が参入したり，他の産業へ企業が退出している市場ではカルテル行為は形成されにくい。

7　ミクロ政策

1　（ウ）

2　（ア）X 非効率性　（イ）非ピーク　（ウ）高　（エ）新規参入　（オ）自然独占

3　市場が失敗しているからといって，政府が直接介入する必要のないことを示したのは，コースの定理の重要な貢献である。限界としては，現実に権利の確定が困難であること，交渉それ自体に費用がかかることなどである。

4　（ア）（イ）（エ）（オ）

8　マクロ市場

1　（ア）

2　（ホ）

3　（ア）

4　（ア）財市場の均衡条件（$I = S$）より

$$-15 + 0.2Y = 40 - 5r$$

この式より，IS 曲線は

$$Y = 275 - 25r$$

（イ）　貨幣市場の均衡条件（$L = M$）より

$$85 + 0.2Y - 10r = 95$$

この式より，LM 曲線は

$$Y = 50 + 50r$$

（ウ）　IS，LM 2 つの曲線より

$$275 - 25r = 50 + 50r$$

$$r = 3$$

また，

$$Y = 50 + 50 \times 3 = 200$$
となる。

9　マクロ政策

1　（ウ）

2　メリット：各世代別に財政政策がどのような効果を持っているかを明示できる。長期的なマクロ政策の効果を判断する際にも有効である。

デメリット：世代別のネットの便益が，財政政策の指標として有益でない場合もある。たとえば，より短期的な視野で家計が行動するケースや，世代の枠を超えて家計が最適な消費・貯蓄計画を決めているケースなどである。

3　（ア）

4　（ウ）

10　日本経済

1　（ア）輸出　（イ）貿易摩擦　（ウ）バブル　（エ）終身雇用制　（オ）シグナル

2　（ア）高齢な労働者が多くなると，これまでの終身雇用，年功序列の賃金体系を維持できなくなり，労働市場が流動化する。

（イ）賦課方式の年金制度では，若年世代の年金負担が重くなり，公的年金を維持しにくくなる。

（ウ）家族内での助け合いの可能性が少なくなる分だけ，市場での家事サービスへの需要は拡大する。

（エ）少子化が進めば，受験する子どもの数は減少するが，親の教育費用が増大すれば，過度の受験戦争の可能性はなくならない。

（オ）貯蓄する主体である青年世代の比重が低下すれば，マクロの貯蓄率は低下する。

3　（ウ）

4　景気対策は金融政策や財政制度の自動安定化機能に委ねて，財政健全化政策は，中長期的な課税の平準化，負担の平準化という観点から，マクロ経済動向と独立に少しずつ進める方が望ましい。

5　中位の年齢が高齢化して，年金などの社会保障の受給世代（＝シルバー世代）に近い世代が中位投票者になると，彼らの政治力が強くなり，高齢者の意向に沿った政策ばかりが実現する政治状況が実現する。これが「シルバー民主主義」であり，社会保障などでのシルバー世代の既得権（＝既存の手厚い年金給付水準や医療費での自己負担の優遇措置など）が削除されにくいという弊害が生じる。

11　国際経済

1　（イ）

2　（ア）固定レート　（イ）輸出　（ウ）金融　（エ）財政　（オ）金融

3　（イ）（オ）

4　国際化が進展している国ほど，外国からのショックの影響を受けやすいし，国内での産業が国際的な競争にさらされる結果，競争力の弱い産業では失業や倒産などの調整が起きる。その結果生じる国内の調整，不満を緩和するために，財政支出も増加する。

12　経済学の諸問題

1　（ア）国際公共財　（イ）環境税　（ウ）需要　（エ）NPO　（オ）セーフティー・ネット

2　必ずしも正解は1つではない。たとえば，ゴミ，産業廃棄物の処理問題など環境対策，高齢化・少子化対策，短期的な狭い意味での経済的な利害を超えたボランティア活動の支援問題，規制の緩和を円滑に進めるための政策，自己責任の徹底とその結果生じる事後的な経済格差の解決など，いずれも現在の市場メカニズムではうまく解決できないが，今後は重要になってくる。

3　（イ）（ウ）（エ）

4　貧富の差が極端に拡大すれば，それを是正することが重要な政策目標になることは，当然である。どのような格差が問題なのか，また，格差が本当に拡大しているのかどうか，あるいは，かりにそうだとしても，それをどこまで是正すべきか，さらに，格差を是正する場合，財政面での対応はどこまで有効なのか，こうした論点に関して，より冷静でしっかりしたデータに基づく分析・議論が必要である。格差の大きなアメリカ社会で，日本ほど格差の拡大による弊害が政治的な争点にならないのは，努力すれば，（可能性は低くても）上の階層へ上がっていけるという夢を多くの国民が共有していることと，それをある程度可能にする参加の機会が保障されていることである。参加機会をより平等に確保すべく，政策的な対応が必要である。

索　引

著者紹介

井堀　利宏（いほり　としひろ）

1952年　岡山県に生まれる

1974年　東京大学経済学部卒業

1980年　ジョンズ・ホプキンス大学Ph.D.

現　在　政策研究大学院大学特別教授

主要著書

『現代日本財政論』（東洋経済新報社，1984）　　『財政　第3版』（岩波書店，2008）

『ストックの経済学』（有斐閣，1993）　　　　　『財政学　第4版』（新世社，2013）

『日本の財政改革』（ちくま新書，1997）　　　　『演習財政学　第2版』（新世社，2013）

『経済学演習』（新世社，1999）　　　　　　　　『基礎コース　公共経済学　第2版』（新世社，2015）

『マクロ経済学演習』（新世社，2000）　　　　　『コンパクト経済学　第2版』（新世社，2017）

『ミクロ経済学演習』（新世社，2001）　　　　　『入門ミクロ経済学　第3版』（新世社，2019）

『経済政策』（新世社，2003）　　　　　　　　　『入門マクロ経済学　第4版』（新世社，2020）

『課税の経済理論』（岩波書店，2003）

入門経済学 第4版

1997年11月25日©	初　版　発　行
2007年 6 月25日©	第 2 版　発　行
2016年 5 月25日©	第 3 版　発　行
2021年12月25日©	第 4 版　発　行

著　者　井　堀　利　宏　　　発行者　森　平　敏　孝

　　　　　　　　　　　　　　印刷者　山　岡　影　光

　　　　　　　　　　　　　　製本者　小　西　惠　介

【発行】　　　　　**株式会社　新世社**

〒151-0051　東京都渋谷区千駄ヶ谷 1 丁目 3 番 25 号

編　集☎(03)5474-8818(代)　　サイエンスビル

【発売】　　　　　**株式会社　サイエンス社**

〒151-0051　東京都渋谷区千駄ヶ谷 1 丁目 3 番 25 号

営　業☎(03)5474-8500(代)　　振替00170-7-2387

FAX☎(03)5474-8900

印刷　三美印刷　　　　　製本　ブックアート

《検印省略》

ISBN978-4-88384-339-8

PRINTED IN JAPAN

サイエンス社・新世社のホームページのご案内

https://www.saiensu.co.jp

ご意見・ご要望は

shin@saiensu.co.jp まで。